文化中国书系
中国社会科学院中国文化研究中心

总主编◎王立胜 李河

新时期 新问题 新思维

张晓明文化政策论集

（2012-2020）

张晓明◎著

中国书籍出版社
CHINA BOOK PRESS

图书在版编目（CIP）数据

新时期 新问题 新思维：张晓明文化政策论集：2012—2020 / 张晓明著. -- 北京：中国书籍出版社，2020.11
（中国社会科学院中国文化研究中心·文化中国书系/王立胜，李河总主编）
ISBN 978-7-5068-8100-5

Ⅰ.①新… Ⅱ.①张… Ⅲ.①文化事业—方针政策—中国—文集 Ⅳ.①G120-53

中国版本图书馆CIP数据核字(2020)第221100号

新时期 新问题 新思维：张晓明文化政策论集（2012-2020）
张晓明　著

责任编辑	牛　超
项目统筹	惠　鸣　孙茹茹
责任印制	孙马飞　马　芝
封面设计	程　跃
出版发行	中国书籍出版社
地　　址	北京市丰台区三路居路97号（邮编：100073）
电　　话	（010）52257143（总编室）　（010）52257140（发行部）
电子邮箱	eo@chinabp.com.cn
经　　销	全国新华书店
印　　刷	三河市顺兴印务有限公司
开　　本	787毫米×1092毫米　1/16
字　　数	302千字
印　　张	16.25
版　　次	2020年11月第1版　2020年11月第1次印刷
书　　号	ISBN 978-7-5068-8100-5
定　　价	56.00元

版权所有　翻印必究

文化中国书系编委会
（以姓氏笔画为序）

王　平　王立胜　牛　超　刘向鸿　刘建华
李　河　吴尚民　张晓明　章建刚　惠　鸣

序言

　　这本文集收集的大体上是我近十年以来所写的各种论文、报告、短评,以及报刊采访等内容。这本文集与2014年出版的《拓荒者的足迹——中国文化产业改革发展十年路径与政策回顾》,以及2015年出版的《中国文化产业十家论集——张晓明集》放在一起,基本上记录了我自中国社会科学院文化研究中心(2000年正式成立,2015年起更名为"中国社会科学院中国文化研究中心",以下简称"文化研究中心")成立以来,在文化政策研究领域所做的工作。作为一个社会科学的工作者,供职于中国社会科学院这个国家的"思想库"和"智囊团",能够不辱使命,在国家发展的这个重要时期,为文化的发展做出点微薄的贡献,留下个人的"雪泥鸿爪",幸甚至哉!

　　我为这本文集起名为"新时期、新问题、新思维",是想突出这本文集内容所反映的近十年我国文化发展的特殊形势,我们对这一时期问题的认识,以及尽可能给出的建议。正如我在《拓荒者的足迹——中国文化产业改革发展十年路径与政策回顾》的序言中所说,文化研究中心第一个十年的工作可以称为"凿空"和"破壁"的拓荒之旅,我们对中国文化政策的一系列研究都是开创性的。近十年来,由于宏观经济形势的变化,国内外发展环境的逆转,我国文化发展也不可避免地走上了"转型"和"转轨"之路。所幸的是,除了短暂的停滞期外,文化研究中心没有落后于形势,依然发挥了不可或缺的作用,在全国文化智库影响力排名中始终名列前茅。

　　正如今年出版的第十四本文化蓝皮书《中国文化发展研究报告(2017-2020)》总报告中所说,近十年来,由于数字和网络技术的发展,在文化的改革和发展的前一个十年的"窗口期"关闭的同时,新的"窗口期"已经打开，我国文化发展正在进入新一轮改革发展周期。这个时期的核心现象就是数字化的兴起和文化经济无所不在的融合，新时期有新问题，需要新思维，我们要积极地去探索和认识，希望这本文集能够有所贡献。

目录

序言 / 1

第一编　拥抱变化，谋划未来

中国文化产业发展的历程、现状和前瞻 / 2

转变发展方式，迎接新的发展周期 / 16

明确新坐标　谋求新发展 / 30

面向"十三五"，走进新常态 / 38

拥抱变化，谋划未来 / 47

新型城镇化——创意与可持续发展之路 / 64

"十三五"时期我国文化发展的环境与问题 / 83

关于"十四五"期间我国文化领域的改革和发展 / 94

第二编　新问题与新思维

我国的文化市场建设——一个研究纲要 / 102

"拐点"后的发展思路和政策研究

——光明日报专栏系列 / 123

从创意产业到创意集聚：产业分析与政策设计 / 136

从创新驱动发展走向设计驱动创新

——国际设计行业创新发展趋势研究 / 143

"互联网+"：文化产业宏观政策新方向 / 172

"超越短缺"背景下文化发展的新逻辑 / 175

数字文化时代的来临和正在发生的变化 / 179

大数据与我国文化产业发展战略 / 185

落实"弘扬中华优秀传统文化基因"战略任务

启动"弘扬中华优秀传统文化基因工程" / 193

文化遗产数字化：新型创意经济的基础设施 / 201

我对"文艺工作座谈会"精神的理解和认识

——在人民网座谈会上的发言 / 206

第三编　数字文化散论

中国文化的主场效应 / 210

我国城市化发展与文创园区建设 / 215

继续探索，积极推进文化体制机制创新

——对深圳市文化发展的几点建议 / 220

认清转型机遇期，率先实现文化产业的"高质量发展" / 224

文化有没有吸引力，市场说了算——《创意世界》采访 / 230

文化产业的"高质量发展"与文化旅游产业的转型趋势

——贵州兴义2018年国际山地旅游大会发言 / 234

实施"新文创战略"，全面建设"数字文化中国" / 237

新文创时代与文化遗产保护 / 243

古乐重生，解读和重构 / 247

新文创2.0版来了 / 250

第一编 拥抱变化，谋划未来

中国文化产业发展的历程、现状和前瞻*

中国的文化产业发展，如果以 1978 年以来的改革开放为背景，将文化事业单位普遍实行的收费服务（所谓"以文养文"），经历的"双轨制"时期也算在内，可以说是贯穿整个改革开放过程。如果以有关部门开始在政府文件中使用"文化产业"作为政策性语言来看，可以追溯到"八五"期间的 1992 年（在《中共中央国务院关于加快发展第三产业的决定》第一次使用了"文化产业"的概念）。如果从出现在党中央全会文件这一"最高政策文件"中来看，应该从 2000 年 10 月中共中央十五届五中全会通过的《中共中央关于"十五"规划的建议》开始，到今年整整 15 年时间。

以上标志性事件可以作为中国文化产业三种分期的依据。本文将取第三种分期，简要地说明中国文化产业的发展历程，并以这个发展历程为背景，说明中国文化产业的现状和复杂性，并展示今后 5 至 10 年的发展前景。

一、中国文化产业的兴起

世纪之交，中国的文化产业在全球异军突起，这既是在中国改革开放推动下现代化进程的必然结果，也是新一轮全球化发展的必然趋势，更是中国政府应对"入世"全球化挑战的主动措施。

首先，从国内发展趋势看，文化产业的兴起是我国经济社会发展水平提高，居民收入水平提高和消费结构变化的结果。

---

* 文章发表于《山东社会科学》，2017 年第 10 期。

改革开放是我国经济社会发展的历史性的起点。根据权威部门统计，从80年代初的国民经济"六五"计划到国民经济"九五"计划完成的1999年，我国的人均GDP已经接近1000美元，由此导致居民消费结构发生根本性变化。1978年，我国居民的消费水平是184元，到1998年达到2972元，增长了近4倍，每年的平均增幅达到7%①。特别是，进入90年代以后，居民消费结构的恩格尔系数降到了50%以下，这标志着我国城乡居民从总体上告别了温饱，进入了小康。其中城镇居民的恩格尔系数到90年代末降至40%以下，开始走进了富裕时代。②

　　消费结构变化的突出特征是显示出了"脱物"的倾向，即居民消费结构中用于文化教育部分的消费越来越大，增长速度越来越快。我国城镇居民自1981年至1997年，消费结构演变经过了以生存资料数量扩张为主的"粗放型消费"阶段（以吃穿类消费为主），到生活消费需求稳定、家庭新兴耐用消费品普及率迅速提高的"集约型消费"阶段，最后进入发展、享受资料快速增长，更加注重消费质量的"舒展型消费"阶段。到了第三阶段，生活必需品支出继续稳步下降，而服务性消费支出比重全面上升和加速，娱乐文教支出首次超过用品类支出，将我国居民消费次序从"吃、穿、用"改变为"吃、穿、娱乐文教"。相当一部分居民群体开始向教育、科技、旅游及精神产品消费等领域转变③。正如《2001年社会蓝皮书》中所指出的：……在目前消费结构的转变中，增长最快的是教育、娱乐、文化、交通、通讯、医疗保健、住宅、旅游等"④。

---

　　① 刘世锦等：《中国"十五"产业发展大思路》，中国经济出版社，2000年版，第112页。

　　② 刘世锦等：《中国"十五"产业发展大思路》，中国经济出版社，2000年，第112页。

　　③ 刘世锦等：《中国"十五"产业发展大思路》，中国经济出版社，2000年，第112页。

　　④ 单天伦等：《2001年社会蓝皮书》，社会科学文献出版社，2001年，第18页。

总之，收入水平的提高和消费结构的变化，及其对文化类消费品的强烈需求，成为我国文化产业兴起的一个起决定作用的内在动因。

其次，从国际趋势看，由于知识经济的发展带动了新兴服务业的全面提升，到了80-90年代后，经济全球化向文化全球化进展的趋势明显，文化产业再一次在全球范围内蓬勃兴起，重塑了全球化的整体面貌。

知识经济兴起的标志性事件是经济合作与发展组织（OECD）于90年代中期推出了有关知识经济和国家创新体系的多个文件（最主要的一个题为《知识经济与国家创新体系》）。文件指出，根据OECD国家的统计数据研究发现，在全世界最发达的26个国家（OECD成员国）中，从事知识的生产、传播和消费的活动已经成为新型服务业的主体，国民经济绝大部分部门已经建立在知识基础之上。文件据此宣布，OECD国家已经进入了知识经济时代。

知识经济的主要推动力来自于数字化信息技术，以及由数字技术引发的现代传媒汇流，这就将知识经济的发展大潮引向了"文化经济"的方向。美国作为数字化信息技术的先行国家，主导了这个进程。美国国会1995年开始讨论《电信传播市场竞争及解禁法案》。1996年通过了新的《电信法案》，适应数字化信息技术进步的需要，将竞争作为产业管制框架的根本原则。该法案为美国传媒业松绑，开启了美国的传媒业巨头走向世界的大门，从那时起，美国的传媒巨头被彻底放开了手脚，在国际市场上攻城掠地。1998年，美国的消费类视听技术文化产品出口达到600亿美元，取代航空航天工业的位置，成为第一大出口产品。这标志着美国已经完成了新一轮产业结构调整，再一次抢占了国际性产业升级运动的制高点，将全球化推进到了新的阶段，并以美国特色塑造了新一轮全球化（所谓"麦当劳化"）。

第三，从直接起因上看，中国文化产业是为了应对加入WTO的挑战，由中国政府在未完成工业化情况下，主动出台的政策。

文化产业是发达国家从整体上进入"后工业化"发展阶段的产物，

发展文化产业是先行进入后工业化发展阶段的欧美等发达国家对全球经济文化发展的一次重塑。在全球性的产业升级和重组的形势下，完成工业化是中国的首要任务，加入WTO为中国提供了承接全球性产业转移的重大发展机遇，但是也面临开放文化类服务贸易的挑战。对于中国的文化机构来说，加入WTO既面临文化产业竞争、文化资本冲击，以及文化价值观冲突等多重挑战，但也是一次千载难逢的机遇：可以有力地推动国内文化领域改革与发展的历史性进程，并进而以文化产业的发展作为支点推动整体经济结构的转型。

权衡利弊，中国政府做出了发展文化产业的重大政策选择。2000年10月，中共中央十五届五中全会通过的《中共中央关于"十五"规划的建议》，建议中提出要"完善文化产业政策，加强文化市场建设和管理，推动有关文化产业发展"；要"推动信息产业与有关文化产业结合"；等等。它标志着，文化产业这个发端于美国，滥觞于欧洲，挟新经济之势蓬勃于世界的朝阳产业在中国迅速崛起。

二、中国文化产业的主要发展阶段

中国文化产业发展的阶段性区分取决于两个基本因素，一个是国民经济五年计划的分期，另一个是领导人更迭的政治周期。从重大时间节点上看，可以将中国文化产业的发展分为3个阶段，基本上与国民经济"十五""十一五""十二五"这三个五年计划相应。

第一阶段，"十五"时期（2000-2005年）：产业启动和改革试点

如上述，在2000年10月11日中国共产党第十五届中央委员会第五次全体会议上，通过了《中共中央关于制定"十五"计划的建议》，在第四节"加快国民经济和社会信息化"中，提到了"推动信息产业与有关文化产业结合"；在第十五节"加强社会主义精神文明建设"中，提出了要"完善文化产业政策，加强文化市场建设和管理，推动有关文

化产业发展"。2001年3月，在九届人大四次会议朱镕基总理所做的"关于国民经济和社会发展第十个五年计划纲要的报告"中，党的十五届五中全会有关建议被表述为："深化文化体制改革，完善文化经济政策，推动有关文化产业发展"。上述"建议"和"报告"中关于发展文化产业的表述出现在文件的不同的地方，表现出与国民经济信息化等国家发展大战略相关，与多年来一直强调的文化经济政策、文化市场建设、文化体制改革等工作相衔接，具有相当的系统性。发展"文化产业"的建议出现在中国最高政策文件——党中央全会决议和全国人大五年计划中，标志着文化产业在中国"合法化进程"的完成，是中国文化产业历史性的起点，具有重大的战略意义。

2002年11月8日召开的中国共产党第十六次全国代表大会是一次中央全会，具有突出的意义。在党的十六大的报告中，关于文化体制改革的表述已经具体化为"抓紧制定文化体制改革的总体方案"这样一个紧急工作安排。根据这一要求，2003年开始启动"文化体制改革试点"。改革试点总共有35个试点单位和9个综合试点省市，行业遍及新闻媒体，出版单位，图书馆，博物馆，文化馆，文艺院团，影视制作企业，印刷、发行、放映公司等等。试点单位分为"公益性事业"和"经营性产业"两种，分别提出了改革的目标和方法，并制定了相应的政策。试点于2005年基本结束后在全国展开。

第二阶段，"十一五"时期（2005-2010年）："逆势增长"与"支柱产业"

自2000年以来，中国的文化产业发展一路高歌猛进。2003年文化体制改革试点开始后出台了配套政策，对改革企业加以优惠，刺激了产业发展速度的提升。2005年改革在全国铺开，优惠政策实施面扩大，进一步刺激了产业扩张。根据后来的统计，2004年以来，我国文化产业增加值从3,440亿元增加到2010年的11,052亿元，6年增加值的绝对量增加了7,612亿元，年均增长率为23.6%。

特别要说明的是，入世以来中国经济承接了开放红利，一路高速增长，到2007年达到了13%这一峰值，2008年国际金融危机骤然来袭，经济增长速度在一年间下挫至9%以下。这时，文化产业却在影视和新媒体等领域出现了超常增长，成为国民经济中罕见的亮点，被称为"逆势增长"和"口红效应"。这引起了综合经济管理部门的注意，并导致2009年9月国务院常务会议审议通过了《文化产业振兴规划》，将文化产业列为第十一个国家产业振兴规划。次年10月，在十七届五中全会通过的"十二五规划建议"中，又提出在"十二五"期间"推动文化产业成为国民经济的支柱性产业"，文化产业正式位列国家战略性支柱产业之中。

第三阶段，"十二五"时期（2010-2015年）："拐点"与"换挡"

将文化产业建设成为国民经济支柱产业，作为一个发展目标，在中国这样一个文化产品供应长期处于短缺状态的国家来说，是有市场需求空间的，问题只是在于产业的发展方式是否合理，以及文化管理体制和政策能否激励文化企业进行有效的生产创造。在这一点上说，中国文化产业并没有做好准备。进入"十二五"以来，宏观经济开始从"高速"转向"中高速"，进入"新常态"，发展方式转型和经济结构调整终于实质性地启动，体制和政策的转变日益明显。文化产业本来属于宏观经济的组成部分，经济形势的变化从长期来看将改善消费环境，有利于文化产业的发展，但是在中短期时间里必定会有不利影响。此外，这个阶段也恰逢文化体制改革告一段落，与改革相关的政策效应逐渐衰减，文化产业的发展速度因此逐年下降。各种情况证明，我国文化产业10多年来发展的"热运行"态势在"十二五"期间进入了"拐点"：2011年增长21.96%，2012年增长16.5%，2013年增长11.1%，2014年增长12.1%，2015年增长11%。顺便说一句，文化产业的发展速度比国民经济GDP增长速度高3-5个百分点，是符合国际文化产业发展常规的速度，因此也是"常态化"的发展速度。

"拐点"的实质是"换挡"。从2011年10月的十七届六中全会，到2012年11月召开的十八大，再到2013年9月召开的十八届三中全会，中国完成了新一轮政治领导人的更替。在十八届三中全会通过的《中共中央关于全面深化改革若干重大问题的决定》中，出现了"使市场在资源配置中起决定性作用"的重大政策性表述，在有关文化政策的一节中，将第一主题词从"文化产业"换成了"文化市场"——建立健全现代文化市场体系。这说明，中国文化产业的发展正在从政府主导的启动阶段走向依靠市场内生动力发展的新阶段。

三、现状：中国文化产业的复杂性

根据2004、2008、2013三次经济普查中包含的文化产业数据，2004年，全国文化产业法人单位31.8万户，从业人员873万人，增加值3440亿元，占GDP的比重为2.15%。2013年法人单位91.85万户，从业人员1759万人，增加值20081亿元，占DGP比重为3.42%。10年间，法人单位增加了近2倍，从业人员增加了1倍，增加值增加了4.8倍。

但是，放在改革开放的宏观形势中看，并从国际比较中衡量，中国文化产业还只是发展的初期阶段。我们对中国文化产业的发展现状应该有一个较为客观的评估。

可以从发展、改革、以及复杂性3方面评估中国文化产业的现状。

（一）发展现状：短缺与过剩的"低水平并存"

由于发展水平较低，也由于长期实行计划经济体制压抑了文化生产者积极性，中国的文化产业曾经是一个极度短缺的产业。大约10年前，我们曾经在《文化产业蓝皮书》中分析过，我国已经实现的文化消费相比较国际上相同发展水平的国家来，存在四分之三以上的缺口，因此文化产业是一个"战略性短缺"的产业。经过大概3个五年计划的时间，持续年均20%以上的高速发展，文化产业供给短缺的局面已经极大缓解，在一些领域甚至出现了投资过度和泡沫化情形（比如说"动漫产业"），文化市场整体上进入了一个短缺与过剩并存的新时期。

关于"短缺与过剩并存"还可以进一步定义为：在相对较低发展水平基础上的，以及在有限开放的市场中的短缺与过剩并存。首先，从总体上说，我国文化消费水平还大大低于国际上相同国家平均水平，因此，所谓过剩还仅仅是在文化消费没有得到真正满足情况下的"相对过剩"。其次，之所以出现短缺与过剩并存，就是因为文化市场开放程度有限，导致已经开放的市场投资和竞争过度，未开放的市场投资不足因而供给不足。此外，在市场开放不足而导致供给短缺的领域由于过于依赖财政扶持，还产生了大量的无效投资，出现了虚假繁荣。人们现在谈论得最多的就是内容原创不足，这就是新闻出版等核心领域市场开放度不足，以及政府扶持无效造成的。

走出短缺与过剩并存现状是必然的趋势。可以说，中国文化产业经过10多年的发展，以政府主导的投资高峰期已过，发展的动力将从政府投资走向社会投资，从投资推动转向消费拉动，发展方式将从数量规模型走向质量效益型。在正在到来的新的发展阶段，突破性的进展将集中在市场比较开放自由，文化科技融合创新比较活跃的新兴文化产业领域，因此将出现由技术创新驱动的大规模结构调整和优化升级。

（二）改革现状：改革与发展的"双重变奏"

从世纪之交以来，表现在GDP增长数据上，中国的文化产业发展速度是令人印象深刻的，但是分析其原因，主要归因于体制性释放（文化体制改革）和政策性推动（文化体制改革的配套优惠政策），政府在发展中唱了主角，真正因大众收入水平提高而自发产生的，文化消费需求本身对文化产业发展的拉动作用还很不充分。因此这种增长有特殊原因的，是要打一定的折扣的。

中国文化产业的发展是与文化体制改革并行的，属于"边改革边发展"。比较理想的情况是：因发展提出改革的要求，在发展的增量领域试验改革的措施，并且用发展的效果检验改革的成果。但是实际情况往往是，政府的"发展"动机缺乏市场化的实现手段，在"政绩"动机推动之下，来不及有条不紊地进行改革试点，总结试点经验后逐步推开，而是直接以行政手段干预发展，以"看得见的手"直接指挥投资，人为制造景气繁荣。这是文化领域出现"行政回归"，文化产业复制宏观经济陈旧发展方式，因而在一些领域迅速出现"泡沫化"的重要原因。在新形势下，文化产业也面临发展方式"转型"，而这个转型的实现有赖于国家宏观文化管理体制的改革——重构政府与市场的关系。

从文化体制改革的逻辑来看也在指向这个目标。2003年以来改革的主线是"打造市场主体"，主要内容是"事业和企业分开"，这一目标已经取得了阶段性成果。接下来需要做的是，如何构建一个"现代文化市场体系"，使得转制后的企业有一个公平公开和自由竞争的市场环境。这一任务构成了十八届三中全会报告中提出的"建立健全现代文化市场体系"这一总任务的基础。

（三）复杂性：经济、政治、文化的三重难题

中国文化产业的发展与改革有自己特定的逻辑和轨道，其复杂性必须充分估计。

中国的文化产业自从诞生以来就承担着三重历史使命：作为现代第三产业的主力军，通过推动新兴服务业的发展，参与国民经济结构的战略性调整；作为新一轮改革的中心环节，通过推动文化体制的改革，使社会主义市场经济体制进一步完善；作为政治文明建设的组成部分，通过落实人民群众文化权利，将政治体制改革引向深入。从现实发展的逻辑上来说，第一重使命的实现有赖于第二重使命，而第二重使命的实现，又有赖于第三重使命能否有突破性的进展。

这是一个三重难题，解决起来困难重重。首先，中国正处在高速工业化的环境中，工业化的经济环境对本质上属于"后工业"时代的文化创意产业具有"不兼容"性（文化企业"贷款难"就突出了这个

问题）。其次，中国的文化体制改革长期落后于经济体制改革，与社会主义市场经济体制改革的总体进程"不同步"。第三，中国的文化管理体制一直被看作是"宣传文化体制"，是政治体制不可分离的组成部分，而不是"社会主义市场经济体制"的组成部分，与需要基于充分竞争的市场环境的现代文化发展需要"不配套"。究竟应该秉承"稳定压倒一切"的宗旨，还是应该贯彻"发展是硬道理"的原则？究竟应该遵循稳定的逻辑还是发展的逻辑？往往莫衷一是。于是经常出现宣传部门要求踩刹车，文化和经济部门要求踩油门的矛盾状况。

中国的文化产业是在转型国家体制变迁的夹缝里生长出来的，她牵连着多重使命，纠缠于多重逻辑，徘徊在市场经济的必然规律和政治体制的现实需要之间，走出这一困境还需要时间与智慧。

四、展望："十三五"中国文化产业的发展

展望中国文化产业的发展，可以归结为三句话：长期态势看市场，短期态势看政策，难点看政府与市场的关系。

（一）长期态势看市场：中国文化产业的五大市场空间

首先，文化产业作为消费性服务业，将呈现巨大的发展空间。"十三五"时期我国国民经济发展进入新常态，随着宏观经济发展方式转型实质性推进，消费环境的进一步改善，文化消费将会实质性启动，文化产业作为满足人民群众精神文化消费需求的产业，将呈现巨大的发展空间。根据商务部披露的信息，2013年我国实际文化消费规模已超过1万亿元，但是实际消费潜力为4.7万亿元，还有3.7万亿元的消费缺口。据预计，到2020年，全国文化消费需求总量将达16.65万亿元，文化消费潜力释放空间巨大。

其次，文化产业作为生产性服务业，将成为国民经济转型和经济结构调整的重大支点。"十三五"期间，我国宏观经济领域发展方式转

型和经济结构调整升级将带动相关产业发展，对文化产业作为生产性服务业的需求将呈现爆发式的增长，文化产业与实体经济出现大规模融合发展的趋势，国民经济越来越多的领域都会出现文化产业的身影。2014年3月14日国务院发布的《关于推进文化创意和设计服务于相关产业融合发展的若干意见》，就是应对这一需求出台的文件。

第三，文化产业也是新技术产业，文化科技融合将成为最重要的发展动力，技术革命将推动文化产业出现重大结构调整和优化。现在已经可以看得很清楚，今后5至10年将是技术进步给文化发展带来根本性变革的时期。2014年阿里巴巴在国内大举收购兼并文化企业后上市美国，腾讯、百度等互联网巨头纷纷进入影视文化等文化产业核心领域，已经充分显示出今后几年将是文化科技融合发展的重大机遇期。

第四，现代文化产业是城市化的产业，新型城镇化建设继续为文化发展带来巨大机遇。中国城市化刚刚超过50%，还有20%的人口（大概2.6亿）要从农村转入城市。中国的城市中还有大量长期聚居于城市的人口（大概1.5亿）由于户籍制度等原因没有真正落户。因此，已建城市有巨大存量的提升需要，新建城市有巨大增量的新生需要，都为文化发展开辟出了巨大的空间。

第五，文化贸易全面提升将推动全球文化发展进入"中国主场"新阶段。过去的十几年，随着文化产业的发展和文化体制的改革，中国国际文化贸易大幅提升。这一发展势头越来越强大，以至于今后5至10年可能是我国国际文化贸易出现根本性转变的时期。根据国家版权局发布的版权贸易数据，我国2013年共引进版权18167种，输出版权10401种，已经从世纪之交的大约1:10降低到了1:1.4。根据这一发展趋势，中国会在今后5-10年内从版权进口国变为版权净出口国。中国将从一个"进口版权，出口制成品"的国家转变为一个"出口版权，进口制成品"的国家，以大规模的文化消费对国际文化市场做出新的贡献。

（二）短期态势看政策：文化政策的三大转向

进入"十二五"时期以来，随着宏观经济环境开始进入"新常态"，文化产业的发展速度也在不断下降，恢复到一个比较常态化的发展速度。"十五""十一五"时期以"铺摊子"为主要特点的发展态势在转向以"上档次"为主要特点的新阶段。在文化政策方面也出现了一个"进入转型期"的基本特点。回顾"十二五"以来的政策取向，我们可以清晰地看到一个不断延续的取向，即：从"特惠型政策"转向"普惠性政策"，从"小文化"转向"大文化"，从产业支持性政策转向环境建设性政策的趋势。

所谓从"特惠型政策"转向"普惠性政策"是指，从服务于改革、侧重财政补贴、辅之以税收优惠的政策组合，转向服务于创新发展、以税收优惠为主、辅之以财政补贴的政策组合，从而将政策优惠的覆盖面从文化体制改革涉及的国有企业扩展到全社会文化企业。（2014年4月，国务院办公厅印发了"文化体制改革中经营性文化事业单位转制为企业和进一步支持文化企业发展两个规定"，就是将税收优惠政策受益主体延伸至各类文化企业，实现文化产业公平竞争）。所谓从"小文化"政策转向"大文化"政策是指，从着眼于推动满足最终消费需求的生产活动，转向更多地推动满足生产性需求，发挥生产性服务功能方面的生产活动，甚至是鼓励全社会生产和消费文化的活动，从而使文化产业与国民经济全面融合（2014年3月14日，国务院发布"关于推进文化创意和设计服务与相关产业融合发展的若干意见"的重要文件，提出了7个方面的重点任务，推动文化创意产业全面融入国民经济相关产业）。所谓从产业支持性政策转向环境建设性政策是指，围绕建立健全现代文化市场体系，开放文化市场，推动法治建设，培育文化生态环境等，国家已经出台的包括支持小微企业，以及鼓励文化金融合作等等政策文件就属于这个类型。

（三）难点看政府：处理好政府与市场的关系

在十八届三中全会报告中，关于文化发展最重要的政策表述变化是第一主题词从"文化产业"变成了"文化市场"，这决定了"十三五"时期文化发展的基本政策取向就是"从文化产业发展"到"现代文化市场体系建设"。理解这一变化是把握"十三五"时期政策环境的基本点，在这一点上有所突破就能获得最大的政策红利。

这里涉及如何正确看待政府和市场的关系。按照一般理解，产业政策是国家对市场的干预，是后发国家赶超发达国家的一种发展战略。在市场经济体系健全的国家，产业政策尽管代表了国家对市场的干预，但是往往能弥补短板、形成战略增长点，推动国民经济快速发展。但是如果市场经济体系不健全，产业政策也会脱离市场需要，扭曲市场规律，造成资源错误配置。中国面临改革发展双重任务，市场经济不健全，因此产业政策常常与市场机制形成张力，既有可能推动市场开放，反过来为产业发展提供源源不断的动力，也有可能脱离市场规律，成为政府自娱自乐的过程。从客观情况看，尽管我国2003年就开始启动了文化体制改革，但文化市场的开放程度一直落后于文化产业政策的干预强度，使得文化产业发展越来越脱离市场需求，依赖于财政的直接支持，成为政府政绩工程。因此，"十三五"时期改革的核心任务就是回归文化产业与文化市场关系合理关系，让市场在资源配置中起关键作用。

突破口（和难点）在于改革文化内容的生产和监管体制。要鼓励每一个人参与文化创造；要合理区分什么是一般文化内容，什么是意识形态内容，分类分级制定管理办法，尽最大可能保护人民群众的创造力；要培育大量的社会中介机构和行业协会，转交政府应该管但管不好的职能，为创造性的行为提供尽可能宽松的市场空间。

结语：突破改革难题需要顶层设计

十八大以来，对于文化体制改革"只有进行时，没有完成时"的说法不绝于耳，但是，如何将十八大关于"市场在资源配置中起决定作用"的指导思想贯彻到文化领域，"建立健全现代文化市场体系"，却缺乏进一步的思路和实质性的进展。关于进行"顶层设计"的呼声尽管一浪高过一浪，但是却缺乏共识以及深入制度层面的改革创新。文化体制改革进入了"间歇期"，甚至是"半衰期"。

文化体制改革不能永远"只有进行时，没有完成时"，面对越来越大的技术创新和产业发展压力，深化改革迫在眉睫。很显然，如果对于改革目标没有清晰的认识，就只会在各种策略考虑中徘徊不前。正如1992年的经济体制改革明确了社会主义市场经济体制改革的目标模式，从而开启了后来20年的伟大进步一样，中国的文化体制改革也需要通过"顶层设计"确定目标模式，才能继续前进。

转变发展方式，迎接新的发展周期*

2011年，是"十二五"的开局之年，也是文化产业向国民经济支柱性产业目标迈进的起步之年。如果将2000年10月召开的十五届五中全会正式提出发展文化产业的重大政策性建议看作是我国文化产业发展"元年"的话，2011年就是我国文化产业发展走向第二个十年的第一年。

2011年最为重大的政策面动向当属10月18日中国共产党第十七届中央委员会第六次全体会议通过的《中共中央关于深化文化体制改革推动社会主义文化大发展大繁荣若干重大问题的决定》。《决定》对于贯彻落实党的十七大精神，实现"十二五"时期奋斗目标，提高国家文化软实力，推动社会主义文化大发展大繁荣，做出了全面的战略部署。《决定》在我党历史上首次确立了"建设社会主义文化强国"这一长期战略目标，对于"十八大"即将开启的新的历史发展阶段具有极为重要的指导意义。

毫无疑问，从去年《决定》的出台，到今年即将召开的"十八大"，标志着我国文化发展进入了一个新的周期。处在"转型"和"发展"双重变奏中的中国文化产业，其发展周期和政治周期有着密切的关联，在经济的"必然性"基础上显示出中国特有的波浪式发展态势。种种迹象表明，即将开始的这个新的时期将会是一个重要的转折期和敏感的过渡期。

回顾"入关"后的中国，利用新一轮全球化产业转移的重大机遇，进入了前所未有的高速增长通道，一直到2008年全球金融危机来袭才

---

* 本文为《文化蓝皮书：中国文化产业发展报告（2012-2013）》（社会科学文献出版社，2013）"总报告"。

戛然而止，发展方式转型和经济结构调整终于在被动中起步。在这一背景下，中国的文化产业尽管在改革的强力推动下开始了体制性嬗变，但是却恰逢传统发展方式的"最后一搏"，不时地落入了陈旧的发展方式的惯性逻辑，前进的脚步日益沉重。

中国文化产业的发展将进入实质性的拐点。在这个重要的时刻，我们需要认清什么？应该期盼什么？值得思考。我们在去年的蓝皮书总报告中指出，我国文化产业在"十二五期间"发展成为支柱产业这一目标已经高悬在国家发展的前方，推动文化产业成为国民经济的支柱性产业，不能满足于在目前增长的基础上线性地规划文化产业的发展，不应该是简单的量的放大和外延式的增长，而是要有质的提升和走向内涵式的增长，为此就要开辟新思路，看到新空间，寻找新路径，激发新动力。综观2011年我国文化产业发展的实际情况，总体走势正在下行，转型趋势已现，需要我们拿出足够的勇气和智慧加以应对，主动地实现文化产业发展方式的转变，以保证国家文化产业发展的战略目标得以实现。

一、基本情况和主要特点

2004年以来，我国文化产业增加值从3,440亿元增加到2010年的11,052亿元，6年增加值的绝对量增加了7,612亿元，年均增长率为23.6%。2011年，我国文化产业法人单位增加值为13479亿元，比2010年增长21.96%，尽管高于同期GDP的现价年均增长速度4个百分点，仍然保持着两位数的高速发展态势，但增速明显放缓。

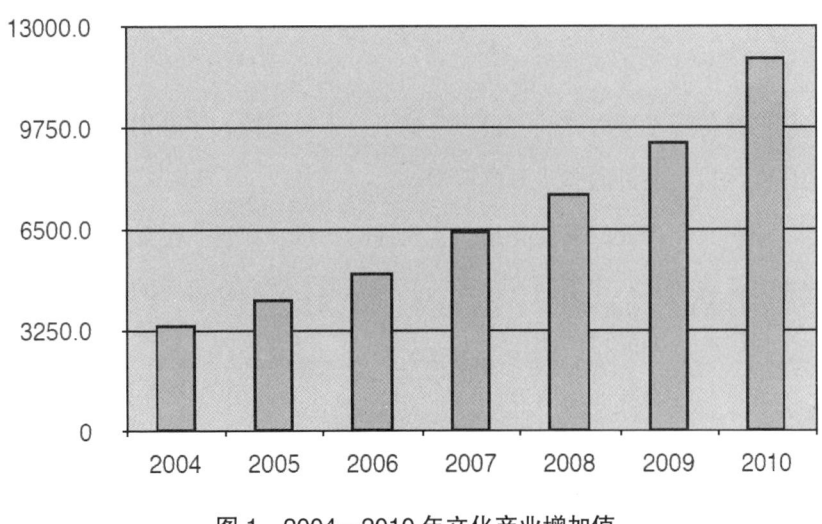

图1 2004—2010年文化产业增加值

数据来源：2004~2009年数据为国家统计局公布的数据，2010年数据系根据国家统计局公布的法人单位增加值推算。

以下是一些主要的特点：

（一）主要门类增长迅速，规模扩大

2011年，我国主要文化产业门类，除了电子出版物降低15.5%之外，其余全部实现了增长。增长速度除了期刊为8.0%以外，全都以两位数的速度高速增长。其中，增长最快的是网络游戏，增长率为34.2%，其次是动漫32.04%，第三位的是数字出版,增长31.0%,第四位是音像制品，增长29.1%，第五位是电影，增长28.93%。

按照市场规模的大小，我国主要文化产业门类可以划分为四个层次，一是超过千亿元的行业门类，共有2个，最大的是艺术品行业，其市场规模为1959亿元，数字出版行业（含网络游戏）次之，为1377.9亿元；二是500~1000亿元之间的行业门类，共有3个，依次是报纸818.9亿元、图书664.4亿元、动漫621.72亿元；三是100~500亿元的行业门类，共5个，包括网络游戏468.5亿元、网络音乐309亿元、演艺233亿元、期刊162.6亿元和电影131.15亿元；四是100亿元以下的行业门类，共

2 个，音像制品 26.1 亿元，电子出版物 6.2 亿元，这是所有主要门类中市场规模最小的门类。

序号	行业名称	细分行业	市场规模（亿元）
1	图书、期刊、报纸	图书	664.4
		期刊	162.6
		报纸	818.9
2	音像制品和电子出版物	音像制品	26.1
		电子出版物	6.2
3	数字出版		1377.9
4	电影		1377.9
5	动漫		621.72
6	网络音乐		309
7	网络游戏		468.5
8	演艺		233
9	艺术品		1959

图 2　2011 年我国文化产业主要行业规模一览表

数据来源：（1）图书、期刊和报纸、音像制品和电子出版物、数字出版的据来源于新闻出版总署。市场规模指营业收入。（2）电影的数据来源于广电总局。市场规模指票房。（3）其他数据来源于文化部。除艺术品为交易额外，其余均为市场规模。

（二）数字内容产业发展迅猛，数字出版继续保持强劲增长态势

2011 年是我国数字内容产业继续迅猛发展的一年，其中数字出版继 2010 年达到了 1051.79 亿元，跨过了千亿元大关之后，2011 年产业规模达到了 1377.88 亿元，年度增长速度为 31.0%，增长速度名列主要文化产业门类的第三位。

特别值得注意的是，手机出版和网络游戏的市场规模分别为 367.34 亿元和 428.5 亿元，占数字出版业市场规模的比例分别为 26.66% 和 31.10%，占据着数字出版产业半壁以上江山。

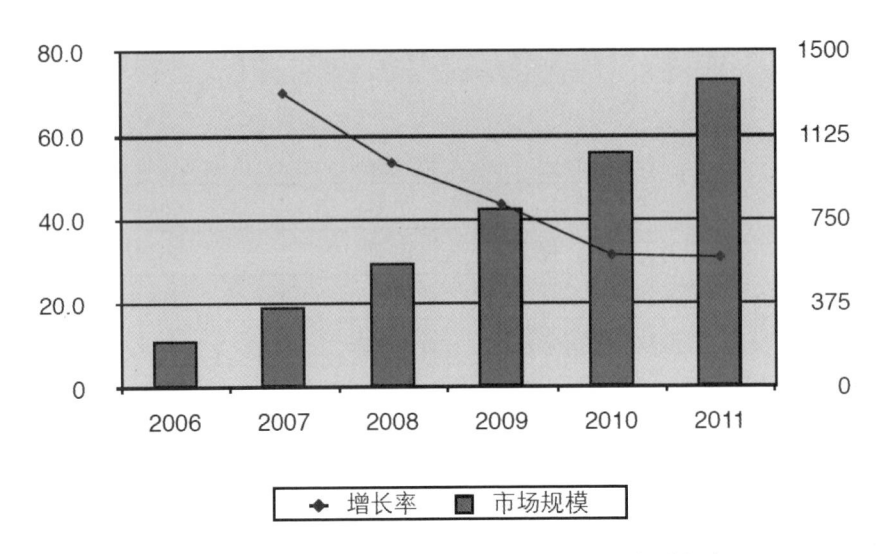

图3 2006~2011年我国数字出版市场规模与增长率

数据来源：市场规模数据来源于新闻出版总署，增长率系根据新闻出版总署数据计算。

（三）国有文化企业和国有控股文化类公司表现良好

2010年7月，中央文化体制改革领导小组批准成立中央文化企业国有资产监督管理领导小组，开始正式对国有文化企业履行"出资人"职责。根据权威数据统计，2011年，全国共有中央和地方各类国有文化企业10365户，吸纳就业人员总数为106.3万人，资产总额为15966.44亿元，比上年增长了18.7%；实现营业总收入7976.95亿元，增长了17.1%；创造增加值1994.95亿元；利润总额849.94亿元，增长了21.7%，其中净利润为753.58亿元，增长了23.7%。

国有控股文化类上市公司表现更为突出。在沪深两市上市公司整体表现不佳的大背景下，国有控股文化类上市公司的表现可圈可点。2011年，22家国有控股文化类上市公司总资产为992.87亿元，比2010年增长了18.3%。总计实现营业收入508.72亿元，归属于母公司股东的净利润61.34亿元，分别比2010年增长了12.53%、18.46%。

（四）文化产品进出口增加，视觉艺术品出口增速最高

中国文化贸易是文化产业蓝皮书每年关注的重点领域，数据显示，近年来我国文化产品出口日益加速，越来越成为我国文化产业发展的重要拉动因素。据国家海关总署数据，2011年，我国核心文化产品进出口总额达198.9亿美元，同比增长21.4%。其中，出口186.9亿美元，同比增长22.2%；进口12.1亿美元，同比增长10.4%；贸易顺差174.8亿美元。

分行业看，我国核心文化产品进出口除声像制品外均实现增长，特别值得注意的是，视觉艺术品出口增速最高，当年实现出口总额93.3亿美元，同比增长36.4%，占我国核心文化产品出口总额的半数比重，实现贸易顺差92.2亿美元。

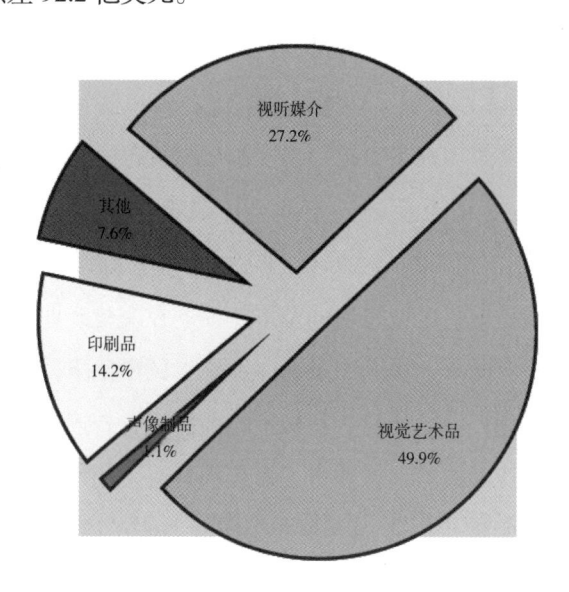

图4　2011年我国核心文化出品出口产品构成

数据来源：海关总署

（五）文化体制改革全面提速，限期完成

2011年是十八大前的最后一年，各项改革事业都在加速。

首先是演艺院团改革。根据2009年8月中宣部、文化部颁布的《关

于深化国有文艺演出院团体制改革的若干意见》，以及2011年5月中宣部、文化部联合下发的《关于加快国有文艺院团体制改革的通知》，全国各地要在2012年上半年全面完成国有文艺院团体制改革任务。

其次是报刊出版领域的改革。2011年5月，《中共中央、国务院办公厅关于深化非时政类报刊出版单位体制改革的意见》出台，确定了根据非时政类报刊的不同性质和功能，分期分批进行转制的时序、任务和要求。2011年7月21日，新闻出版总署署长柳斌杰在全国新闻出版局长座谈会上表示，推进非时政类报刊出版单位体制改革，是2011年新闻出版体制改革的核心工作，并明确提出在2012年9月底前全面完成转企改制任务。

截至2011年末，581家图书出版单位中，除少数拟保留公益性和军队系统的出版单位外，中央各部门各单位、地方、高校出版社都已转企改制；全国10多万家国有印刷复制单位、3000多家国有新华书店全部转企改制；组建了100多家报刊集团和出版传媒企业集团。

（六）政府支持力度进一步加大，配套政策纷纷出台

2011年是文化体制改革时间表上的关键一年，财政支持，投资驱动，政策优惠，仍然是文化产业发展的基本特征。在文化产业上升为国家战略产业，特别是党的十七届六中全会《决定》的激励下，从中央到地方各级政府发展文化产业的热情和积极性空前高涨，普遍制定文化产业发展规划，文化产业的战略地位获得了显著提升，文化产业专项资金广泛设立，财政支持力度进一步加大，成为推动2011年我国文化产业发展的主要动力。

相关主管部门配套性优惠政策纷纷出台，也是2011年的突出特点，在相当大的程度上改善了我国文化产业发展的工商环境。如：证监会表示，要充分发挥资本市场对文化发展繁荣的支持服务功能；银监会要求银监会系统不断加强和改进对文化产业的金融服务；国家工商总局出台40条意见促进文化大发展；国家税务总局表示，要完善促进文化体制

改革和文化产业发展的一系列税收政策，加大税收政策支持力度，积极为深化文化体制改革、加快文化事业和文化产业发展营造良好的税收环境；等等。

二、发展趋势和存在问题

根据我们的测算，2012年，我国文化产业增加值将达到16000亿元以上，增长速度为18%左右。总体来看，2012年，我国文化产业面临着来自产业外部宏观经济形势下行压力，以及产业内部政策效应衰减影响，增长速度会在2011年基础上继续下行。

随着本轮改革进入收官阶段，文化产业发展速度下降应该被看作是回归常态。更进一步说，伴随改革出台的种种优惠政策，在近年来文化产业的高速发展中扮演了重要角色，政策效应已经接近尾声，我国文化产业在经历了10年"热运行"后，已经来到了"拐点"。

对此应该如何认识？我国文化产业正在出现哪些有可能影响今后5至10年走向的趋势？我们注意到以下4个方面的重大变化：

首先，我国文化市场已经从总体"短缺"转向"短缺"与"过剩"并存，将迎来大规模洗牌和兼并重组浪潮。

我们曾经分析过，我国文化产业是一个"战略性短缺"的产业。近年来，在改革引发的体制性释放和政策性推动作用之下，大量公共的和私人的资金投入文化领域，文化产业的产能快速提升，大量文化产品被企事业单位快速生产出来；由于移动互联网和宽带技术的发展，越来越多的普通文化消费者也参加到内容生产中来，供给短缺的局面已经极大缓解，进入了短缺与过剩并存的新时期。可以说，经过前一个十年的高速发展，我国文化产业投资高峰期已过，发展的动力将从投资转向消费，发展方式将从数量规模型走向质量效益型，大规模洗牌和兼并重组不可避免。

其次，我国的文化产业已经从"分业发展"，走向了融合发展，文化产业内各个行业主管部门主导的发展，将越来越为跨行业的融合发展取代，甚至为文化经济普遍融合发展所取代。

本轮全球性文化产业发展兴起于上世纪90年代以后，以知识经济为背景，以数字化信息技术为基础，最突出特点就是"传媒汇流""混业经营"和"融合发展"。近年来我国文化产业始终强调要实现"跨行业""跨地区""跨媒体""跨所有制"的融合发展，但是由于原体制"行业主管主办"格局难以突破，进展艰难。随着"事转企"改革的完成，国有文化企业与主管部门逐步脱钩，成为独立的市场主体，必将在文化市场推动大规模的混业经营和跨界发展。今后一段时间将是文化产业实现融合发展的高峰期。

第三，我国文化产业将从区域性竞争发展走向统一市场条件下的整体协调可持续发展，地方政府本位的发展模式将为国家层面的、由综合经济管理部门主导的发展模式所取代。

我国经济发展的重要特色是地方政府主导的区域竞争模式，文化产业发展很大程度上复制了这一惯性逻辑。经过了前一个十年文化产业高速发展的积累，国家层面文化产业发展目标日益清晰，地方政府主导的发展模式开始显示出大量低水平重复建设和泡沫化的不良倾向，越来越难以持续。诚然，在初期发展阶段，财政支持和政策优惠是文化产业得以迅速起步的关键性条件，但是超过一定限度必然会造成产业竞争力下降。2011年以来，由于宏观经济增速放缓，地方政府的财政能力萎缩，不得不更多地考虑民间投资文化产业，更加关注依靠市场内生动力发展文化产业。在这一背景下，我国文化产业的发展将会在整体空间布局上更为合理，区域特色发展、错位竞争发展将会成为主流。

第四，我国的文化管理体制将从行政性的"行业分层管理"走向面向市场的综合性大部制管理，部门合并已成必然。

无论是融合发展趋势还是建立统一市场体系的要求，都呼唤着传统文化管理体制从行政性的"行业分层管理",走向面向统一市场的综合性大部制管理模式,没有管理体系上的根本性改变,上述发展趋势都会遭遇挫折,文化行政管理体系中条块分割,职能交叉,效率低下的问题难以解决,产业发展难有空间。在这方面无需更多论证,我们只要看看那些地方政府千篇一律的"文化产业规划",以及那些挂着来自文化部、新闻出版总署、广电总局、甚至科技部等多个"集聚区""示范区""实验区"牌子,但是却缺少真正具有原创能力的企业的文化产业园区,就足以说明问题了。

认识到以上趋势,我们就可以理解,当前我国文化产业存在的问题几乎无一不是与上述趋势背离的。动漫产业是最明显的例子。我国全年动漫产量已达26万分钟,大大超过了全球动漫大国日本,但是真正有市场品牌号召力,有持续盈利能力的产品却不多,原创能力不足的问题凸显。在某种程度上,从中央一级的多个行政主管部门,到各地的地方政府,种类繁多而且过于宽松的财政支持降低了动漫产业的生产者对高质量作品的追求动力,助长了厂商对消费者需求的漠视,导致了越来越多的"山寨",甚至"抄袭"的作品的出现。2011年,一部国产动画片《高铁侠2011》被网友指认全面抄袭日本动画片《铁胆火车侠1998年》,很快引起网友的大规模吐槽,成为微博的热门话题,并迅速演化为对国产动画片抄袭的网络声讨。有网友"指名道姓",详细列举了近年来国产动画片的抄袭情况,有的是在剧情上抄袭,有的是在细节上雷同,有的是直接拷贝外国动画片,等等。

三、对策与建议

面向下一个周期,保证国家文化产业发展的战略目标得以实现,就必须适应转型发展的客观趋势的要求,摆脱陈旧的发展方式的惯性逻辑,主动地实现文化产业发展方式的转变。为此,我们建议在以下几个方面加强研究，制定对策：

首先，应对短缺与过剩并存的新形势，研究相应对策。

根据经济学观点，在生产能力过低的阶段，供给能力决定产出，而在供给超过需求时，则是需求决定产出；前者是短缺经济，供给创造需求，后者是过剩经济，需求创造供给；两个阶段有不同的发展战略和政策需求。我国文化产业是在从计划走向市场的转型背景下发展起来的，一开始就继承了短缺经济的遗产，文化消费需求满足度较低，文化设施有大量欠账，供给不足是主要矛盾，财政支持和政策优惠成为发展的主导因素。现在情况已经有所不同，在供给总体水平依然不高的基础上，已经出现了"结构性过剩"，至少在政府大力支持的领域和数字技术进展迅速的领域，一般意义的内容短缺已经一去不复返了，有效需求已经成为产业发展的根本性动力。在我们的政策文件中的用语是，我们已经进入了一个如何满足人民群众日益增长的"多样化"的文化消费需求的阶段。

以有效需求拉动产业发展，关键是要确立市场在文化资源配置上的基础性作用。新的政策思维逻辑应该是这样的：要从单纯追求量的增长转变为既要有量的增长更要关注质的提高，要从主要依靠增加资源投入和加大政府财政支持力度实现文化产业发展，转变为主要依靠企业竞争力提升和产业结构优化，更好地满足多样化文化消费需求以实现文化产业发展。为此，就要进一步转变政府职能，科学界定政府和市场在文化产业发展中的功能定位和合理边界，将发展的基础从政府支持转向市场竞争，将发展的主角从政府转变为企业。为此，就要放开市场准入、减少行政干预、强化公共服务，保护文化企业合法经营的权利，使其成为文化市场真正的独立主体。同时，要特别强调保护宪法所规定的公民言论自由的权利，使其真正参与到文化创造中来。

根据我国经济体制改革的历史经验，市场供给的适度宽松正是体制改革深化的有利条件，让我们抓住机遇，乘势而上。

其次，应对建立统一市场和实行融合发展的转型要求，合并原有分业管理的体制，尽快组建综合文化管理机构。

在文化领域按照技术特征实行分业管理（主要区分为文化艺术、出版、广电等部门）也被称为"竖井式管理"，曾经是很多国家都曾经历过的文化管理模式，在上世纪80年代兴起数字化信息技术的发展浪潮中，大都陆续进行了改革。

我国传统文化管理体制也不例外，也属于"竖井式管理"模式。改革开放以来，特别是本轮文化产业的改革发展以来，这一管理模式也越来越成为制约文化产业发展的重要原因，因此，事实上已经开始了改革的进程。2004年《行政许可法》的出台，推动文化行政管理部门重新审核废除了一批行政审批事项，在一定程度上降低了改革中的企事业单位对行政部门的依附性。2004年9月，中央宣传文化部门决定在综合性试点地区，以属地管理对文化市场实施统一综合执法，在地级市、县级市和县域内，对其现有的文化局、广电局、新闻出版局实行合并，设立文化广电新闻出版局，同时履行原三个部门的行政管理职能。尽管以"统一综合执法"为名的合并直接作用对象是文化市场执法体制，但是对我国原有分行业的文化管理体系造成了重大冲击，客观上为组建国家级综合文化管理机构准备了条件。

建议乘文化体制改革的东风，抓紧总结全国地市级以下、以及部分地方省级文化市场综合执法改革的成功经验，不失时机地在全面启动新一轮文化管理机构的改革，推动在国家层面的文化管理机构的合并，建立起在全国范围内面向统一市场的综合文化管理机构。

第三，应对上一轮发展的"政策红利期"即将结束的局面，以深化改革开启新的"制度红利期"，提供新的发展动力。

我们经常说，我国文化产业发展以改革为动力，实际上更确切地说，改革创新的制度对产业的刺激效应有一个释放过程，而改革推进阶段国家出台的一系列优惠政策为发展提供了实质性的动力。从与本次报告同时出版的《2012：中国国有文化企业发展报告》中可见，从2010年到2011年，中国国有文化企业利润增长中有相当一个部分是来自于政府财政补贴，可见，近年来是改革推进的高峰期，也是政策效应释放的高峰期，文化产业的繁荣于此获益良多。随着本轮改革接近尾声，"政策红利期"行将结束，如何将"输血机制"转换为"造血功能"，真正以制度创新推动发展，形成一个新的"制度红利期"，成为发展的关键。

目前最重要的是要加快文化产业立法进程。早在2004年就已列入中宣部文化立法10年规划的《文化产业促进法》，在《国家"十一五"时期文化发展规划纲要》中被正式列为抓紧研究制定的一部重要文化法律，期间，全国人大和全国政协教科文卫委员会对此多次进行了立法调研，不少代表和委员也提案呼吁加快文化产业促进法立法进程，"十一五"已经过去了，"十二五"也已经过去了一年，如今，这部改名为文化产业振兴法的法律却仍然停留在研究论证阶段。可见，这道选择题的难度系数还是很高的。

难，不在立法的技术上，而是难在了观念上，我们早已习惯了政策推动。不容否认，在文化产业发展的第一个10年中，政策推动起到了至关重要的作用；我们也相信，在文化产业发展的新10年中，仍然需要政策推动，并且政策推动的作用不容低估。然而，必须正视政策推动的局限性。目前，有很多好的政策得不到很好的实施和落实，文化产业发展方式的种种问题和泡沫也多与政策推动有关。因此，要充分认识法律促进的迫切性和重要性。建设社会主义法治国家，实现一切工作法治化的要求；要将实践证明行之有效的政策上升为法律，提升其效力，发挥其应有的作用；要降低文化产业发展的制度性风险，发挥法律的引导、保障和促进作用；要构建有利于提升文化产业整体实力和竞争力的发展环境，将行之有效的促进措施固定化，等等。与政策的易变性相比，法律的相对稳定性，更有利于保证文化产业的健康快速发展，也更有利于促进文化产业发展方式转变。

加快文化产业振兴法的立法进程，要更新观念，确立法律促进发展的基础地位；要解放思想破除难点，尽快弥补我国法律对宪法规定的公民文化权利保障不足的重大缺陷；要在立法工作中实行重点突破，上位法缺失、体制改革不到位、文化产业的复杂性等，都不能成为妨碍立法推进的理由；要立足当前着眼长远，既满足文化产业振兴的当前需要，又较好地适应文化产业发展的长远要求。作为文化产业振兴的基本法，文化产业振兴法应该对文化产业振兴体制、文化产业振兴的基本制度、基本振兴事项和振兴措施等共性问题做出制度安排。

明确新坐标　谋求新发展＊

2012年中国文化产业的发展处于十七届六中全会（2011年10月）和十八大（2012年11月）之间，正值政治周期的变更。对10多年来发展过程的回顾和总结，以及对即将开始的新阶段的种种猜测，构成了这一年来"间歇期"的特点。这个过程随着2013年11月9日至12日期待已久的十八届三中全会的召开而告一段落。

总体来看，这三次重要会议的思路连贯而深刻，展示了新的发展图景。十七届六中全会通过了《中共中央关于深化文化体制改革推动社会主义文化大发展大繁荣若干重大问题的决定》，对于十六大以来我国文化的改革发展做了全面总结，提出了建设社会主义文化强国的目标；十八大通过了题为《坚定不移沿着中国特色社会主义道路前进为全面建成小康社会而奋斗》的报告，对于建成全面小康社会的社会主义文化强国目标做出了全面描述；十八届三中全会通过了《中共中央关于全面深化改革若干重大问题的决定》，对于如何推进文化体制机制改革，实现全面小康社会的文化发展目标做出了战略部署。

在去年《文化蓝皮书》总报告中，我们曾经根据文化产业增速连年放缓的情况，分析了文化市场"从短缺走向短缺与过剩并存"等4大趋势，认为由于本轮文化体制改革进入收官阶段、与改革相关的政策效应衰减，中国文化产业已经进入"实质性拐点"。一年多来的发展形势，特别是十八届三中全会的《决定》表明，这一"拐点"的实质是"换挡"，我国文化产业的发展正在从政府主导的启动阶段走向依靠市场内生动力

＊ 本文为文化蓝皮书《中国文化产业发展报告（2014）》（社会科学文献出版社，2014）"总报告"。

发展的新阶段。为此，我们将今年的主题确定为"明确新坐标，谋求新发展"。

我们在这里对当前形势的总体特点谈几点看法。

一、总体判断：文化产业发展进入"换挡期"

十八届三中全会通过的《中共中央关于全面深化改革若干重大问题的决定》，是自从1993年十四届三中全会通过《中共中央关于建立社会主义市场经济体制若干问题的决定》，提出在我国建立社会主义市场经济体制的总体规划以来又一个重要文件。《决定》围绕处理好政府与市场的关系，使市场在资源配置中起决定性作用和更好发挥政府作用这一基点，就加快完善统一开放、竞争有序的现代市场体系、加快转变经济发展方式，加快建设创新型国家，推动经济更有效率、更加公平、更可持续发展等重大问题做出了全面战略部署。《决定》对文化的改革发展着墨不多，但是通篇贯穿的市场化改革思路，为下一阶段文化的改革与发展抹上了浓重的底色，对于进一步深化文化体制改革，实现文化产业的新发展具有巨大的启发意义。

《决定》的改革思路对于文化产业来说，相当于"换挡"。自从2000年十五届五中全会提出发展文化产业以来，受到国家过分依赖产业政策"主导"发展进程，过分依赖投资推高发展速度的影响，也由于文化领域市场开放程度较低的限制，政府推动文化产业发展的手段比较单一，更多地依赖改革对"存量"潜能的"释放"，以及政策对"增量"产能的"促进"，文化产业在保持"高档位"热运行状态（从2004年到2010年我国文化产业年增率达到22%以上）的同时，也带来了以行政手段配置资源的种种问题。比如强化行业性和区域性壁垒，阻碍着文化资源的流动，致使市场分割和重复建设；又比如价格信号扭曲，导致市场结构不合理，开放度高的部分过度竞争、供大于求，开放不足的部分竞争不足、供不应求。这就使文化市场在低水平基础上迅速从短缺走向过剩，发展变得不可持续。

所谓"换挡"就是将发展的基础和动力从政府转向市场，并将发展的速度降下来，将发展重点转向转型升级。转换动力机制需要进一步厘清市场和政府的关系，根据市场配置资源的需要全面深化改革，而降低发展速度则是在新的发展基础上使产业发展"回归常态"。十多年来文化产业发展总体上相当于"铺摊子"，现在要将重点转向"上档次"。从《决定》的基本思路出发，我们认识到，过度依赖政策支持只能收发展的一时之效，建立健全文化市场体系才能开启合理的和可持续的增长空间。

二、政策建议：以市场取向的改革释放发展的红利

换挡期将是一个转型期，不能单纯地理解为发展速度的"放缓"，而是要通过动力机制的转换，确立新的发展坐标，发现新的发展机遇。要将改革盘活的产业存量和政策创造出来的产业增量转变成满足人民群众精神文化消费需求和相关产业部门生产性服务需求的真实的增长。要使文化产业融入市场经济的汪洋大海，通过市场竞争提高规模化、集约化、专业化水平，真正成为新的经济增长点、经济结构战略性调整的重要支点、转变经济发展方式的重要着力点。

纵观全局我们认为，市场有最大的机遇，市场取向的改革将释放最大的红利。

（一）按照《决定》的精神，以激发全民族文化创造活力为中心环节，从内容原创环节入手，打通和理顺文化产业的价值链

我们认识到，当前文化产业发展的最大短板是原创不足，主要原因是市场没在内容原创环节对资源配置起决定性作用。从文化繁荣发展的角度看，内容原创的核心是新思想的生产和提供，而分散化的市场资

源配置机制最适合思想观念的创新。历史经验已经反复证明，限制观念的自由交流和思想的自由碰撞，依靠行政手段配置思想资源，不能激发文化的创造性，只能造成"思想僵化"。只有依靠市场机制推动思想观点的竞争，才能形成"百花齐放，百家争鸣"的良好局面。为此，就必须推动内容生产领域的改革，落实并维护宪法规定的言论自由，打造新型的市场主体，构建一个有益于激发思想创新观念的市场环境。这里说的内容原创实际包括了艺术作品的创作和文化产品研发两个环节，我们看到，《决定》中关于"特殊管理股"和"特许经营权"等创新性的制度安排，已经为我们进一步推动国有文化企业改革，从而在原创环节构建市场化资源配置机制创造了条件。现在要继续解决这些改革政策的接地问题。

（二）按照《决定》的要求，建立符合现代文化市场体系要求的现代文化管理体制

当前文化部门深化文化管理体制改革有两个关键性的突破口，一个是转变政府职能，推动政府部门由"办文化"向"管文化"转变，这属于行政体制改革的范畴；另一个是建立出资人专业化制度，改变阻碍转制后企业发展的事业化管理模式，这属于企业管理体制改革的范畴。就前一方面而言，目前我国文化市场已经"超越短缺"，政府已经无需对企业过度保护，应该不失时机地推动政企分开和政事分开，冲破仍然普遍存在的基于部门利益的行业壁垒和固守地方利益的行政管辖壁垒，放开文化市场的自由准入退出，放开文化企业的自由竞争兼并重组。就后一方面而言，目前我国的国有文化单位转企改制基本完成，与原有主管部门的资产、财务和预算关系逐渐松散，维持原有行政主管主办关系必然形成"企业单位事业化管理"的模式，造成新的政府监管缺位和越位并存弊病，限制国有文化企业建立现代企业制度，阻碍国有文化企业的兼并重组，企业内部也依然会在很大程度上按照原有利益格局及管理模式运行。我国国有文化企业主要集中在文化产业的内容提供和播出环节，

在文化产业发展上有举足轻重的地位，必须尽快建立出资人专业化制度，才能肩负起主导战略方向和引导产业布局的历史使命。

（三）按照《决定》的要求，完善现代文化市场体系的各项制度安排，并及时转换政策体系

现在已经很明确，十八大开启了新的发展时期，我们要建立一个常态化的文化市场环境，要将适应于工业化发展要求的会计制度、工商管理制度、统计制度、财税制度调整到也能适应文化产业发展的要求上来，促进文化产业与国民经济融合。我们要将主要服务于改制需求的政策系统调整为服务于创新发展的政策系统，构建起一个鼓励各类市场主体公平竞争、优胜劣汰，促进文化资源在全国范围内流动的政策环境。

在2010年《文化蓝皮书》总报告中，我们曾经对今后5至10年（也就是到2020年）中国文化产业发展的前景做过预测，指出了五大市场机遇。只要我们坚定不移地以市场取代旧体制下计划对文化资源配置的作用，坚定不移地扩大市场对文化资源配置的作用范围，坚定不移地在统一开放、竞争有序的文化市场体系基础上构建新型文化体制机制，就一定能确立新坐标，抓住新机遇，实现新发展。

三、进一步思考：对中国文化产业发展的复杂性要有充分的估计

我国改革开放以来一直伴随着对市场经济的认识争论。从1978年11月的十一届三中全会到1993年11月中共十四届三中全会，用了15年的时间形成了"要使市场在国家宏观调控下对资源配置起基础性作用"这一基本认识，为建立社会主义市场经济体制奠定了初步的基础。又20年后，到了十八届三中全会，去掉了"在国家宏观调控下"这一修饰词，将认识统一到"紧紧围绕使市场在资源配置中起决定性作用，深化经济体制改革"上来，这标志着社会主义市场经济体制进一步完善，

是我国以市场为取向的改革在包括文化领域在内的各个方面全面深化的结果。

但是，我国的文化产业具有高度的复杂性，贯彻三中全会精神，完成"换挡"，使市场在资源配置中起决定性作用，还有相当的难度，还要走较长道路。

（一）在市场开放度不足的情况下发展文化产业，与市场经济规律相脱节

按照一般理解，产业政策是国家对市场的干预，是后发国家赶超发达国家的一种发展战略。在市场经济体系健全的国家，产业政策往往能弥补短板、形成战略增长点，推动国民经济快速发展。但是如果市场经济体系不健全，产业政策也会脱离市场需要，扭曲市场规律，造成资源错误配置。我国文化市场的开放与改革开放几乎同步，但是长期的"双轨制"造成市场隔绝，价格扭曲、寻租盛行、利益固化，以及政府与市场界限不清，党政不分、政企不分、政事不分、政府与社会中介组织不分，市场发育水平远远落后于全国市场体系发展一般水平。

文化市场开放是一个渐进的过程，涉及一些基本制度的建立，也要触及很多人的利益，因此我国文化产业的发展将会长期与市场机制形成张力，搞好了是产业推动市场开放，并为产业发展提供源源不断的动力，搞不好则是产业脱离市场规律，成为政府自娱自乐的过程。当前的关键在于我们能否始终坚持市场取向的改革，根据市场需要制定产业政策，通过产业发展不断扩大市场空间。

（二）在工业化高峰期发展文化产业，与我国市场经济环境不兼容

从全球范围看，文化产业是现代服务业的典型代表，特别是20世纪80-90年代以来，作为知识经济的典型形态，文化产业引领现代服务业的发展，成为新一轮全球化的主导产业。与此不同的是，中国是从20世纪八九十年代才开始大规模工业化建设，加入WTO将中国推入了

工业化的高峰期，只是为了应对加入WTO要求开放服务贸易市场的挑战，才紧急启动了发展文化产业的议程。因此在某种程度上说，发展文化产业是中国政府为了应对全球化挑战而制定的主动政策，而不是来自经济发展的内生逻辑。由此产生的必然结果是，文化产业与目前我国的市场环境不兼容。我们经常感受到发展文化产业是宣传文化部门热而综合经济部门冷，原因就在此。事实上，我们的宏观经济管理部门还没有为这个新兴产业部门的发展做好规划，没有为向这个具有若干新的经济特征的新兴产业提供必要而特别的公共服务做好准备。例如，大型传媒集团做大做强依赖于原创端海量小微企业的创新活动，这是现代文化产业的重要特点，而我们国家因统计系统因能力有限，仅能统计"规模以上"文化企业的发展，无法将这个在文化产业中最具活力的部分纳入"法眼"。这些年来经常谈论的文化产业发展中的产权交易难、投资贷款难问题等等，也都与此有关。至于很多地区领导片面追求文化产业在"GDP"中占比，则更是将文化产业纳入工业化评价系统，不利于文化产业发展。

市场的发育是一个长期的过程，涉及很多具体机制甚至是技术性的设计，因此我国文化产业可能长期与目前的经济管理系统处在紧张或脱节状态，我们需要从文化产业发展的实际出发，从文化企业的日常运行需要出发，不断发现、解决具体问题，不断完善市场环境。

（三）在政治体制改革的攻坚期发展文化产业，与相关领域的改革难协调

党的十八大以来，党中央已经确立了中国特色社会主义"五位一体"总体建设格局，社会体制和政治体制改革进入了攻坚期。但是，如果将世纪之交的中国看成一个历史的横断面，我们可以明显地看到，中国的文化产业是在转型国家体制变迁的夹缝里生长出来的，她牵连着多重使命，纠缠于多重逻辑，徘徊在市场经济的必然规律和政治体制的现实需要之间，与相关领域的改革协调有相当的难度。

在2003年文化体制改革试点开始的时候，我们曾经对于一系列观

念创新上取得重大进展,其中最重要的是提出,文化产品具有双重属性,商品属性是普遍的,意识形态属性是特殊的,因此所谓改革就是以市场经济规律为基础,构建有利于激发人民群众创造力和解放文化企业生产力的体制机制。这是自从改革开放以来第一次明确在文化建设和市场经济基础之间建立起明确的从属关系。十八届三中全会的《决定》旗帜鲜明地强调了"使市场在资源配置中起决定作用"的观点,因此与十七届六中全会的《决定》中提出的"发挥市场在文化资源配置中的积极作用"相比前进了一大步。但是在强调"坚持把社会效益放在首位、社会效益和经济效益相统一"时,又回避经济效益和社会效益哪个是第一性的问题。这就为新的发展留下了某种政策性不确定因素。

从目前的情况看,我国文化产业最为薄弱的环节是依然是内容提供,而在内容提供环节居于绝对主导地位的国有文化企业,尽管已经转企改制,但离建立现代企业制度还有较大距离。究其原因主要是难以脱离传统的"主管主办"模式,从根本上说是没有解决如何认识市场的决定性作用,如何利用资本的力量引导内容生产,以及如何建立一个政府调节市场、市场调节企业的、合乎市场经济规律和要求的宏观管理体制等问题。在这些问题上政策信号并未足够清晰。

全面改革是一个长期的过程,我国文化产业的发展还会长时间地在生存在市场经济的必然规律和政治体制的现实需要之间,不断纠缠于处理好"改革、发展、稳定"三者关系的复杂环境中。但我们坚信,发展是硬道理,改革是发展的唯一途径,而改革就是市场取向的。我们要抢抓机遇,始终从市场中汲取发展的动力,以改革扩展发展的空间,突破体制转换困境,摸索走出一条稳健的发展道路。

面向"十三五",走进新常态[*]

今年是"十二五"的最后一年,自从2013年11月召开十八届三中全会,确定了面向新时期的大政方针以来,文化领域又进入了一个政策密集出台的时期,为进入"十三五"时期展开布局。简单说,2014年以来的文化产业的发展的基本特点就是"面向十三五,走进新常态"。

鉴于总报告栏目将登载文化部委托的"十三五规划前期研究"课题成果——"十三五时期我国文化发展的国内外环境和需要解决的重要问题",还将发表中央文资办副主任高书生基于第三次经济普查数据所做的"我国文化产业发展的总体现状和主要特征",上海大学史东辉教授为首的研究团队所做的对于第三次经济普查数据的全面研究与也将辟专栏予以登载,我国文化产业发展的宏观形势将得到较为全面的分析,今年的总报告依旧按去年的旧例做"从简"处理。以下将对当前形势和政策性建议谈几点看法。

一、总体判断:走进新常态,让文化产业回归文化市场

从去年以来,对于目前国家发展,特别是经济发展谈到最多的一个词就是"新常态"。随着我国经济进入增长速度换挡期、结构调整阵痛期和前期刺激政策消化期"三期叠加"阶段,经济发展从高速增长转为中高速增长,政府逐渐降低了对市场的"宏观调控"以便市场能够对资源配置发挥决定性的作用,经济发展日益回归市场竞争,发展方式日益

---

[*] 本文为文化蓝皮书《中国文化产业发展报告(2015-2016)》(社会科学文献出版社,2016)"总报告"。

从数量规模型转向质量效益型，要素扩张驱动力逐渐减弱，人力资本和技术创新驱动力逐渐加强。从消费角度看，模仿型排浪式消费阶段基本结束，个性化、多样化消费渐成主流，开始拉动市场产生结构性变化。

经济发展进入新常态的重要标志就是文化产业发展进入新常态。十八届三中全会以来，我国文化产业的发展显示出如下特点，成为经济发展进入新常态的最显著代表。

首先看发展速度。我国文化产业十多年来发展的"热运行"态势持续趋缓，日益回归"常态化"的发展速度。

2015年1月23日，国家统计局发布了2013年中国文化产业年报，增加值为21351亿元，与GDP的比值为3.63%。其中，文化产业法人单位增加值为20081亿元，比上年增加2010亿元，增长11.1%，比同期GDP现价增速高1个百分点。相比较而言，2012年我国文化产业法人单位实现增加值18071亿元，比上年增长16.5%，比同期GDP现价增速高6.8个百分点，2013年文化产业的增速再次明显下降，几乎与同年GDP增速持平。现在看来，文化产业作为国民经济的一个重要部门，长期地大幅超出国民经济其他部门的增长是一种"非常态"，从我国的实际发展状况看，这种增长与文化体制改革，以及与改革配套出台的鼓励政策有密切的关系，因此很大程度上是基于政府提供的"外生动力"。随着改革告一段落，政策效应必将递减，产业发展动力必将从政府转向市场，发展速度必将下降，这种下降就是回归常态。

因此，文化产业走进新常态的首要特征是改变政府与市场的关系，降低非常规的发展速度。

第二看发展动向。我国文化产业正在越来越融入实体经济，显示出与发达国家相似的"常态化"景象。

当代文化产业是"后工业化"时代的产物，越来越从传统形态的文化产业发展为新兴文化产业。有两个典型特征日益凸显，即前端越来越强调内容创意，后端越来越从"产品"变为"服务"，融入一系列相关产业，使创意成为国民经济的普遍特征。发达国家的文化产业的突出特征是产业"关联度"高，带动性强，于是主要的产出越来越转变为对相关产业提供的生产性服务，这使得发达国家的文化产业越来越与实体经济融为一体，演变为一种以"体验经济"为名的社会经济生活景象。这种文化产业与实体经济普遍的"互渗"性是文化产业的成熟表现，也是文化产业的常态化的标志。

我国文化产业起步晚，成熟度低，除了不能很好地满足人民群众的精神文化消费需求之外，生产性服务功能较差是一个突出问题，很大程度上限制了文化产业对于国民经济转型升级的战略支撑作用。在这里，突出的表现就是适应实体经济需求的"中间产品率"较低，产业关联度较低，带动性较差。但是，随着近年来我国经济发展方式转变和产业结构调整加速，国家对生产性服务业鼓励政策连续出台，宏观经济环境已经发生了较大的变化。三中全会以后，融入实体经济成为我国文化产业的一个突出发展动向。2014年3月国务院出台的《关于推进文化创意和设计服务与相关产业融合发展的若干意见》是一个新的开端，《若干意见》对推进文化创意和设计服务发展、促进其与实体经济深度融合进行了系统部署，明确了文化创意和设计服务与装备制造业、消费品工业、建筑业、信息业、旅游业、农业和体育产业融合发展的重点任务，并提出了一系列的具体政策措施。我国文化产业的创新创意创业作用已经越来越显示在经济社会生活的各个方面，走上了与市场经济先行国家同样的常态化道路。

因此，文化产业走进新常态的第二个特征是融入实体经济，推动国民经济转型升级。

第三看政策动向。我国文化产业正在回归文化市场，法制将成为新常态的根本保障。

十八届三中全会通过了《中共中央关于全面深化改革若干重大问题的决定》，对于推进文化体制机制改革，实现全面小康社会的文化发展目标做出了战略部署，其中最为重要的变化就是将文化政策的"第一主题词"从"文化产业"改为了"文化市场"。因此，文化产业走进新常态，最本质的含义就是要回归文化市场。

一系列政策正是围绕这一中心出台的。"十二五"以来，我国政府出台的政策，明显地具有从"特惠性政策"转向"普惠性政策"，从"小文化"转向"大文化"，从产业支持性政策转向市场建设性政策的趋势，所有这些政策调整都为"走向新常态"提供了推动力。比如说，2014年4月，国务院办公厅印发了《文化体制改革中经营性文化事业单位转制为企业和进一步支持文化企业发展两个规定》，前一个延长了改制企业的优惠期，属于"特惠性"政策，而后一个则是将税收优惠政策受益主体覆盖至各类文化企业，属于"普惠性"政策。又比如，以上已经提到的，2014年3月国务院出台的《关于推进文化创意和设计服务与相关产业融合发展的若干意见》，提出了7个方面的重点任务，推动文化创意产业全面融入国民经济相关产业，这就将以往局限在文化、新闻出版、广电等主管部门的、主要生产最终产品以满足人民群众精神文化消费需求的"小文化"政策，扩展为以生产性服务功能为主，通过创意设计服务延伸至国民经济与社会生活各个领域的"大文化"政策。这一政策将成为推进新型、高端服务业发展，促进与实体经济深度融合，从而推动国民经济结构调整，培育国民经济新的增长点、提升国家文化软实力和产业竞争力的重大举措。至于那些旨在推动文化市场体系建设的政策更是比比皆是，如关于深化体制机制改革和国有文化企业改革的政策文件、关于深入推进文化金融合作的文件、以及关于大力支持小微文化企业发展的文件，等等。

通过回归市场走进新常态，必须将政策推动的发展转向法律保障的发展。2014年10月，十八届四中全会审议通过的《中共中央关于全面推进依法治国若干重大问题的决定》提出，将尽快出台文化产业促进法，把行之有效的文化经济政策法定化，健全促进社会效益和经济效益有机统一的制度规范。2015年3月,全国人大教科文卫委员会主任委员柳斌杰在十二届全国人大三次会议期间回答中外记者提问,谈到文化产业促进法有可能在今年通过审议。8月,全国人大将文化产业促进法列入优先事项。我国首部文化产业的法律——文化产业促进法有望很快出台。

当然,进入新常态将是一个长期的过程,现在还仅仅是开始。从根本上说,文化体制改革就是将我国文化发展从"非常态"的计划经济体制转向"常态化"市场经济体制。目前国内外研究界已经形成的共识是,正如以行政管制为特点的计划经济一样,以意识形态管制为特点的文化体制,也是一种"战时体制",并非和平建设时期常规性的制度安排。由于我国1949年以后走上计划经济道路,文化建设领域的"非常态"管理体制逐渐"常态化",在经济社会发展进入新阶段后也没有及时改革,以至于很大程度上窒息了文化的繁荣发展。这一点从文化领域立法工作高度滞后,至今还主要以政策为工具,并以发布文件的方式贯彻管理意图就可以清晰地看出。

2003年以来的文化体制改革开启了一个全新的时代,并已经完成了以"事转企"打造市场主体为主线的改革阶段,进入了以"建立健全文化市场体系"为主旨的新阶段。但是,根本性的转折点还未到来。中国的文化体制改革是在转型国家体制变迁的夹缝里进行的,既要适应社会主义市场经济发展的必然要求,也不能违背政治体制的现实需要,走出这一困境,回归常态化的文化市场还需要时间与智慧。

二、建议:面向新时期,以国际文化战略推动国内文化改革发展

"十三五"将是我国文化产业进入"新常态"的关键时期,改革尚未完成,启动新一轮发展仍需动力。我们的建议是,以国际化战略推动国内文化发展。正如世纪之交中国以加入WTO打通国内外市场而迎来

了改革发展的全盛时期，迅速成长成为全球经济大国一样，"十三五"时期中国应该配合以"一带一路"为名的全球经济发展战略，打造统筹国内外两个市场的全球文化战略，从而将文化的改革发展推上新的阶段。

首先，我国正在成为一个具有"全球利益"的国家，"一带一路"的提出标志着我国对外战略正在从"战略模糊"期走向"战略清晰"阶段。

即将结束的"十二五"无论对于中国现代化发展的历史，还是对全球经济发展的总体态势都具有重要意义。2010年，中国名义GDP超越日本成为世界第二大经济体，结束了日本1968年以来长期居于世界经济第二的局面。2013年，中国GDP总量超过了欧元区，并超越日本一倍（这固然有日元对美元大幅贬值的因素，但中国日本经济总量拉开距离是不争的事实）。2014年4月底，世界银行"国际比较计划"更新了各国基于购买力平价（PPP）计算的GDP规模数据，并断言中国将在2014年9月超过美国成为世界第一大经济体，[1] 由此引发媒体关于中国实际经济规模的热议。由于中国的影响，发达国家经济总量在全球经济所占比重日益下降，自1815年以来"西方上行，东方下行"的态势正面临历史性转折。一组来自世界银行的数据显示：2013年，西方发达国家的经济总量首次低于世界经济总量的50%，而这是自1815年以来的第一次。

随着规模提升而来的是，中国经济的全球化程度的不断攀升。近年来最为吸引人的话题是，中国的外贸依存度（无论是资源还是产品）居高不下，中国的过剩产能急需输出，以及中国已经转变为一个资本净输出的国家，等等。可以肯定，中国已经成为继美国之后又一个具有"全球利益"且准备以强大实力实现其利益的国家。"一带一路"就是在这一背景下出台的，我国首个全球发展战略。

---

[1] 这是自2005年以来世界银行对这类数据进行第一次更新。世界银行的权威评估被国际货币基金组织等大多数公共和私人部门机构采用。

"一带一路"是我国应对"十三五"时期国际环境出台的真正的"顶层设计"战略，是中国走出以"韬光养晦"为基调的对外战略模糊期，走向战略清晰阶段的核心战略。面向"十三五"的文化发展战略必须以是否服务于，能否有利于实行"一带一路"为根本性宗旨。

其次，我国急需制定"对外文化发展战略"，与"一带一路"相配套，克服我国全球发展战略中的"文化短板"。

中国并不是没有一个对外文化战略，本世纪初中国推出的"文化走出去"，就是这一战略的雏形。该战略也取得了一定业绩，比如中国通过兴办或收购等形式已在海外传媒中拥有一席之地；自2004年在首尔开办第一家孔子学院起，截至2014年9月，国家汉办已在122个国家开办了457家孔子学院和707家孔子课堂；包括中国作品外向推介、出版、演艺、书画艺术和设计等内容的海外中国节活动，从规模到效果都有长足发展；此外中国影视对外出口也有较大起色。

但毋庸讳言，我国"文化走出去"在实施层面有个与国内文化建设类似的通病：将文化交流活动等同于"外宣"，重视政府的直接推动作用，忽视对民间-民营主体的政策支持；只关心硬件建设，忽略效应评价；只问是否走出国门，不问是否入脑入心；一句话，只关心外延性增长指标，不关心其内涵性的真实影响力。近年来出现的一系列问题，如在维也纳金色大厅自己给自己演唱，孔子学院在欧美引发反弹，种种现象的出现盖源于此。在我国全球发展战略中，文化仍然是一块急需弥补的短板。

文化影响力的根本特性就在于"直指人心"，"文化走出去"如果不关心入脑入心，走出去的就肯定不是文化。因此，中国对外文化战略应以赢得域外民心为旨归，简单地说就是要赢得域外民众对中国的好感。这种好感太重要了。

因此，随着"一带一路"战略在全球展开，我国文化影响力远远落后于经济影响力，全球经济发展战略与文化发展战略不配套、不平衡的问题将日益突出，亟需迅速采取补救措施。作为一个具有全球经济利益的新型大国，建立起有影响力和感召力的成熟文化形象已经是当务之急，只有这样才能使我们国家的全球经济利益得到更好的实现。

第三，以服务于"对外文化发展战略"为目标，以构建新型文化治理体系为突破口，进一步深化文化体制改革

十八届三中全会决定专辟一章论述"提高文化开放水平"，指出要以"政府主导、企业主体、市场运作、社会参与"的方式扩大对外文化交流，加强国际传播能力和对外话语体系建设，推动中华文化走向世界。以及要"理顺内宣外宣体制，支持重点媒体面向国内国际发展"，等等，这些高度精炼的论断中包含了"以开放促改革"的深刻含义。"提高文化开放水平"是将多年来强调的"中华文化走出去"方针从单向出口提升到了双向交流的新高度；"政府主导、企业主体、市场运作、社会参与"的方式则可以理解为是十八届三中全会提出的"推进国家治理体系和治理能力现代化"的目标在对外文化交流领域的具体实现；"理顺内宣外宣体制，支持重点媒体面向国内国际发展"则显然是以提高文化开放水平，服务"一带一路"全球战略为主轴，以重点媒体为突破口，统一推动内外宣体制的重大举措。

更进一步的说，反思近年来我国在实施"文化走出去"战略时出现的问题的原因，基本上可以归结为"以内宣模式做外宣"的结果，因此现在需要做的是"以外宣创新倒逼内宣改革"，这就要进一步深化文化体制改革。

以"政府主导、企业主体、市场运作、社会参与"原则为指导，推进文化治理体系建设是深化文化体制改革的中心命题，也是提高文化开放水平，有效服务于国家对外文化发展战略的关键。什么叫做"文化治理体系"？就是在政府"管文化"和具体文化单位"办文化"之间建立起一个具有协调功能的中间环节——第三部门。这个部门主要由非营利性的专业机构组成，对外可以以民间渠道探讨敏感问题，避免政府直

接出面立场过于僵硬的不便，对内可以承接政府相当的管理职能，避免对文化价值做不恰当的是非判断。事实证明，建立"文化治理体系"既是国际上通行的成功的社会参与文化管理形式，也是贯彻三中全会精神——"推进国家治理体系和治理能力现代化"的重大举措。构建文化治理体系必将为深化文化体制改革的找到新的突破口，使得我国文化体制改革走出一条从"办文化"到"管文化"，又从"管文化"到"治理文化"的新型路径，开辟我国对外文化交流的全新局面。

拥抱变化，谋划未来 *

2000年10月13日，中共中央十五届五中全会闭幕后第三天，中国社会科学院文化研究中心正式举行成立大会，中国社会科学院院长、中央政治局委员李铁映同志到会并做重要讲话，传达了中央全会关于发展文化产业的重大政策信息，并要求文化研究中心编制《文化蓝皮书》，以配合中央这一重大战略部署的推进。2002年2月，首部"文化蓝皮书"——《文化蓝皮书：2001-2002中国文化产业发展报告》正式出版。

从2002年到2015年，《文化蓝皮书：中国文化产业发展报告》连续出版了13本。在这段时间里，文化研究中心还编撰出版了《文化蓝皮书：中国公共文化服务发展报告》《文化蓝皮书：中国少数民族文化发展报告》以及《文化蓝皮书：国际文化产业发展报告》等，总计达到20本以上。《文化蓝皮书》系列始终在我国文化领域保持影响力领先的位置。

中国社会科学院文化研究中心的成立，是中国社会科学院发挥思想库智囊团作用，服务于国家发展战略的重大创新性举措；《文化蓝皮书》的出版，是中国社会科学院文化研究中心服务于国家文化发展战略的标志性事件。

在党的十九大召开以后，文化领域的智库型研究受到党和政府的高度重视，作为国内首个具有重大影响的国家文化政策智库，重启《文化蓝皮书》的工作也提上了日程，经过周详的准备，《文化蓝皮书：2017-2020中国文化发展报告》得以出版。

---

* 此文为文化蓝皮书《中国文化产业发展报告（2017-2020）》（社会科学文献出版社，2020）"总报告"。

党的十八大以来，无论是文化发展形势还是文化政策环境，均已发生了重大变化，"中国社会科学院文化研究中心"也已由院领导决定升级为院"高端智库"，更名为"中国社会科学院中国文化研究中心"。念及2000年文化研究中心成立初始就曾考虑编撰"中国文化发展报告"，我们决定做一本"文化蓝皮书"的2.0版，将《文化蓝皮书：中国文化产业发展报告》更名为《文化蓝皮书：中国文化发展研究报告》，将原来设计的内容结构做出大幅调整，以期更好地适应当前文化发展形势的需要。

可以附带说明的是，我们通常所说的"文化产业"，在国家统计公报中的确切称呼是"文化及相关产业"，这里"产业"的意思相当于"行业"，涵盖了经营性产业和公益性事业两类机构，因此可以说就是中国文化发展的整体图景。而且，从第四次经济普查结果中有关文化部分的数据看，2018年末，全国有经营性文化产业法人单位194.8万个，占文化及相关产业法人单位的92.6%；从业人员1912.0万，占文化及相关产业从业人员的93.0%；资产总计21.4万亿元，占文化及相关产业资产总计的94.7%。因此，从目前权威的国家文化统计数据来源看，《文化蓝皮书：中国文化发展研究报告》与原来的《文化蓝皮书：中国文化产业发展报告》并无很大区别，"文化蓝皮书"的2.0版还是更关注产业的发展特点和政策的相应变迁。

一、对十八届三中全会以来文化发展形势的总体认识：大转型时期

本蓝皮书于2019年启动，这是一个对编制新的《文化蓝皮书》相对有利的时间节点。上一本《文化蓝皮书》编写于2015年，出版于2016年，正值"十二五"收官之年，总报告题为"面向'十三五'，走进新常态"，对"十三五"进行了展望。2019年是"十三五"最后

一年，又处在一个回顾以往、展望未来的节点上。此外，上一本《文化蓝皮书》编写之际刚刚结束了第三次全国经济普查，于是包含了比较详实的文化发展数据分析。2019年是第四次全国经济普查完成后（2018年）的数据分析之年，有条件对这期间的文化发展总体状况进行系统回顾。

从政策面上看，2013年十八届三中全会通过了《中共中央关于全面深化改革若干重大问题的决定》，提出了"建立健全现代文化市场体系"这一总的政策思路，并围绕如何发挥市场在资源配置上的决定性作用和更好地发挥政府的作用这一核心目标，对如何在文化领域建立现代治理体系和提高治理能力做出了战略部署，以"放管服"为主线，为推进文化体制机制改革确立了基调。从那时以来，也构成了我国文化领域新一轮政策密集出台期。

我们对这个阶段文化发展的基本概括是"大转型"，有以下4个主要特点：

（一）发展进入下行通道，规模型扩张阶段结束

根据第四次经济普查数据，我国文化产业在将近3个五年计划的较长时段中，总体上实现了高速发展。2018年，我国文化产业实现增加值41171亿元，比2004年增长10.97倍。从2005-2018年，文化产业增加值年均增长18.9%，高于同期GDP现价年均增速6.9个百分点。文化产业增加值占GDP比重，由2004年的2.15%，提高到2018年的4.48%。文化产业离"国民经济支柱产业"的目标越来越近，对国民经济与社会发展起着越来越重要的作用。[1]

但是，如果将国家统计局2004年后每年公布的全国文化及相关产业企业营业收入增长统计报表排列起来做一个纵向比较，就可以看到明显地分为两个阶段：2004年到2010年是个"飙升"阶段，文化产业

---

[1] 国家统计局：《2018年全国文化及相关产业增加值占GDP比重为4.48%》，2020年1月21日修订数据，国家统计局官方网站，（http://www.stats.gov.cn/tjsj/zxfb/202001/t20200121_1724242.html）。

年均增长率达到23.4%，但是2010年以后一路下降：2011年21.96%，2012年16.5%，2013年11.1%，2014年12.1%，2015年11%，2016年13%，2017年10.8%。2018年8.2%、2019年7%（规上企业）。

另外，根据国家统计局的数据，2018年全国规模以上文化及相关产业的企业实现营业收入86624亿元，比上年增长8.2%，这个数字甚至低于同年我国规模以上工业企业主营业务收入比上年增长幅度8.5%。

可以说，中国文化产业以规模扩张为主要特点的阶段已经基本结束，增长速度在2010-2012年的"陡降"后，进入了仅高于国民经济GDP5%左右的"平台期"。

如果将自十五届五中全会（2000年）提出"文化产业"概念以来我国文化发展的历程做一个总体描述，大体上可以分为两个阶段：第一个阶段是2010年以前，可以归结为在文化体制改革的生产力释放作用与文化产业的政策性推动作用双重动力之下的"非常规"高速发展时期；第二个阶段是2010年以后，改革的阶段性任务基本完成，与改革配套出台的政策效应递减，在宏观经济形势的影响下，文化产业的发展速度下降，进入了在经济领域被称之为"新常态"的新时期。

（二）文化产业出现结构变化，转向创新驱动发展模式

更重要的是，在2010年后我国文化产业发展速度下降的同时，出现了重大的结构变化，带动了发展方式转换。

总体上来看，2008年的全球金融危机是一个转折点，刺激了数字和网络技术的大规模商用，推动我国文化产业与数字技术高相关度的部门爆发式增长，实现了令人叹为观止的整体结构跃迁。

统计总是落后于发展，但依然可以看出发展态势。从2015年开始，国家统计局每年发布文化及相关产业规模以上企业数据，其中特别区分出"'互联网+'为主要形式的文化信息传输服务业"，从中可以看出文化产业与数字技术高相关度门类的暴涨态势。2015年，以"互联网+"为主要形式的文化信息传输服务业是投资额增长最快的行业，比

上年增长77.0%；2016年后披露的"规模以上"文化企业增长数据，每年文化信息传输服务业都是分行业增长最快的：2016年30.3%，2017年34.6%，2018年24%。2019年国家统计局使用新版统计指标体系，其中显示，文化新业态特征较为明显的16个行业小类实现营业收入19868亿元，比上年增长21.2%；占比为22.9%，比上年提高2.1个百分点。其中，互联网其他信息服务、可穿戴智能文化设备制造的营业收入增速超过30%。以上数字充分显示出结构变化之剧烈。

以下研究更能充分反映变化的深刻程度。2019年8月，国务院发展研究中心发布了一项研究成果——《数字文化产业发展趋势研究报告》，报告认为，数字技术快速发展导致的变化对传统国内生产总值核算带来了挑战，国家统计局因此对于文化产业有重大漏统。据他们测算，2017年全国数字文化产业增加值应该达到1.03万亿–1.19万亿元，如果以统计局公布的2017年文化及相关产业增加值总数34722亿元计算，应该达到34%左右。按照这个比重，估计数字文化产业对于我国文化产业增加值的贡献率会达到70%以上。这些数据清楚地说明，文化产业的技术构成已经发生根本性变化，数字技术相关行业已经迅速崛起，文化产业的结构变化已经完成。可以说，在数字技术的创新驱动作用下，文化产业已经从规模速度型增长转向了质量效益型增长。

2017年12月，国务院发布《"十三五"国家战略性新兴产业发展规划》，首次将"数字创意产业"纳入其中。2018年1月，文化部出台首个专门针对数字文化产业的文件——《关于推动数字文化产业创新发展的指导意见》，全面推动"互联网＋文化"的新业态、新模式、新趋势的发展。这两个文件的发布是对上述发展态势的最明确的表征。

（三）从消费性服务功能向生产性和社会性服务功能延伸：融合发展成为无所不在的主题

2010年以后，在文化产业发展速度进入下行通道的同时，开始出现与国民经济和社会发展各领域融合发展的新态势。特别是十七届五中全会提出推动文化产业成为国民经济支柱性产业的战略目标后,十七届六中全会进一步强调推动文化产业跨越式发展,成为国民经济新的增长点、经济结构战略性调整的重要支点、转变经济发展方式的重要着力点,这是将发挥文化产业生产性服务功能,实现与国民经济各行业的融合发展纳入了国家战略。我国文化产业的发展开始撬动国民经济结构战略性调整和转变经济发展方式这盘大棋。

文化产业在本来意义上就属于既具有消费性服务功能,又具有生产性服务功能的现代服务业,是推动国民经济发展的战略新兴产业。但是由于发展的不充分,到目前为止,对其作出全面量化分析还得不到权威统计数据的支持。我们只是看到,为了落实十七届六中全会的政策需要,国家统计局2012年对我国文化及相关产业分类做了新的调整,加进了"文化创意和设计服务"这个最能反映文化产业与国民经济融合发展的新的指标类别。在以后历年的统计公报中(除了2013年使用修改过的统计数据因而无法与前一年比较,以及2017年由于根据2018年再次修改了指标体系而没有提供数据外),我们可以看到,文化创意和设计服务都是仅次于"'以互联网+为形式的'信息传输服务业"的统计类别:2014年增长17.7%,2015年增长18.2%,2016年增长18%,2018年增长16.5%;

2018年,文化部和国家旅游局合并,文化与旅游融合发展成为最受关注的政策主题,标志着融合发展进入新的阶段。从统计指标上看,文化和旅游的统计指标体系区别较大,重合叠加部分较小,基本上是平行体系,其统计数据可以相加计算。这样看来,文化和旅游诸行业增加值相加总量已经完全可以超过"国民经济支柱产业"5%的低线标准,甚至上达"国家战略性新兴产业"10%的高线标准了。

(四)"放管服"与新动力:体制机制政策的再创新

在2014和2015年的《文化蓝皮书》中,我们已经提出了这样的观点:十八届三中全会将文化政策的"第一主题词"从文化产业改为文化市场，这是"文化产业回归文化市场"的重大转变，我国文化产业的发展已经从政府主导的启动阶段走向依靠市场内生动力发展的新阶段，"铺摊子"将转向"上档次"，市场将成为下一轮文化产业发展的最大动力。近年来，文化管理部门大力推动以"放管服"为名的改革，证明了这一论断的准确。

"放管服"是落实十八大改革基本方略——转变政府职能，让市场在资源配置中起决定性作用和更好地发挥政府的作用——的一组核心改革措施，其基本内涵就是围绕处理好政府与市场关系，简政放权、放管结合、优化服务三管齐下推动政府职能转变，从而优化营商环境，激发市场活力和社会创造力，促进经济持续健康发展。正是在这一工作主线基础上，近年来出台的一系列新政策才得以发挥促进产业发展的作用。

梳理这一套具体的改革措施需要太大的篇幅，不是本报告可以做到的，我们将注意力放在理解这一时期出台的政策趋势和本质上。十八大以来，我国文化产业在文化科技融合领域忽然发力，以令人炫目的"数字化"转换推动了质量效益型增长，使得中国文化产业在新一轮全球化中从"跟跑"到"并跑"，最后到"领跑"，进入了全新的领域。在某种程度上说，我们已经进入了"无人区"，脚下已经不再有前人走过的道路，一切都需要我们自己去探索，这才是真正的"深水区"，需要我们在体制机制政策方面做"原始创新"。在这时，任何以往的经验甚至教条都至多具有参考价值，最为重要的事情就是尊重人民群众的首创精神，放开市场对资源的配置作用，以科学的包容的精神不断试错，摸索出自己的道路。这就是以"放管服"为名的这一轮改革的精神实质。在某种意义上说，文化科技融合而生的数字创意产业正是这一轮改革型政策的突出成果。

二、对当前形势的研判：新时期，新问题，新思维

回顾近十年来的发展历程，比较前一个十年的发展历史，我们可以形成这样一个认识：正如我国宏观经济正在经历一次"大变局"一样，我国文化产业的发展模式也在发生根本性变化。前一个十年，文化产业搭上了加入WTO后中国工业化起飞这辆快车，特别是在经济的快速扩张中分享了城市化的"红利"，得到了来源于地方政府"经营城市"而获得的高额"计划外财政收入"的补贴，才实现了超常增长。文化产业在这个阶段的非常规增长看上去波澜壮阔，但是具有明显的体制性释放和政策性推动性质（特别表现在文化企业的营收和利润中财政补贴占比较大），并没有形成自身的商业模式，建立起良好的市场内生动力机制。后一个十年，由于国内外经济形势的变化和发展方式的转变，以及政策面对市场对资源配置决定性作用的进一步肯定，传统城市化模式中政府以土地财政支撑的"交叉补贴"式政策效应逐渐结束，文化产业遭遇超越传统发展模式，进入自主创新发展的新阶段的考验。文化产业部门需要全面转轨，形成既符合市场经济一般规律又遵循文化生产特殊规律的发展道路和发展模式。在某种意义上说，这才真正开始了建立在市场经济基础上的文化产业发展。

如果仅仅是宏观形势变化和投资推动模式熄火，文化产业必然落入"存量改革"的陷阱。但是幸运的是，数字经济的强势崛起使得我国文化发展搭上了又一辆快车。也就是说，在文化的改革和发展的前一个十年的"窗口期"关闭的同时，新的"窗口期"已经打开，我国文化发展正在进入新一轮"增量改革"周期。

新时期有新问题，需要新思维，我们要积极地去探索和认识。

（一）文化生态环境已经发生变化，新旧媒体如何转换与重构

我国传统的文化环境是由单一的政府主管主办的"文化事业单位"构成的，直至2003年才在文化产业发展的大背景下开始启动全面改革。

经过近10年来文化发展过程中剧烈的结构变化，由于数字技术和移动互联网的普及，传统以出版广电为主要载体的文化创作、生产、传播、消费系统，已经变成以"互联网+"为主要载体的全新系统了；网络内容已经构成了文化产品和服务的主要内容，互联网服务公司已经成为最大的文化内容提供商和渠道运营商。但是问题在于，以往由政府主管主办的、以出版广电等传统媒体为主要载体的传统文化服务体系，如何能向数字化平稳转型？如何能与以民间力量为主导的，以新兴媒体为主要载体的，在市场经济条件下迅速崛起的现代文化服务体系相互配套、相互支撑、日益融合，建构起一个全新的文化生态环境？

2018年1月，文化部发布了《关于推动数字文化产业创新发展的指导意见》，其中提出"建设数字文化产业创新生态体系"，这是解决问题的新思维。但是，无论是传统的出版和广电机构向"融媒体"转化也好，还是新兴的互联网企业助推文博文物机构文创开发也好，依然有一座有形和无形的墙横亘在新旧系统之间，"数字文化产业创新生态体系"尚无法成为全新的有机体。看来，观念和体制的创新还有较长的路要走。

2000年10月，中共中央召开了十五届五中全会，第一次将发展文化产业纳入了国民经济和社会发展规划，文件中最早对文化产业的表述是："推动信息产业与有关文化产业结合"，这就是说，我国文化产业的提出是作为国民经济和社会信息化这个战略的组成部分的，是一开始就以数字和网络技术为基础的"新兴文化产业"，但是到目前为止，还不能说已经完成了信息产业与文化产业的融合。回顾这一段历史，令人深感发展与改革的艰难。

（二）文化生产体系已经发生了变化，如何从传统文化产业"线性的"生产体系，转向网络化和智能化的"大生产"系统

直到近10年以前，传统文化产业都是"线性的"再生产体系，这就是：创作——生产——交换——消费（或者展示）——回到创作。联合国教

科文组织《2009年文化统计框架》将此一传统模式在理论上归结为"文化圈"。这一模式已经随着数字化和网络化的发展，特别是随着平台公司的崛起而终结。新的模式是开放性的和"网络化"的，是截然不同的文化生产体系，有人将其称为"文化大生产体系"。我们认为，理解这个全新的"大生产体系"是理解新型文化生态系统的关键，也是理解很多纠结我们的问题的关键。

新型的网络化和智能化的文化大生产系统有几个突出特点：生产者和消费者相互融合，专业化生产者（PGC）和非专业化生产者（UGC）相互合作，人际交往的社交属性和商业属性无缝连接，等等。核心特征其实是一个，就是所有人都既是消费者也是生产者（所谓"产消者"），既是接受者也是传播者。这几乎就是"大众创业、万众创新"的真实场景。

出现"产消者"的本质就是，任何人在任何时间、任何地点，都能接触到任何人类文化成果，参与文化的消费与生产。数字和网络技术为千百万以往文化内容的被动接受者"赋能"，使他们发掘出以往不被发现的才能，开始了内容创作，他们生产的内容产品规模也极大地超出了专业群体生产的产品总量。比如，根据《2018年全国新闻出版业基本情况》发布，2018年，全国出版新版图书247108种，同比降低3.14%；重印图书272142种，同比增长5.74%[1]。但是仅腾讯阅文集团一家公司，截至2019年就有超过810万作者，作品数量达到1220万部（数据来源于阅文集团2019年财报）。据统计，全国各种平台公司总共有1300万人在从事内容生产，年产约2400万部作品，以至于国内热播影视产品大都出自爆款的网络小说IP的改编。但是，问题也就出在这里，这些往往是在工作之余开始创作的，缺乏历史和人文训练的非专业群体，能创作出与我们悠久历史和高度文明相称的作品吗？

---

[1] 国家新闻出版署：《2018年全国新闻出版业基本情况》，2019年8月27日，中国出版传媒网（http://www.cbbr.com.cn/article/130425.html）。

在短短的不到 10 年时间里，在中国出现了文化内容的创造者从小规模专业作者向大规模业余作者迁移的局面。这一方面凸显了互联网"人文主义价值"的实现，另一方面也出现了"专业鸿沟"：新一代"创意者"们能够熟练使用数字网络，但是他们普遍人文素质不高，专业化程度不够，因而生产的数字产品质量不高。传统的专业人文学者则正相反，大多不能熟练运用数字化工具，他们所供职的公共文化机构的数字化水平低，服务能力明显滞后。这种新旧创作群体的分野使得新一代内容生产者在创意爆发之际难以获得优秀传统文化机构和的滋养和"文化赋能"，而传统文化机构和专业群体则因"技术赋能"不足而难以有所作为。

据 2012 年公布的第三次全国不可移动文物普查统计，我国现有不可移动文物 76.7 万处。另据 2017 年公布的第一次全国可移动文物普查结果，我国现有国有可移动文物 1.08 亿件/套。这些文物收藏在全国 5000 家左右的国有博物馆中，但是"展出率"只有 2.8%。文物丰富和体量巨大如故宫，展出率甚至低于 2.8%。于是场景是这样的：一方面是数千万非专业的"创意者"亟需得到丰富传统文化的滋养，另一方面是数以亿计的文物被关在博物馆仓库之中不见天日，专业人文学者们依然在"前数字化"的技术环境中工作与生存。从根本上说，这是文化传承的巨大风险。

（三）文化发展形态已经变化，文化管理体系如何改革

根据上述，在短短的 10 年时间里，我国"互联网+文化"发展蔚为壮观，"新产业、新业态、新模式"层出不穷，已经开始形成了以网络大生产为基础，以数字创意为生态的全新文化发展态势。国务院发展研究中心课题组在《数字文化产业发展趋势研究报告》中认为，在"消费互联网"领域，我们已经开始全球"领跑"，正在 5G 推动下走向"产业互联网"，建构全新的文化生态体系。当我们从文化管理者角度审视这个新世界的时候，有一种近乎"颠覆性"的感觉，就是传统文化管理体系的管理对象已经消失，文化体制机制改革的"窗口期"已过，我们

已经进入文化发展与改革的"无人区",如何前进成为一个全新的问题。

在 2013 年 3 月召开的第十二届全国人民代表大会第一次会议关于国务院机构改革和职能转变方案的决定中,我们曾经看到落实十八届三中全会改革蓝图的举措,即进一步适应市场对资源配置的决定作用,推动国务院机构改革和职能转变以提高行政效能。其中涉及文化管理体系的部分就是进一步推进文化体制改革,统筹新闻出版广播影视资源,将国家新闻出版总署、国家广播电影电视总局的职责整合,组建国家新闻出版广电总局。但是,2018 年 3 月,中共中央印发了《深化党和国家机构改革方案》,我们又看到新的机构变动,将国家新闻出版广电总局的新闻出版影视管理职责又剥离出来,划入了中央宣传部。可见,这些年文化管理体制一直处在调整和变动之中,摸索过程正在进行,目标颇为模糊。

正如联合国教科文组织文化多样性公约履约报告——"2018 全球报告"中所说,全球文化市场出现的"最大变数"是"文化价值链'深度重组'","由管道模式转向网络模式",以及"数字环境下文化价值链的重组者'平台公司'的出现"。我们甚至可以说,这是自 500 年前谷登堡印刷技术诞生以来又一次新的"文明跃迁"。由此看来,中国遇到的文化管理体制的挑战具有全球性的意义,而我们在治理体系和治理能力上能否有所作为,也将会为全球瞩目。

三、对发展趋势的分析和建议

展望已经开局的"十四五"及其以后的发展,我们最为强烈的感觉就是所谓的"未来已来"。在本报告紧张撰写的这一段时间,文化领域各种课题、会议、论坛频繁举办,给我们的感觉是,与发展前景不确定性同时存在的是产业转型的不断加速,与发展动能不断积累同时增长的是改革创新的内在紧张。我们正在步入"无人区",无论是发展和改革都面临"原始创新"的挑战。

（一）抓住5G商用的重大契机，实施国家文化遗产数字化战略，下大力量建设新一代文化基础设施，推动文化产业供给端重大技术革命，构建面向新时期国家文化生态体系

2019年已经被看作"5G元年"，紧随5G商用而来的，将是更为恢弘的文化生产系统变化和文化生态环境变迁，是从目前已经发展较为充分的消费互联网向产业互联网延伸，必须启动空前规模的国家文化资源数字化战略，才能从根本上解决本文所分析的文化生态体系不耦合和文化大生产体系不平衡问题。

我们认为，必须在国家战略层面认识到，延续几千年中华文明历史积累下来的优秀中华文化资源是中华民族取之不尽用之不竭的战略资源，而将国家文化资源从传统介质向数字媒体的全面转移是将传统文化资源开发为经济资源的关键步骤，实质上是为空前规模的产业整合和文化经济发展准备条件，其意义无论怎样估计都不会过高。只有将一向依赖于财政资助，并且到目前为止仅仅以实物形态存在的图书馆、档案馆、博物馆数字化和智能化，接入每一个人的智能终端，才会从根本上使我们的国家文化生态发生变化，而只有建设一个以开放性、多元化、协同化的文化大数据"云服务"平台为核心的新型文化基础设施，才能实现上述目标。

自2005年我国正式提出建设公共文化服务体系以来，文化文物部门在硬件设施建设方面，在文化资源普查与保护方面获得了举世瞩目的长足进展。在某种意义上说，我国公共文化服务体系（特别是博物馆、图书馆、档案馆等系统）主要以硬件设施建设推动发展的阶段已经结束，开始了一个以软件建设为主，带动新型硬件设施建设的发展新阶段。建议以国家战略推动以文化遗产数字化为主线的新一代文化基础设施建设，将国家财政政策在供给端的引领作用和市场消费端巨大的拉动力量结合起来，推动文化资源数字化、素材化和智能化，建设全栈式、全链

条、生态化、创新型的文化基础设施。

（二）抓住国家经济发展方式转型和经济结构调整的契机，以内需扩大政策助推文化消费潜力释放，建议系统出台刺激文化消费潜力的政策，形成新型消费文化环境

即将到来的"十四五"是我国人均GDP超越10000美元，以及向12000美元的发达国家门槛迈进的重要转折点。根据理论研究，在一般规律的意义上，这是一个国家发展的阶段性转折，即以投资推动为特征的高速增长阶段的结束，以及国民经济增长动力从投资向消费的转移；而在中国这个特殊的场景中，这意味着更为深刻的变化。比如说，这涉及体制机制改革，即从传统计划体制向社会主义市场经济体制的根本性转折；这甚至涉及数千年形成"勤劳节俭"的文化习惯的改变。随着闲暇时间超过工作时间，人们需要转变传统观念，更为积极地评价休闲的伦理和经济价值。这是一个有着巨大想象空间并有所作为的时期。

精确预测国家的消费趋势不是本文所能完成的工作，而是需要多学科专家的研究，但是有几个重要的方向值得引起决策者的关注。

首先，人均GDP超过10000美元是一个重要的门槛，不仅是发展水平的标志，也是消费升级的一个转折点。根据本书消费报告的分析，我国消费的总体水平低于同样发展水平国家一倍左右，发展空间巨大，其中文化消费的潜力将会更大。基于这一认识，目前受到高度重视的刺激消费政策将是一个长期的取向。

其次，数字和网络技术正在迅速改变整个经济结构，特别是，随着与5G相关的大规模数字技术商用普及，供给和消费将会出现"强互动"态势，既是需求拉动供给，也会是供给创造需求。在市场机制作用下，消费场景创新将会层出不穷，其中可能产生的经济增量是难以预测的。基于这一认识，大力开放市场以创造宽松的创新环境极为重要。

第三，数字网络技术将改变市场竞争环境，创新投资与金融工具，以前过多集中在房地产中的个人资产将会向目前尚不活跃的艺术品投资

市场转移，可能推动海量文化艺术资源资本化，以及引发巨量的艺术资产投资需求。预计这一需求将刺激文化金融和艺术金融工具创新，从而构建起全新的投资通道。基于这一认识，建议对于如何重新启动艺术品投资市场进行研究和试点，尽快开始系统的政策创新。

（三）抓住数字文化发展高峰期到来的契机，以"原始创新"的精神推动文化领域国家治理体系和治理能力现代化建设，开创文化体制改革的新局面

近10年来文化产业数字化和产业融合发展的大趋势证明，以"建立健全现代文化市场体系"为主线的文化管理体制机制的改革是发展的关键。尤其是近年来，随着中国在数字文化产业开始"领跑"世界，改革也进入了"无人区"，就更需要深刻领会2003年以来文化体制改革的基本精神和深刻意义，将改革现有体系看作是一场"脱胎换骨"的革命。说得更彻底一些，改革已经落后于发展，基于传统行业技术性质的改革"窗口期"已过，现在需要打造适应数字文化产业发展需要的全新体制机制。

党的十八大提出将推进国家治理体系和治理能力现代化作为改革的基本任务，以适应新时期社会主义市场经济的发展要求，其中包含了进一步推动文化体制机制改革的依据和内容。2019年10月，十九届四中全会又审议通过了《中共中央关于坚持和完善中国特色社会主义制度、推进国家治理体系和治理能力现代化若干重大问题的决定》。我们注意到，决定不仅指出了："发展社会主义先进文化、广泛凝聚人民精神力量，是国家治理体系和治理能力现代化的深厚支撑"，而且强调"必须加强和创新社会治理，完善党委领导、政府负责、民主协商、社会协同、公众参与、法治保障、科技支撑的社会治理体系，建设人人有责、人人尽责、人人享有的社会治理共同体"。推动社会领域治理体系现代化的这些原则对于在文化领域推动建立科学的治理体系和推动治理能力现代化，开创文化体制改革的新局面具有重大参考价值。

针对当前改革落后于发展的重大矛盾，建议按照2018年3月中共中央印发的《深化党和国家机构改革方案》的要求，从推进党和国家机构职能优化协同高效为切入点和着力点，首先按照建立健全现代文化市场体系的要求，解决目前文化领域政府机构既干预过强又因职责不清而管理无效的问题，整合和优化文化管理机构设置，优化职能配置，从而提高行政效率效能。在此基础之上，再进一步有序推进具有"原始创新"意义的文化领域治理体系和治理能力现代化的进程。

（四）整合文化和相关产业政策，形成"三元动力"体系，推动我国文化科技深度融合，领跑国际数字创意产业发展

从十八届三中全会到十九届四中全会，我国文化领域进入了又一轮密集的政策出台期，从产业发展效果考量，最值得肯定的是文化-科技-金融三组政策。近年来数字文化产业的发展充分证明了，科技和金融是文化发展的"车之两轮""鸟之两翼"，只有将"文化科技融合""文化金融合作""金融科技创新"三组政策整合联动，构成"三元动力"结构，才能推动新时期文化科技深度融合，文化产业结构顺利转换，领跑国际数字创意产业发展前沿。

从目前的情况看，文化发展的科技和金融两个轮子的运转存在较大的不协调。文化-科技这一轮转速总体上较高，但是在文化资源数字化这个产业基础环节上还存在缺环，对长期可持续发展有隐忧；文化-金融这一轮转速近年来迅速下降，究其根源，除了宏观经济形势差的短期影响外，根本原因在于文化市场中体制性障碍大，要素流通性差，金融工具创新不足。

如前所述，面向未来10至20年的发展，文化领域目前最紧迫的战略任务就是打造新一代文化基础设施。我们认为，随着大规模5G商用阶段的到来，建设以国家文化遗产数字化为核心的新一代文化基础设施的窗口期已经打开，而这正是"文化-科技-金融"三元政策体系整合创新的最佳应用场景。我们建议，抓住落实六部委《关于促进文化和

科技深度融合的指导意见》文件出台的契机，将当前文化科技深度融合的主攻方向选在文化遗产数字化和文化金融工具创新两个基点，一方面，建立由"数字技术研发方＋文化内容解读方＋文化资源提供方"共同发起的企业化协同创新平台，打通文化科技融合的"最后一公里"；另一方面，加强对在"互联网＋"平台基础上文化资源和文化资本的评估技术研究，加强对区块链等新技术在文化资源向资本市场转化的应用场景研究，加强对基于数字技术和网络平台的创新型金融工具研究，以金融科技创新打通从文化资源转化为文化资本的通道，建立起"公共财政＋社会资金＋商业资本"协作开发的创新机制，让文化－金融合作的轮子也快速转起来。

发展与改革都进入了深水区，有风险，但是更重要的是有机遇，可以远航，可能发现新大陆。让我们拥抱变化，谋划未来！

新型城镇化
——创意与可持续发展之路*

前言

2014年3月,《国家新型城镇化规划(2014—2020年)》正式发布,在历经2012年党的十八大明确提出"新型城镇化"概念,2013年中央经济工作会议进一步把"加快城镇化建设速度"列为经济工作六大任务之一,以及2013年11月十八届三中全会提出"中国特色新型城镇化道路"后,我国城市化进程正式进入了新的发展阶段,城市化与文化发展的关系问题也上升为我国新型城镇化发展战略的核心与主线。

这是中国改革开放发展的新阶段,是中国现代化发展的新时期,中国的"新型城镇化道路"将会影响人类的历史进程,而中国城镇化与文化发展的有机结合也将为人类城市发展史上添上浓重的一笔。

我们希望《中国城市文化报告》成为这一重大历史变迁的记录。

一、中国的城市化与文化发展——一个历史的回顾

作为首部城市文化蓝皮书,首先需要建立起一个关于中国城市和城市文化发展历史的全景式理解。关于我国现代化过程中城市化的历史发展分期已经有很多研究,我们参考中国社会科学院李培林研究员的看法(李培林,"城市化与我国新成长阶段",江苏社会科学,2012年第五期),以改革开放为起点,将城市化分为以下四个阶段:

---

* 此文登载于《中国城市文化报告(2017)》,上海同济大学出版社出版。

第一阶段是 1978-1985 年。这个阶段以农村改革为开端，随着家庭联产承包制的普遍实行，农村经济得到快速发展，小城镇开始复兴，乡镇企业的"异军突起"，出现农村人口向小城镇聚集、向非农领域转移的潮流。费孝通先生 1985 年发表著名的《小城镇大问题》一文，得到中央的高度关注，在社会上引起巨大反响。有关"离土不离乡"的"小城镇发展战略"成为这一阶段中国特色的城市化道路的特点。

第二阶段是 1986-2000 年。这阶段以 80 年代城市改革为开端，到 90 年代经过了大规模国有企业改革，使城市经济更加活跃，各种发展机会加速向城市集中，城市化进程开始加速。这时，农村居民也因寻求工作机会而开始向城市大规模迁徙，"离土离乡"进城打工的农民工总量超过了"离土不离乡"在乡镇企业工作的农民工，成为农村劳动力转移的主渠道，数以亿计的"农民工"进城，推动了中国的中小城市成为城市化的主角。

第三阶段是 2000-2011 年。这个阶段以我国加入 WTO 为开端，经过大规模引进国际资本，融入国际分工体系，推动了全球性经济结构升级调整，也带动中国经济发展速度在"全球化红利"刺激下一再突破峰值。这一阶段，在经济发展的推动下我国城市住房制度改革的效益也逐步显现，买车和购房进入普通家庭消费，房地产业迅速兴起，土地升值速度加快，城市不断向郊区扩展，高速公路和高速铁路的发展使 1 小时城市圈的区域规模大幅度增加，由 1 小时城市圈相互连接的城市群不断涌现。这一阶段我国城市发展进入了大城市发展的阶段，表现为城市规模迅速扩大和以大城市群为载体加入全球竞争。

第四阶段是 2011 年至今。这个阶段以 2008-2009 年全球经济危机的骤然爆发和我国经济发展方式转变实质性启动为背景，并以 2011 年中国的城市化进入历史的转折点为开端（2011 年，我国城市人口达到 51.3%）。随着城市化人口超过 50%，我国现代化和城市化进程开始了新的阶段，"新型城镇化道路"逐步成型，标志着我国从"以物为中心"

的"土地城镇化"转向"以人为中心"的"人口城镇化"的新阶段。

以上是城市化的历史,再来看文化发展的历史。以现代化为背景,近代文化的繁荣就是建立在城市化的基础上的。我国文化发展与城市化进程同样密切相关。仍然以改革开放为起点,无论是根据政策性文件的出现时间,还是根据重要的历史事件的发生时间,我国的文化发展都表现为以下三个阶段:

第一阶段:1978-2000年。为适应经济体制改革和城市化的发展,原来计划经济体制下的文化事业单位从"放开服务收费"开始,到在"预算内事业单位"性质不变的情况下确定三种财政管理类型,形成了"双轨制"模式。

这一阶段以1978年财政部批准《人民日报》等新闻单位实行"事业单位,企业化管理"为开端,80年代中城市经济体制改革正式启动后允许文化事业单位合法开展企业化经营活动(所谓"以文养文")[1],80年代末,财政部发文,根据事业单位是否有"稳定的经常性业务收入",将国家预算内事业单位区分为"全额预算管理""差额预算管理"和"自收自支管理"三种类型,将这一阶段改革从国家预算管理角度确定下来。一直到1996年,中办和国办发文,提出事业单位全面改革方案,提出将"政事分开",推动各类事业单位在市场经济体制下逐步转变为独立法人参与市场运行。同年,广州日报报业集团成立,标志着新一轮文化体制改革显现端倪[2]。这一阶段的特点是对于预算内文化事业单位实行"双轨制"政策,文化事业有了较大的恢复性增长,但是整体上具有较强的过渡性特点。

---

[1] 文化部、财政部、国家工商局联合颁布:《文化事业单位开展有偿服务和经营活动的暂行办法》,鼓励文化事业单位利用自己的知识、艺术、技术和设备等条件,开展有偿服务,取得收入,用于补充事业经费的不足,1987年。

[2] 中共中央办公厅、国务院办公厅:《中央机构编制委员会关于事业单位改革若干问题的意见》,1996年。

第二阶段：2000-2011年。为适应国内宏观经济增长方式转变的战略需求，以及应对加入WTO后开放国际服务贸易的挑战，国家从"十五"期间开始提出发展文化产业的战略并为此而实行全面的文化体制改革。

这一阶段以2000年10月党的十五届五中全会提出发展文化产业的战略任务为开端，从2003年开始进行了文化体制改革，到2009年为应对全球金融危机而由国务院通过《国家文化产业振兴规划》，将文化产业列位"第十一大产业振兴规划"，一直到2011年末，宣布文化体制改革任务的完成和十七届六中全会的召开。这个阶段的特点是文化体制的"全面改革"。也就是说，根据社会主义市场经济的普遍需要和文化发展的特殊规律，将各类文化事业单位进行"分类改革"，分为"公益性事业"和"经营性产业"两种类型，分别设计体制机制。这一阶段，在城市化迅猛发展的背景下，文化体制改革释放了多年积累的文化资源存量，与改革配套的文化产业政策又激励了增量的投资，公共文化服务体系建设和文化产业发展均获得的长足进步。根据国家统计局数据，从2004年到2010年，我国文化产业年均增长24%左右。

第三阶段：2011年至今。为应对国际金融危机挑战和适应国内宏观经济大规模转型的需要，文化产业发展方式转型和文化体制改革深化阶段。

这个阶段以2011年10月18日十七届六中全会通过的《中共中央关于深化文化体制改革推动社会主义文化大发展大繁荣若干重大问题的决定》为开端，到2013年9月召开的十八届三中全会通过的《中共中央关于全面深化改革若干重大问题的决定》，根据"使市场在资源配置中起决定性作用"这一新的重大政策性表述，提出了"建立健全现代文化市场体系"这一文化政策的总纲，完成了文化体制改革全面深化的总体布局。这一阶段文化产业的发展的总体态势是增速逐年下降，逐步地进入比年度宏观经济增速略高的"常态化"状态。根据国家统计局文化产业统计公报，我国文化产业增加值2011年增长21.96%，2012年增长16.5%，2013年增长11.1%，2014年增长12.1%，2015年增长11%。

从以上城市与文化发展阶段的分别回顾，我们可以看到二者明显的相关性。首先，城市化的第三阶段与文化发展的第二阶段相对应，中国以加入WTO为分界点，可以分为中小城市发展和大城市发展两个阶段，文化的发展则可以分为"前文化产业"（以"双轨制"为形式）和"文化产业"（以文化体制改革为形式）两个阶段于此相应。可见，中国文化产业的这一轮迅猛崛起是以大城市发展为基础的。其次，城市化的第四阶段与文化发展的第三阶段相对应，新型城镇化道路伴随着文化产业发展方式的转型。这说明，我们目前所讲的城市文化发展问题是新兴城镇化道路的题中应有之义。

城市化是现代化的伴生现象，而城市文化发展是城市化的内容之一，这里无疑存在着客观的规律性和历史的必然性。我们特别注意到，文化产业的兴起与我国大城市化过程并行，而文化产业的发展方式的转型以新型城镇化为依托，这一点值得高度关注并加以研究。它既解释了中国文化发展的迅速进步原因，也蕴含了种种后续的问题。换句话说，中国的文化发展依附于城市化的发展，既享有城市化的红利，也染上了这一阶段城市化的弊病，当然也就与城市化发展方式的转型密切相关。

二、中国城市文化发展存在的问题和原因分析

自从1978年改革开放以来，我国以GDP增长为首要目标的发展延续了四十年的时间，带动了人类历史上前所未有的城市化运动。根据国家统计局的公布，到2015年年底，中国的城镇化率已经达到56.1%，城镇常住人口达到7.7亿。显然，中国已经是一个以城市人口为主的国家。我国相当于用三十多年的时间走过了西方近两百年的城市化历程。这种速度带来的成效是惊人的。

但是，在中国，"城市化"与"文化发展"显然是遵循了不同规律，是具有不同时空形态的事件。一般地说，城市化更多地遵循经济的规律，是根据大生产的需要在一定地理空间上形成的人的集聚，衡量指标也更多地是经济价值指标；而文化发展尽管在很大程度上以经济发展为基础，但是更多地依赖于精神的积累和风俗的孕育，要以无形而多样化的文化性指标来衡量。二者不仅价值尺度不同，时间尺度也大不相同。所以，中国前所未有的城市化发展规模和速度，与几千年中华文化的现代嬗变和发展过程必然脱节。

这本《中国城市文化报告》是年度报告的第一本，课题组经过认真研究构建了一个基于文化生产、文化生活、文化生态这三组指标的，创新性的"指标体系"，并选择了8个城市进行了数据搜集和分析的尝试。这一创新性尝试尽管很不完善，但是依然提供了相当系统的有价值的信息。本报告中就有一篇文章披露了首次数据搜集后的分析结果。根据这一分析结果，我国城市文化发展目前存在以下突出的问题：

第一，从文化生产角度看，我国城市文化产出水平总体较低，与人口规模和经济发展水平不相称。

文化产业增加值是目前标志文化产出水平的最重要指标。本书所取数据均为2015年。单就文化产业增加值占地区生产总值比看，北京占比高达13.40%，其次是杭州达8.5%[1]。除了重庆占比只有3.4%，剩下的各城市包括香港与台湾均在5%-6%左右的区间。北京市是首都，文化机构高度集中，产出价值必定高出常态，可以除外。但是就那些城市

---

[1] 值得一提的是，我们发现人民网浙江频道称杭州"文化创意产业增加值"2015年占全市GDP比重的22.2%，这个值比当年杭州按国家统计标准的"文化产业增加值"多了2倍多。我们发现：杭州的"文化创意产业"的界定与国家统计局《文化及相关产业分类2012》有以下扩展：1. 信息服务业包含广泛，包括了电子商务服务、电商培训；2. 增加了教育培训业；3. 增加了文体休闲旅游业中的保健业、运动休闲业；4. 设计服务业，增加了工业设计等。参见：《杭州市文化创意产业发展规划（2009-2015）》。

大都是国家级中心城市和省会城市而言，考虑到全国城乡居民文化消费尚有较大差距，而2015年全国文化产业增加值占GDP的比重为3.97%，这些体量均为千万人口的大城市文化产业的聚集度和发展水平的确不高。

第二，从文化生活角度看，我国城市文化娱乐消费和参与水平总体上较低。

根据8个城市的"居民人均文化娱乐支出"这一项分析，总体上看，中国内地这些一线城市居民花在文化娱乐上的开支明显偏低。其中广州市居民最舍得把钱花在文化娱乐上（3281.4元，占其总收入的9.18%），接下来是北京和上海的居民。相对而言，深圳居民花在文化娱乐消费上的开支占其收入比最低（4.50%）；而重庆居民花在文化娱乐上的开销量最少，全年只有1002元（估计与重庆"直辖"时间较短，携带三峡库区贫困人口有关）。

至于参与文化艺术活动方面的数据，我国目前尚未有经常性的居民时间使用调查，因此对于参与文化艺术活动的情况只有各类具体数字，比如说公共文化参与度（如图书借阅和博物馆参观）、城市举办文化活动数量（如举办各类文化艺术节日）、以及非正式文化空间数量（如餐馆酒吧咖啡馆茶馆）等。从这些数字的情况看，凡是属于公共文化服务性质的设施，利用率较差（如公共图书馆和博物馆），凡是属于商业文化性质的设施，城市居民的活跃度较高（如电影观赏与一些非正式文化空间的消费）。

第三，从文化生态环境看，我国城市凡是有赖公共财政支持的文化设施就发展滞后，基于市场调节的则发展充分和富于特色。

首先，依赖于公共财政的城市文化资源保护水平较低。根据搜集的数据分析，我国城市普遍存在"世遗"项目较多，非世遗项目过少的状况。这说明城市主政官员高度关注"世遗"项目的宣传效果和与此相关的经济效益，但是对于文物遗产的保护意识则实际上远远不够。比如说，北京有联合国认定的世界文化遗产达6处之多，比伦敦、巴黎、莫斯科的数量还要多（分别为4个、4个和3个），显示了作为世界文明古国之都的文化底蕴。但是，北京的"全国重点文物保护单位"和"市级重点文物保护单位"两者加起来总共才485个。相比之下，伦敦除了世界文化遗产之外还有2万多个（20511个）文化遗址；莫斯科除3个联合国认定的世界文化遗产外有7962个文化遗址；巴黎除4个世界文化遗产外有1474个文化遗址；甚至连东京除两个世界文化遗产外还号称有836个文化遗址。

其次，公共文化服务体系完全基于财政支持，与国际上同样规模的大城市有较大距离。比如，上海包括街镇社区在内，共有公共图书馆241家，巴黎则有1100家之多（2014年）；又如，北京、上海分别拥有173个和124个公立博物馆，但是莫斯科有365家（2013年），巴黎的博物馆也达313家（2015年）；洛杉矶、伦敦、首尔都超过200多家。

再次，相比较而言，以咖啡馆、茶馆、酒吧、餐馆为代表的所谓"非正式文化空间"，由于属于商业性文化空间，因此地方特色较为浓厚，不同城市各擅胜场。比如说，深圳、广州的餐馆超过或接近世界城市提名第一的东京，显示了广东人对美食的爱好；上海的咖啡馆和酒吧在中国大城市中数量最多，反映了上海接纳西方近代文明的海派文化；重庆茶馆的数量达7272家，突显地域文化特色，令其他城市都望尘莫及；等等。

应该说，这些数据反映的情况比较符合目前我国总体的实际情况：我国的城市文化发展总体上落后于城市化的发展。此外，从结构上说，由于市场化程度不高，第三社会部门不发达，我国城市基于居民自主选择的文化消费在公共领域总体上没有得到较好实现，在私人领域发展得相对比较充分。这里可以参照2013年国家商务部做过的一项研究，该研究显示，当时我国居民文化消费实际开支1万亿元人民币左右，而按照国际平均水平衡量应该有 4.7 万亿元人民币的消费潜力，也就是说有近五分之四的消费需求没有得到满足。①

无论是从历史还是理论上看，市场经济先行国家的城市化作为一个伴随现代化的发展过程，其本身就是一个"经济、社会、政治、文化"自然演进的过程，但是正如我们在上面指出的，由于我国的现代化进程经历了相当长一段时间计划经济时期，直至目前依然带有很强的计划经济的惯性，因此，城市化的进程与文化的发展脱节严重。我国文化发展不但欠账多，而且至今市场配置资源的作用有限，在行政性支配和政策性依赖的作用下，发展掣肘之处甚多。这样一种发展模式，在片面追求经济发展的主导思想作用下，必然使城市文化发展长期落后于城市化的发展。

联系目前关于城市化研究的重要观点，我国城市化和文化发展失衡的问题原因可以归结为以下几个方面：

1. 从文化生活方面的问题看，由于"人口城市化"落后于"土地城市化"，造成大量流动人口不能落户城市，因此城市居民消费需求释放受到抑制。

目前人们对于目前城市化发展诟病最多的就是"人口城市化落后于土地城市化"，或者称为"假性城市化"。脱离了城市化的真正目标——人的现代化是核心问题。比如，在《国家新型城镇化规划（2014—2020年）》中就提到，被统计为城镇人口的 2.34 亿农民工及其随迁家属，没有落户城镇，因此未能在教育、就业、医疗、养老、保障性住房等方面享受城镇居民的基本公共服务。结果是，这个庞大的群体既不能在城

---

① 2014 年 10 月，商务部新闻发言人沈丹阳指出，2010 年，我国人均 GDP 超过 4500 美元，文化消费正步入快速增长期。截至 2013 年底，我国文化消费潜在市场规模为 4.7 万亿元，而 2013 年的市民文化消费规模刚刚超过 1 万亿元，存在近 3.7 万亿元文化消费缺口。据预计，到 2020 年，全国文化消费需求总量将达 16.65 万亿元。

市实现其应有的文化生活,完成一个"市民身份"的文化认同,又使他们失去了延续传承几千年的质朴农耕文化,使得传统文化的传承出现了很大的断裂。这个问题存在的直接结果便是他们在城市生活理应产生的文化消费被抑制。可以想象,如果这2.34亿农民工及其随迁家属如果能落户城市并享受教育、就业、医疗、养老、保障性住房等基本公共服务,能够释放出多大量的文化消费!

2. 从文化生产方面的问题看,由于城市化的推动力主要是地方政府的"土地财政",造成"文化地产"成为文化产业发展的主导模式,导致文化内容生产落后于文化设施硬件的水平。

我国的城市化道路与西方国家有很大差别,最重要的特征是,自1994年实行中央和地方"分税制"开始,到了至少1997年以后,完成了一系列政策法规的出台,因此"从正式规则角度,国有土地成了建设用地唯一来源,通过对城市区域规划征用农村集体土地成为增加国有土地存量的重要途径。"[①] 这一时期政策造成了地方政府在土地市场的垄断供给地位,默许了地方政府从土地和城市经营中获利,使得地方政府具有明显的"经营城市"动机(当然与此同时也降低了可能增加城市化成本的"人口城市化"动力,造成了不能落户的大量城市流动人口,此不专述)。

很显然,2000年后是我国大城市发展的高峰期,我国城市文化的发展打上了这一城市发展模式的深刻烙印,"文化地产"成为对于这一时期城市文化的批评的一个核心观点,而"文化园区"就是"文化地产"的主要表现形式。关于对"文化产业园区"的批评已经不必在此详述,只需要说明,在文化产业园区发展最高峰的时候,无论是政府还是打造园区的企业,他们关心的重点不是园区本身的文化企业如何发展,而是

[①] 引自姚震宇:《空间城市化机制和人口城市化目标——对中国当代城市化发展的一项研究》,载《人口研究》2011年5期。

园区所在城区房地产价值如何提升，是不是能覆盖园区优惠入驻企业而出让的利益后有所剩余。这种做法的最大问题就是"只见园区，不见文化"：文化内容的生产大大落后于园区硬件设施的建设，由于文化园区的建设意义不在园区内部，而在于周边地产价值的升值，最终结果就是大量园区的"空心化"，虚假的繁荣和资源的浪费。

3. 从文化生态方面的问题看，正如我国的经济发展尚未完成工业化的任务一样，城市化的发展也没有完成向后工业化的转型，因此城市生态环境不适应文化的生产和生活的活跃展开。

城市生态环境与城市发展阶段密切相关。从有关研究成果看，人类历史发展中的城市化经历三个基本阶段：前工业化、工业化和后工业化。考古学界一般以城市化作为文明的起点，表现为集市、宫殿和祭祀场所等等，一直到工业革命的城市出现，大规模工业体系彻底改变了城市的面貌，使得城市越来越变为没有地域性特征的，所谓非地点性的人类聚集地。现代工业用千城一面取代了以前个性化、地域性的城市风貌。后工业化阶段的来临，使得城市重新发现了自己的历史和文脉，创意城市开始在全球风起云涌。不同大陆的城市起源不同，历史轨迹也不一样，但是很显然，到工业化阶段，城市的经济属性成为统一特征，而到了后工业化时期，全世界范围内的城市都在回归文化的主线，城市文化生态成为主政者关注的重点。

回头来看我们目前的城市文化环境，由于工业化是第一要务，因此必然形成"无地点性"和"千城一面"的问题。关键在于，为了更为有效地"经营城市"，能够为城市带来旅游收入人流，很多城市的主政者对于"世遗"申请趋之若鹜，但是对于大量彰显城市特色，留下城市独特遗传基因的文化遗产则不但疏于保护，还经常欲拆之而后快。我国主要大城市历史悠久，但是文化遗产数量与国际上同类城市相比悬殊，这个例子最能说明问题，背后商业开发的动机不言自明，还是 GDP 标准在作祟。

三、新型城镇化与文化的未来前景

2014年3月,《国家新型城镇化规划（2014—2020年）》正式发布，我国城市化与文化发展的关系开始成为我国新型城镇化发展战略核心与主线，而我国城市文化也将越来越成为新时期文化大发展大繁荣的最重要的推动力。

从"十三五"开始，尤其是十八大以后，随着新的一轮政策落地，中国文化发展的新时期开始了，而这个新时期的主要任务就是为"两个一百年"做好文化准备，而新型城镇化就是实现这一任务的主要途径。根据《中国文化产业蓝皮书》的分析，从"十三五"开始的今后相当一个时间，中国文化发展存在5个重大机遇与空间，这就是：满足人民群众日益增长的精神文化消费需求（最终消费需求），满足经济发展方式转变和传统产业升级的需求（生产性服务需求），满足文化科技融合发展的需求（数字内容新兴产业），满足新型城镇化发展需求（城市发展与城市化人口新增需求），以及满足快速增长的国际文化贸易需求。如果综合起来分析，我们会发现，新型城镇化是以上五大发展机遇的聚焦点和共同载体。在一定意义上说，如果没有新型城镇化的推动，新时期文化发展将成为无源之水、无本之木。

首先让我们尝试简单预测一下新型城镇化对于文化发展将会产生什么影响。

（一）从满足最终文化消费需求看。新型城镇化是以人为中心的城镇化，大量新增城市人口将会使得文化消费支出大幅增长

所谓"新增城市人口"首先是指城市常住人口获得城市户口后真正落户城市，在《国家新型城镇化规划（2014—2020年）》中提供的数字是"2.34亿农民工及其随迁家属"，这部分未能在教育、就业、医疗、养老、保障性住房等方面享受城镇居民的基本公共服务的城镇常住人口与城市常住居民在文化消费方面存在巨大差异，由于文化消费是最具弹

性的消费，一般排在以上消费支出之后，因此基本可以判断，缺失了教育、就业、医疗、养老、保障性住房等方面的基本公共服务，这部分城镇居民的文化消费是大部分被压抑的。按照2016年我国城乡居民文化消费差距粗略计算，这部分人口可以新增的文化消费总量达到2286亿元人民币。

然后就可以说到每年新增城市化人口了。根据《国家新型城镇化规划（2014—2020年）》中的数据，按照1%计算我国到2020年平均每年的城市化递增速度，每年将增加城市人口大约1400万人，如果按照2016年城乡居民之间文化消费差距的数据计算，将会产生136.78亿元新增消费。

（二）从满足生产性服务需求看。新型城镇化是以人的发展为目标的城镇化，我国文化产业与实体经济融合发展，从"中国制造"走向"中国创造"，将释放惊人的潜力。同时，文化服务业与"互联网+"模式深度结合，"线下"与"线上"联动的多元化发展，将更全面地优化产业结构

我国新时期城市文化发展更为巨大的潜力来自产业升级，而文化产业作为先进生产性服务业代表将起到引领性作用。生产性文化服务业包括研发设计、咨询、培训、广告、会展、创意农业等行业，几乎覆盖了产业价值链上游、中游和下游的全部环节，具有明显的产业前向关联、后向关联及旁侧关联特征。值得注意的是，国际金融危机后，我国经济增长速度整体呈下行趋势，但是经济结构转型速度加快，生产性文化服务业呈现出逆经济周期特征，规模持续扩大，增长速度惊人，显著高于同期地区GDP增长率，显示出极大的增长潜力。以北京为例，2011年北京市广告会展、设计服务、咨询服务等主要生产性文化服务业增加值约1291.8亿元，同比增长22.2%，高出同期GDP增速8.1%13.92个百分点。同样地，上海市2012年生产性文化服务业增加值达1605.42亿元，较上年增长20.05%。

2015年我国文化服务业创造的增加值为13640亿元，增长14.1%。从产业类型来看，文化服务业在文化及相关产业中占比已达到占50.1%，超过了文化制造业与文化批发零售业的总和。值得注意的是，其中以"互联网+"为主要形式的文化信息传输服务业在2015年创造的增加值为2858亿元，占文化产业的比重达到10.5%；行业的营业收入为5752亿元，增长30.3%，增速已超过文化艺术服务业的22.8%与文化休闲娱乐服务业的19.3%。①

可以肯定地说，随着我国文化产业发展从投资拉动转向消费驱动（硬件投资与补偿欠账阶段结束），生产性服务功能替代消费性服务功能起主导作用是大势所趋（从中国制造到中国创造），"高技术"和"高文化"兼修的新型企业将大批涌现，成为城市文化产业集聚区的新主角。

（三）从城市环境发展来看，新型城镇化是适应人的创造性活动需要的城镇化，构建新型城市"场景"将成为新一轮城市规划的主题

从理论上看，新型城镇化实质上是从工业化向后工业化城市的转型，借用经济地理学的概念就是，从"福特式城市"（服务于"大规模复制"的生产需要）转向"后福特式城市"（服务于"大规模定制"的需要）。这种新型的"后福特式城市"的显著特点就是文化与经济发展领域之间的显著融合（艾伦·斯科特），重新恢复作为"独特的文化习俗和传统的宝库"的特点。

因此，我国的城市"景观"将出现意义深远的变化：文化遗产价值将极大提升而受到前所未有的保护，文博机构主导的创意产业将异军突起而成为城市创意阶层的灵感源泉，酒吧和茶馆可能会成为创意阶层效率最高的"工作场所"，城市的规划和改造将更注重区域的文化功能，

---

① 国家统计局：《另请参见2016年全国规模以上文化及相关产业企业营业收入增长7.5%》，2017年2月6日，国家统计局官网（http://www.stats.gov.cn/tjsj/zxfb/201702/t20170206_1459430.html）。

不同的文化元素构成的"场景"将吸引不同的创意阶层聚集而形成生活社区，一些街区会因各色人等"五方杂处"而"波西米亚指数"飙升，成为全国、乃至全球性的"节点"（Hub），等等。

（四）从城市空间结构来看，新型城镇化将围绕大型城市形成城市群体系，大－中－小城市将形成城市群岛，而特色小镇和美丽乡村建设也将加入网络，城市文化发展将进入"城－镇－乡村"全面协调发展的新阶段

以"特色村寨"和"美丽乡村"为名的新一轮开发已经如火如荼，因此我们似乎已经不用做更多说明了。在这里只需要基于国际比较做一点预测。根据研究，世界上发达国家的城市化率一般在75%-80%，但他们的农业人口比重只有1%-4%，通常低于5%。也就是说，发达国家在完成城市化后，通常有个"逆城市化"的发展，会有约20%的非农产业人口居住或者回到乡村。这些国家已经城乡一体化，乡村和小城镇不仅有完善的交通、水、电、信息等设施，还有清新空气和自然风光，自然会吸引厌倦了大城市中浑浊空气、噪声的居民到乡村和小城镇定居。根据这个规律可以预测，我国在走向70%城镇化率这一目标的同时，会同时出现"逆城市化"过程，会有相当一部分大城市人口回归乡村，而这将会是中国传统文化积淀深厚的乡土社会的一次新生。现在以"美丽乡村"为名的运动应该就是这个历史过程的先声吧！

四、政策建议：走向创意与可持续发展之路

新型城镇化之路是一条创意与可持续发展之路，文化是这条发展道路的最宝贵资源。

从世界城镇化发展的规律来看，当城镇化率处于30%到70%之间时，是城镇化中期阶段发展速度相对较快。我国的城镇化正处于这样一个关键阶段，需要积极推进，但又不能急于求成。要按照新型城镇化的

要求，转变思想观念，做好顶层设计，推动体制机制政策创新，完成新时期新型城镇化任务。

（一）要从理论上重构"新型城镇化"的思维逻辑，从根本上解决城市主政者"只见城市不见文化"的问题

面对我国社会结构复杂化、思想意识多元化以及文化全球化的发展趋势，必须着眼全球趋势，立足中国现实，通过改革释放城镇化发展潜力，走以人为本、四化同步、优化布局、生态文明、文化传承的中国特色新型城镇化道路。

新型城镇化就是后工业化城市，根据我们的研究，认识这种城市应该建立"三重构"的逻辑框架：即将品质、品味、品牌三者理解为一个不可偏废的整体。所谓品质可以理解为质量，也就是国际化的水准；所谓品位可以理解为趣味，来自地域文化特点；所谓的品牌就是指在地域性文化特点中产生出来的差异化识别系统，在知识产权意义上具有的一种唯一性。这三者的逻辑关系是：首先，一个后工业城市必须具有符合国际标准的交通、水、电、气、通讯等现代城市基础设施，这样的城市生活才是有品质的。其次，这个城市还必须具有自己独特的文化传统，就是所谓的文脉，使得居民有认同感和自豪感，有精致和高雅的生活，形成特定的精神气质，这样就有了品味，就是有味道的城市。最后，这个城市还必须有独特的文化识别系统，可能是一种产品和服务，也有可能是一个节日，甚至有可能是一个文化名人等等。这样这个城市就有了个性特点，一种地域性传统中的精华，就有了传播价值。

我们现在很多城市被人讥为"没有文化"，或者说"土豪"，就是因为设计者只从"国际品质"角度设计，是"见物不见人"。在城市风格这种涉及精神格调这种极为关键的事情上处置随意，或者以"国际化标准"取代一切，盲目抄袭外国，结果就是"千城一面"。这种情况必须做根本性的纠正了。

（二）要加快户籍制度改革、土地制度改革等，解决人口城市化落后于工业化的"半城市化"问题，释放一大批人的文化消费

中央城镇化工作会议指出："解决好人的问题是推进新型城镇化的关键。"城镇化是人口持续向城镇集聚的过程，城镇"可接纳""有就业""能融入"都是解决问题的关键因素。而要解决这些问题，就要在积极推进国民教育、就业、医疗、养老、保障性住房等基本公共服务均等化的基础上，推进人口城市化加快发展。要创新思路，积极探索，通过户籍制度、土地制度、劳动力市场、教育、医疗、社会保障及财政制度等改革，妥善处理好现有城市农民工的市民化和城市新增迁入农村人口市民化的问题。只有实现了以上条件，他们才能在有效增加收入后"有钱消费文化"，在解决了教育、医疗、养老等问题后"敢于消费文化"，以及在有了足够可支配收入后有广泛而多样的文化消费选择。

（三）要从体制机制政策上重构发展环境，改变地方政府"经营城市"过程中的不正确的成本收益动机，回归公共服务本位，打造新型城镇文化生态

地方政府 GDP 主导的施政行为已经成为一个多年痼疾，是挡在新型城镇化发展道路上的最大障碍，也是城市经济－文化发展失衡的关键原因。以 GDP 为导向的市场经济激励机制，使地方政府对文化方面投入发展的动力不足，政策观念严重倾斜于经济收益。而新型城镇化过程中文化对城市的可持续发展至关重要，城市文化的缺失将对城市的经济发展形成倒逼。只有在管理体制上实现经济与文化的双轨联动，才能保证城市发展环境的健康协调。

长远来看，需要解决中央和地方政府之间财权和事权统一的问题，将城市领导的注意力从"经营性事务"转向"公共性事务"，令其有可能和能力向文化建设倾斜。但是就目前而言，应该明确提出减少乃至逐步取消干部考核的 GDP 指标，应该加强中央政府对经济发展较好因而

财政能力较强的城市在文化方面的规划管理，还应该加强对一些财政能力不足城市（如西部和少数民族地区）在文化发展项目上的转移支付。希望这样的做法能够大大增加城市文化遗产的保护数量和管理质量，从根本上改善城市的文化生态环境。

（四）重视城市文化评估和规划，挖掘城市文化特色，打造城市文化品牌

《国家新型城镇化规划（2014—2020年）》指出，要根据不同地区的自然历史文化禀赋，体现区域差异性，提倡形态多样性，防止千城一面，发展有历史记忆、文化脉络、地域风貌、民族特点的美丽城镇，形成符合实际、各具特色的城镇化发展模式。落实以上要求就必须，第一，做好文化资源普查，这件事多年来一直在做，但是问题在于，出于普查目的的档案资料是不是适用于后续的开发？第二，要评估文化资源价值，为后续开发提供指导。我国是文化古国和文化资源大国，必须根据我们的能力，合理评估开发价值。第三，要根据资源评估做好文化规划。缺乏对于文化资源的理解，没有对于文化资源的价值评估，就没有城市规划前端的创意，任何规划就都是没有灵魂的，必然导致规划与实际脱节和城市特色风貌的消失。

应该承认，文化资源有有形与无形之分，存在着普查和统计方面的难度。但是目前存在的各地统计口径不一致、存在数据缺口，以及数据不开放等问题，不必要地增加了普查和统计的难度。此外，城市文化形态特殊，资源的调查难度远远大于农村，很多工作实际上还没有开始，接下来的工作任重而道远。

目前，我们在文化资源普查工作方面已经有了一定进展，但对于文化资源的评估还完全没有开始，这使得我们感到责任更加重大。城市文化资产评估是城市规划的重大缺环，已经成为实现城市创意与可持续发展的一个瓶颈。只要这项工作还没有实质性地推进，多年来城市发展规划中那种随意开发文化资源，拍脑袋投资旅游项目，从而导致建设性破

坏的状况就无法遏制。

但是，文化资源评估的确是一项有待创新的任务。文化性质的产品和服务不仅具有经济价值，而且具有文化价值，经济价值可以借助经济学领域发展比较充分的评估方法，但是文化价值是复杂的、多元的、不稳定的，难以评估。城市是一个"文化容器"，城市文化资产中的审美价值，精神价值，社会价值，历史价值，形象价值，真实价值与地点价值等，都不可或缺，但到目前为止还缺乏系统化的测量方法。这可能就是虽然我们已经形成了建筑工程管理中的一票否决的环评制度，但尽管多次呼吁，到现在还没有建立对城市开发管理的"文评"制度的原因。但是毫无疑问，这个问题一定要解决，也是一定会解决的。

新型城镇化道路刚刚提出，城市文化发展是这条道路"新"之神韵所在。我们面临的是一个世界上前所未有的城市化运动的转折期，存在问题的复杂程度和尖锐化程度都是超出想象的，但是"文化自信"给了我们以创新前行的动力，中国特色的城镇化道路一定会向世人展示出不一样的宏伟图景。

"十三五"时期我国文化发展的环境与问题*

前言:"十三五"是为"两个一百年"做好文化准备的关键时期

继党的十五大报告首次提出"两个一百年"奋斗目标之后,十八大报告再次重申:在中国共产党成立 100 年时全面建成小康社会,在新中国成立 100 年时建成富强民主文明和谐的社会主义现代化国家。"十三五"(2016–2020)时期将是实现"两个一百年"战略目标的关键时期,文化发展的基本任务就是为两个一百年做好文化准备。

"十三五"时期,是我国实际经济总量将接近乃至最终超越美国从而成为全球第一大经济体的时期,由此将引发全球经济政治格局的新变动,中国正在进入一个在一系列重要经济、社会、政治指标上实现民族伟大复兴的关键时期。但是,最重要的是,中华民族伟大复兴不能缺少文化内涵和文化发展目标。中华民族伟大复兴的标志,应该是向世界贡献一种"文明的典范"或"典范的文明",是再度成为一个"文明型国家"。从这一目标来看,文化对于实现中华民族伟大复兴的"中国梦",日益具有全面引领、境界提升的作用。

---

* 此文为文化部委托十三五前期研究课题成果,课题组组长:张晓明,中国社会科学院哲学所研究员;成员:李河,中国社会科学院哲学所研究员;章建刚,中国社会科学院哲学所研究员;史东辉,上海大学教授;祖春明,博士,中国社会科学院哲学所助理研究员;刘建华,中国社会科学院文化研究中心博士后;刘德良,北京新元文智文化咨询有限公司董事长。

一、我国"十三五"文化发展环境的历史定位

中国的现代化是全球化的必然结果，也是全球化的组成部分，而且势必会在其中发挥越来越重大的作用。因此，理解"十三五"的文化发展环境首先要认识"十三五"的历史定位。

全球化经历了三个发展阶段：第一个阶段是殖民主义，终结于"二战"后的全球民族独立运动。第二阶段被称为"经济全球化"，终结于20世纪70年代后兴起的知识经济与创意经济。随后便是全球化的第三个阶段——文化全球化。目前经济全球化正在向文化全球化迈进。在这个新阶段，全球化的态势不仅、甚至不主要表现在有形的物质产品的竞争，更表现在价值观和文化影响力之间的竞争。

我国的现代化是在全球化格局中发生的，目前正处在从全球化的第二阶段迈向第三阶段的转折期，这一历史定位决定了当前中国文化发展环境的种种特点与矛盾：在全球范围内新兴工业化正在与文化创意产业合流，产业结构正在迅速调整；在国内工业化尚未完成，市场决定资源配置的原则在经济领域刚刚确立，在文化领域建立健全现代市场体系的改革刚刚破题，以宪法和法律为基础的体制建设尚在探索之中，不得不依赖于出台各种临时性的政策打通市场通道和弥补制度性的缺陷。改革和发展依然是我们面临的双重任务。

从"十三五"开始，中国的现代化进程很大程度上将取决于如何主动参与新一轮文化全球化的规则制定，而参与全球普世价值构建将成为参与全球化规则制定的题中应有之义。

二、"十三五"时期我国文化发展的国际环境

观察"十三五"时期我国文化发展的国际环境，必须考虑一个基本事实，即中国正快速崛起为新的全球性国家，由此将在全球经济格局和政

治博弈引发一系列重要后果。中国问题日益具有世界性，世界经济政治态势分析越来越不能绕开中国话题，这个图景可以从以下三方面来描绘。

首先，中长期判断看态势。中国影响力的不断增强和"东升西降"的总体态势的形成。2010年，中国名义GDP超越日本成为世界第二大经济体，结束了日本1968年以来长期居于世界经济第二的局面。2013年，中国GDP总量超过了欧元区，并超越日本一倍（这固然有日元对美元大幅贬值的因素，但中国日本经济总量拉开距离是不争的事实）。2014年4月底，世界银行"国际比较计划"更新了各国基于购买力平价（PPP）计算的GDP规模数据，并断言中国将在2014年9月超过美国成为世界第一大经济体，[1]由此引发媒体关于中国实际经济规模的热议。

由于中国的影响，发达国家经济总量在全球经济所占比重日益下降，自1815年以来"西方上行，东方下行"的态势正面临历史性转折。一组来自世界银行的数据显示：2013年，西方发达国家的经济总量首次低于世界经济总量的50%，而这是自1815年以来的第一次。

其次，近期判断看战略。中国布局全球战略，挑战"一超多极"世界格局。十八大以后，中国开始走出过去20年以"韬光养晦"为基调的"对外战略模糊期"，全球战略意识日益清晰。中国新一代领导集体推出"一带一路"战略，快速有序地实现其经济政治全球战略布局。总之，随着从区域性大国走向全球性国家，冷战结束后形成的美国一家独大，欧盟、中国、俄罗斯、日本、印度等区域大国多强竞争的所谓"一超多极"世界格局受到挑战。

第三. 难点看周边态势。中国周边国家进入摇摆期或抉择期。中国周边国家，包括冷战后新独立的中亚主要地区，覆盖中南半岛和沿中国南海形成的东南亚地区等，是人类文化多样性最复杂丰富的地区，也是

---

[1] 这是自2005年以来世界银行对这类数据进行第一次更新。世界银行的权威评估被国际货币基金组织等大多数公共和私人部门机构采用。

历史上各大文明（包括儒家文明、印度文明、穆斯林文明、西方文明、冷战后苏联阵营等）来回拉锯的地区，以及国家社会制度形态最为复杂的区域。第二次世界大战以后，这些国家普遍进入现代民族国家体系的建构进程。后来中国改革开放和现代化大规模起步，这些国家进入摇摆期和抉择期。人们常说"中国崛起强烈改变着世界的经济政治地理"，这一效应无疑在中国周边地区表现得最为强烈。一方面，中国的市场、资金和技术优势对周边国家产生了强大吸附力量；但另一方面，由于中国快速拉开与周边多数国家的经济距离，还由于中国与包括日本、南海周边国家在海洋领土方面陷入纷争，这也使不少周边国家对中国产生强烈的离心倾向和排斥感，强化了其国内的民族主义氛围；最后，美国的"重返亚太"战略以及日本的"价值观外交"，更加剧了这一地区的紧张态势。近年来中国在这些地区的经济举措多次受挫，出现反复，就表现了周边国家的这种摇摆心态。

三、"十三五"时期我国文化发展的国内环境

"十三五"时期我国文化发展的国内环境可以这样来概括：中国已经站在全球化第三阶段的历史性起点上，经济社会的全面进步给文化发展提供的机会是多方面且潜力巨大的。但是，由于我国经济总体上还没有完成工业化，文化产业发展的起步阶段与工业化高峰期同步，文化体制改革与发展方式转型任务叠加，尽管发展机遇很大，但是发展环境的复杂性也大大增加。

首先，中长期趋势看市场。我们正处在现代化第二阶段到第三阶段的转折期，文化发展具有重大市场机遇，将在全球文化市场中产生"中国主场效应"。

所谓全球文化市场的"中国主场效应"可以这样理解："十三五"时期我国国民经济发展进入新常态，经济发展方式转型和经济结构调整

升级将实质性启动，文化产业将受到消费环境的改善、创业环境的改善、科技创新环境的改善、以及新型城镇化的推动，获得前所未有的发展动力，从而推动我国文化发展在全球文化市场中地位和态势的根本性转变：我国将从"创意进口""成品出口"时代走向"创意出口""成品进口"时代。在这个意义上说，中国的文化产业"全球化"进程，必会从主要"走出去"转向"走出去"和"走进来"并举，双向交流，甚至是"开发全球文化资源""购买全球文化产品"的新时期，全球文化发展将进入"中国主场"新时期。

其次，短期趋势看政策：我国目现代文化市场体系的建设仍将有一定阻力，已经出台的政策能否落地，甚至形成长效的体制机制，还有待观察。

对于"十三五"时期文化发展的政策环境可以有这样一个基本判断：由于宏观经济环境开始进入"新常态"，文化产业的发展速度也在不断下降，恢复到一个比较常态化的发展速度。"十一五""十二五"时期以"铺摊子"为主要特点的发展态势在转向以"上档次"为主要特点的新阶段。在政策取向方面，出现了从"特惠型政策"转向"普惠性政策"，从"小文化"转向"大文化"，从产业支持性政策转向环境建设性政策的趋势。所谓从"特惠型政策"转向"普惠性政策"是指，要从服务于改革、侧重财政补贴、辅之以税收优惠的政策组合调整为服务于创新发展、以税收优惠为主、辅之以财政补贴的政策组合。所谓从"小文化"政策转向"大文化"政策是指，从着眼于推动满足最终消费需求的生产活动，转向更多地推动满足生产性需求，发挥生产性服务功能方面的生产活动。所谓从产业支持性政策转向环境建设性政策是指，围绕建立健全现代文化市场体系，开放文化市场，支持小微企业，以及鼓励文化金融合作等等。

第三，难点看文化产业发展和文化市场体系建设的关系。在十八届三中全会报告中，关于文化发展最重要的政策表述变化是第一主题词从

"文化产业"变成了"文化市场"。"十三五"时期构建一个良好国内文化发展环境的关键和难点是如何处理好"从文化产业发展"和"现代文化市场体系建设"的关系。

产业与市场的一般关系是：市场经济有较长的自发演进历史，而产业政策作为国家对市场的干预，服务于后发国家赶超发达国家的发展战略。如果市场经济体系健全，产业政策能起到弥补短板、形成战略增长点，推动国民经济快速发展的作用。但是如果市场经济体系不健全，产业政策也会脱离市场需要，扭曲市场规律，造成资源错误配置，成为政府的自娱自乐。回顾"十五"以来文化发展过程，总体上来说，我国文化市场的开放程度一直落后于文化产业的政策干预强度，使得文化产业发展越来越脱离市场需求，依赖于财政的直接支持，成为政府政绩工程。因此，"十三五"时期改革的核心任务就是回归文化产业与文化市场关系合理关系，不断扩大市场在资源配置中的作用。

四，"十三五"时期我国文化发展急需解决的重大问题

本报告根据以上对"十三五"时期国内外环境的总体分析，提出以下9个急需解决的重大问题：

（一）制定"对外文化发展战略"，与"一带一路战略"相配套，克服我国全球发展战略中的"文化短板"

中国并不是没有一个对外文化战略，本世纪初中国主动推出的"文化走出去"，就是这一战略的雏形。该战略也取得了一定业绩。但毋庸讳言，我国"文化走出去"在实施层面有个与国内文化建设类似的通病：将文化交流活动等同于"外宣"，重视政府的直接推动作用，忽视对民间-民营主体的政策支持；只关心硬件建设，忽略效应评价；只问是否走出国门，不问是否入脑入心；一句话，只关心外延性增长指标，不关心其内涵性的真实影响力。因此，文化已经成为我国全球发展战略中的

一块"短板"。

文化影响力的根本特性就在于"直指人心","文化走出去"如果不关心入脑入心,走出去的就肯定不是文化。因此,中国对外文化战略应以赢得域外民心为旨归,简单地说就是要赢得域外民众对中国的好感。

(二)提出"可分享价值",开展价值观对话,克服我国文化发展战略中的"价值缺位"

如何赢得域外民心,如何赢得域外各阶层人群的好感,这是构建中国对外文化战略时不能不认真思考的重大问题。而赢得人心的根本在于价值观的认同。克服我国对外发展战略中"文化短板"的关键在于克服我国文化发展战略中的"价值缺位"。

在走向全球性文明大国的道路上,积极寻求与域外民众共同构建"可分享价值"(shareable value)是重要的一步。"可分享价值"可以形成最广泛的共识,为世界各国以历史资源为依托,通过渠道多样、内容广泛的国际交流而达成新的全球治理框架提供了极大的可能性。这种"可分享价值"的提出可以视为是中国积极参与全球共同价值构建,从而成为新一轮全球化主导国家的关键性举措。

(三)提出"文化治理体系"方案,开辟新的改革路径,克服文化体制改革中的"社会建设"瓶颈

十八届三中全会在提出发挥市场在资源配置上的决定作用的同时,提出要"推进国家治理体系和治理能力现代化"的目标,文化治理体系和治理能力的问题事实上已经成为深化文化体制改革的突破口和新途径。我国文化体制改革已经呈现出了一条从"办文化"到"管文化",又从"管文化"到"治理文化"的逻辑路径。

我国传统的文化管理体制是文化行政管理部门自己办文化的体制,2003年以来的文化体制改革启动了从"办文化"向"管文化"的转变。但是,管理文化意味着使用一种普遍去差异化的标准、以及行政—中心

化的系统来规范和管理文化领域的各种活动,显然这种做法很难有效应对文化领域复杂多变的现实问题。在这个意义上说,从文化管理走向文化治理应成为我国深化文化体制改革的一个必然趋势和方向。

从具体措施看,十八届三中全会《决定》中首次提出要"培育文化非营利组织",这是推进文化治理体系和治理能力现代化的一项重要的战略部署。我们认为,政府职能转变必须将政府职能转交作为配套政策,"十三五"时期应该将培育"文化非营利组织"作为承接政府职能转交,推进国家文化治理体系的突破口和主要抓手。

(四)以"顶层设计"推动建立健全现代文化市场体系,解放思想,鼓励包容创新

如果说"建立健全现代文化市场体系"是"十三五"时期文化体制改革的一个总的指导方针的话,解放思想,鼓励包容创新就是落实这一指导方针的关键环节。因此,解放思想是"十三五"时期深化文化体制改革的"顶层设计"。

"现代文化市场"本质上是个"思想市场",因为文化产品和服务本质上是"精神文化产品",内容创意是一切文化生产活动的源头和关键环节,只有思想的价值才是文化产品真正的内容。因此,思想市场实际上是文化市场的另一种表述。很显然,没有思想观念的竞争是就没有文化市场竞争。

搞清楚了思想市场只不过是文化市场的另一种表述,就可以为文化管理体制改革开辟出一条新路。2003年文化体制改革以来已经形成了这样一个共识:文化产业既有商业属性又有意识形态属性,商业属性是普遍的,意识形态属性是特殊的,因此要将文化管理体制纳入社会主义市场经济体制中去。现在我们进一步认识到:文化产业的意识形态属性实际上是其文化属性的一部分,在文化产品普遍具有的"文化价值"中,对与"意识形态"有关的部分,需要专门做出制度性安排加以管理。

（五）在统一的市场环境中进一步完善市场主体建设，特别是深化国有文化企业改革，全面推动创意、创新、创业

从2003年开始的文化体制改革是以打造市场主体为主要任务，到2013年十八届三中全会提出建立健全现代文化市场体系的改革方向，我国文化领域的体制机制改革和政策创新走过了从微观到宏观的发展道路。"十三五"时期我国将进入一个以文化市场环境建设进一步推动文化企业全面、快速、健康发展的新阶段，国有文化企业的发展与改革是一个关键的环节。

对于"十三五"时期我国文化企业发展前景的基本展望可以归结为以下3点：首先，随着政府职能的转变和文化管理体制改革的深化，特别是在文化投资和文化创新领域政府审批制度的革新，文化企业发展的制度环境将有明显改善，大大提高我国文化企业的资源配置效率和盈利性。其次，随着国有经营文化单位转制工作基本完成，在统一市场环境下的新一轮竞争必将展开，我国文化企业将出现全行业全方位的大规模兼并重组。第三，随着转企改制任务的基本完成以及相关体制机制改革的全面深化，国家将进一步加强对内容生产的扶持，我国文化企业将迎来一个新产品、新业态、新商业模式百花齐放，创意、创新、创业竞相迸发的时期。

这个时候特别需要关注以下问题。首先是如何在统一市场环境下创新梳理政府与企业的关系，严格界定公共文化政策和文化产业政策。其次是如何聚焦文化内容生产活动，以鼓励创新为重点，进一步完善政府文化产业政策体系。第三是进一步规范政府对国有文化企业的扶持。比如，要研究规范并改善对特许经营企业的政府管制；要研究规范、以至于改变政府直接补贴国有文化企业的行为，运用政府采购、招标、公开资助等方式在国有文化企业提供公益性文化产品和服务引进市场化机制，等等。

（六）鼓励"跨界融合"：推动文化创意产业与国民经济相关产业融合发展

2014年3月14日，国务院正式印发了《关于推进文化创意和设计服务与相关产业融合发展的若干意见》，标志着"跨界融合"政策正式推出，"十三五"时期将是文化创意产业与国民经济相关产业实现跨界融合发展的高峰期。

跨界融合首先是基于产业链各个环节的垂直融合，文化的资源、创意、生产、技术、资本、流通、消费等环节日益扁平化。其次是技术驱动下的行业融合，如传媒产业中的新闻出版、广播影视、新媒体业等媒体行业的融合，传媒业与歌舞演艺、艺术品业、会展业等不同文化行业的融合。第三是文化产业与外部传统行业的融合，如与零售、金融等传统产业纵深跨界融合加速，产业边界日渐模糊。最后是文化创意元素与第一、第二、第三产业的普遍融合。

（七）实施"带状发展"的区域融合战略，提升文化产业空间配置效率

2014年3月3日，文化部、财政部制定了《藏羌彝文化产业走廊总体规划》，8月8日，文化部和财政部又发布了《关于推动特色文化产业发展的指导意见》，这两个文件的发布标志着我国文化产业在发展趋势上出现了"空间转向"。"十三五"时期将是我国文化产业从地方本位和行业分立式的发展模式走向统一市场和空间分布式发展模式的关键时期，文化产业将从空间整合和效益提升中获得重大发展机遇。

实施"带状发展"的区域融合战略应该成为规划实施全国合理空间布局的突破口。根据目前掌握的文化产业数据，我们可以规划出4-6个文化发展带，作为地方文化产业"十三五"规划的指导。如长江文化发展带、珠江文化发展带、丝绸之路文化发展带、环渤海文化发展带、东北文化发展带、西部文化发展带等。

（八）推动文化科技融合，提升文化产业的发展水平

随着《国家文化科技创新工程纲要》和《文化部"十二五"文化科技发展规划》的出台，"科技带动文化产业发展战略"正式成为我国大力发展文化产业的核心战略之一。"十三五"是中国文化产业与科技融合发展的关键时期，如何营造更加有利于文化科技融合发展的政策环境，是"十三五"时期的文化发展的关键任务之一。

"十三五"规划需要重视以下趋势。首先是科技在文化产业内部对传统产业的冲击。其中纸媒出版首当其冲。其次是文化与科技融合推动了文化产业与许多原来与文化产业毫无关联的行业融合。比如说通过创意设计与制造业融合，与农业融合，以及用动漫、影视技术带动传统的旅游产业，等等。第三是文化科技融合引发的创新模式——众创空间的出现并被肯定。特别需要关注的是，"众创"模式的出现使得"内容为王"走向"平台为王"，出现了平台弱化内容生产的趋势，现在需要重新强调内容为王，至少应该实现内容为王和平台为王的统一。

（九）加强文化金融合作，适应"大众创业、万众创新"的文化产业发展新形势

资金仍然是制约文化产业进一步提升的核心因素之一。所以，近年来若干文化经济政策文件中，都将文化金融合作和投融资体系建设作为推动文化产业发展的核心工作之一。此外，2015年3月11日，国务院办公厅发布《国务院办公厅关于发展众创空间推进大众创新创业的指导意见》，中国进入了一个以"大众创业、万众创新"为特点的发展新阶段。因此，"十三五"时期文化金融合作发展的主要任务就是，如何适应"大众创业、万众创新"的新形势，多方面开展金融创新。本报告为此提出了"加强无形资产评估"到"转变财政资金投入方式"等9个方面需要研究的问题。

关于"十四五"期间我国文化领域的改革和发展

一、进入2.0时代:"十四五"期间我国文化产业发展一般态势

(一)文化产业成为国民经济支柱产业,将推动我国新兴服务业实现跨越式发展

我国文化产业自2000年开始完成了合法化进程,开始迅猛发展。从2004年开始,国家统计局每年发布文化产业统计年报,数据显示,从2004年到2010年,我国文化产业年均增长率23.4%。2008年国际金融危机爆发,到2010年我国文化产业发展速度开始持续下降:2011年21.96%,2012年16.5%,2013年11.1%,2014年12.1%,2015年11%,2016年13%,2017年12.8%。可以说,中国文化产业发展已经进入了比国民经济增长速度高出5%左右的"平台期"。但是尽管如此,根据目前的发展速度,"十三五"将可能实现我国文化产业成为国民经济支柱产业的目标(占GDP的5%),"十四五"时期我国产业将进入一个新阶段,更为强劲地引领新兴服务业实现跨越式发展。

(二)文化科技融合,互联网+文化将形成"十四五"期间文化产业增长的最大红利

文化产业拉动国民经济发展的主要原因是文化科技融合,数字文化产业异军突起。与总量下降的趋势正相反,文化产业各行业部门中与数字技术与互联网有关的部门逆势增长,极为强劲:2014年增长36.5%,2015年增长16.3%,2016年增长29%,2017年增长34.6%。很显然,数字文化产业部门对于维持我国文化产业以高于国民经济5%左右的速

度增长起到了关键的支撑作用。根据文化部2017年发布的《关于推动数字文化产业创新发展的指导意见》中的定义，"数字文化产业是以文化创意内容为核心，依托数字技术进行创作、生产、传播和服务，呈现出技术更迭快、生产数字化、传播网络化和消费个性化等特点，有利于培育新供给、促进新消费，为深入推进文化领域供给侧结构性改革，培育文化产业发展新功能提供了良好的契机。在文化领域出现的数字技术革命目前还处在大规模商用与技术迭代的高峰期，以数字技术和先进理念推动文化创意与创新设计等产业的发展，将极大地促进文化科技深度融合、相关产业相互渗透，形成内容新颖、技术先进、链条完整的数字文化产业发展格局，无疑将给"十四五"时期文化产业转型升级带来最大的红利。

（三）文化经济融合，经济"文化化"将成为推动国民经济转型升级的主要力量

文化产业既有消费性服务功能，又有生产性服务功能，是现代经济中最具有渗透性和带动性的新型服务经济，这一点已经在2014年《国务院关于推进文化创意和设计服务与相关产业融合发展的若干意见》（国发{2014}10号）中得到了充分的体现。《意见》列出了7大融合领域，贯穿了国民经济各个行业，充分体现了文化产业与实体经济融合的新型高端服务业特点，充分发挥了文化创意和设计服务高知识性、高增值性和低能耗、低污染等优越特征，为培育国民经济新的增长点，提升国家文化软实力和产业竞争力，为发展创新型经济，促进经济结构调整和发展方式转变，加快实现由"中国制造"向"中国创造"转变，为是促进产品和服务创新、催生新兴业态、带动就业、满足多样化消费需求，提高人民生活质量等，开辟出了宽广的新途径。"十四五"时期，将是文化产业与实体经济全面融合，与国民经济全面汇流的重要时期。

基于以上趋势和特点，"十四五"将是我国文化产业全面"2.0"时代的第一个五年计划。

二、当前形势的判断：一个基本判断和三重难题

（一）一个基本判断

中国的文化产业已经在"十三五"期间历史性地达成了"国民经济支柱产业"的目标，文化市场已经从2000年的"战略性短缺"状态进入了2015年以后"短缺与过剩并存"的新时代。市场的适度充裕意味着为改革准备了更大的空间，因此，从短缺到过剩不仅是经济总量的变化，而且意味着发展方式和体制机制的转型。也就是改革的全面深化。

（二）三重难题

中国的文化产业自从诞生以来就承担着三重历史使命：作为现代第三产业的主力军，通过推动新兴服务业的发展，参与国民经济结构的战略性调整；作为新一轮改革的中心环节，通过推动文化体制的改革，使社会主义市场经济体制进一步完善；作为政治文明建设的组成部分，通过落实人民群众文化权利，将政治体制改革引向深入。从现实发展的逻辑上来说，第一重使命的实现有赖于第二重使命，而第二重使命的实现，又有赖于第三重使命能否有突破性的进展。

这是一个三重连锁难题，解决起来困难重重。首先，在工业化中后期发展文化产业，工业化的经济环境对本质上属于"后工业"时代的文化创意产业具有"不兼容"性（文化企业因轻资产"贷款难"就突出了这个问题）。"十四五"期间是文化科技融合与文化经济融合发展的关键时期，知识型企业的营商环境滞后尤其引人注目。其次，在市场经济体制尚未建成的体制环境中推动文化体制改革，改革的措施不配套（如"物权法"还没有真正成为法制基础，保护知识产权更是缺乏成熟的市场和社会环境）。最后，文化体制改革点又与深化政治体制改革，落实人民群众的文化权利有着本质的联系。如果宣传和文化依然是"两张皮"，意识形态管理依然保持超越法律之上的"随机干预"状态，就谈不上政府文化管理体系的建立，也就不可能有"建立健全的现代文化市场体系"，

文化产业"2.0"就不可能实现。

但是，在我国文化产业已经"超越短缺"，创新和创意越来越成为发展的核心动力，知识产权保护是发展的最重要的基础，建立健全现代文化管理体制的条件已经成熟，有必要而且有条件做出政治决策，建立起与文化市场体系相适应和与社会主义市场经济体制相配套的现代文化管理体制。

三、"十四五"改革的目标、任务和实施

（一）目标：建立健全现代文化管理体系

"十二五"、"十三五"以来，深化文化体制改革方面没有获得实质性的进展。有句话叫做"改革进行时"，但是改革不应该永远在路上，而是应该有清晰目标、有实施路径，有操作手段，应该按期实现。

2003年以来的文化体制改革形成的一个基本共识是：文化事业和文化企业是社会主义市场经济条件下发展先进文化的两种基本方式。或者说，无论是事业还是产业，都是文化市场资源配置的方式，区别只在于一种是"经营性文化企业"，一种是"公益性文化事业"。这个基本认识对于我们建立起基于文化市场体系的，以"消极干预"为原则的现代文化管理体制打开了进路。

根据以上认识，我们应该继续前进，以"分类改革"为原则，将政府对文化的管理区分为建立在法律基础上的三种形式：以消极干预式管理为一般，以积极干预式管理为特殊，以全面干预式管理为个例。

（二）任务：分类改革，建立起现代文化管理体制的基础架构

首先，以"消极干预"为基本原则，理顺政府与全部文化企事业单位的关系。

"十四五"期间改革的首要任务就是，以消极干预为基本原则，全

面开放市场准入，理顺政府与全部文化企事业单位的关系。这里分几种情况：对于一般私人文化企业，需要改善营商环境、方便创业、简化管理、并降低税收；对于前一阶段已经转制的国有文化企业，需要继续推动改革，包括与原来的行政主管部门脱钩和完善出资人制度，建立起现代企业的法人治理结构，推动兼并重组以完善国有文化经济的空间布局等；第三，对于那些提供公共文化服务的公益性文化机构，也要按照非营利性机构的常规做法，完善事业法人身份和建立理事会制度。

其次，在"消极干预"的一般原则基础上，以"积极干预"为特殊原则，建立起现代文化管理体制下的特殊制度安排。

"消极干预"是市场经济条件下政府管理的一般原则，但是在一般原则基础上，"十四五"时期还要对具有公共性质的文化产品与服务的生产和提供作出特殊的安排。这里也分几种情况，首先是指，对于国家文化遗产保护类的机构，具有较强的公共性和较弱的市场生存能力，属于文化市场中最重要的非营利性文化机构，需要公共财政予以保护。（当然，随着文化遗产的性质和影响范围不同，这种安排可以是中央政府的，也可以是地方政府的）；其次，对于那些政府需要以公共文化服务的方式提供，但是产品生产的专业化程度不高，意识形态属性不突出的产品和服务，也要依托市场机制，采取政府采购的方式，竞争性提供，作为文化产业激励政策的组成部分，因此文化管理体制中必然要有"政府采购"的特殊安排；第三，对于那些重要的产业领域（往往是因为技术进步而现显示出极强的带动性），也需要从政府财政角度加以支持。

由于经济社会的进步，人民群众生活水平的提高，以及文化产品的生产和传播的技术的不断改进，文化产品的市场化程度是在不断变化的，因此，政府"积极干预"往往采取"部门法规"，以及"文化政策"的形式，以便灵活调整。

第三，以全面干预为个例，为宣传文化机构制定专门的法律

本轮文化体制改革的成功，很大程度上源于我们有了"新文化观"，

其中最重要的就是，文化产品不仅具有意识形态属性，也具有经济属性，而且经济属性是普遍的，意识形态属性是特殊的。正是这一认识的获得，使我们在发展文化产业上迈开了大步，取得了令世人瞩目的成就。但是，在需要进一步深化文化体制改革的今天，这个认识已经不够了。我们现在必须认识到，并不是所有文化产品都有意识形态属性，文化产品的双重属性是经济属性和文化属性，意识形态属性只是文化属性中的一个部分，特别是具有强烈意识形态属性的文化产品实际上数量极少。建立起了这一认识，我们就可以对于那些生产和传播具有意识形态属性的文化机构做出真正符合文化市场规律和政治体制现实需要的，有效的制度安排。

这一安排主要是针对那些仍然需要由政府直接兴办，需要由宣传部门直接管理的文化机构，例如全国性的党报党刊和中央电视台等新闻机构。由于中国仍然处在转型时期，也由于目前新旧媒体快速迭代，已形成多元化多渠道传播形势，主流媒体的存在和在一定程度上由政府直接掌控是有一定必要的。但是，这种政府直接兴办的文化机构极少，在市场经济环境下必须做"个例"性的安排。也就是说，应该建立在法律基础上，对于其机构的建立，人员的聘用，资金的来源和使用，以及运营的监督做出明确的安排，令其符合社会主义市场经济体制的性质，不对文化市场产生干扰。

以上三重制度安排不是替代关系，而是叠加关系。也就是说，作为特殊的制度性安排，文化部门的法规和政策不能跨越法律界限，在许可和授权范围内实施。至于由政府直接兴办和宣传部门直接管理的新闻机构，其中最重要的可以考虑直接设置为行政或者宣传部门的直属机构，以符合其工作内容的性质。

第二编 新问题与新思维

我国的文化市场建设
——一个研究纲要

2013年11月12日，党的十八届三中全会闭幕，通过了"全面深化改革若干重大问题的决定"，描绘了今后一段时间我国经济、社会、政治、文化发展的宏伟蓝图。在有关文化的部分中，醒目地以"建立健全文化市场体系"为题，指出了我国文化发展的新目标和新任务。

三中全会报告是一个整体，在经济体制改革部分提出的新论断——"发挥市场在资源配置中的决定性作用"，与在文化改革发展部分提出的"建立健全文化市场体系"这一根本要求既是在逻辑上保持了内在一致性，又在改革发展的阶段性上体现了渐进性和稳妥性。有的人认为，"市场在资源配置中起决定性作用"是一个只适用于经济领域，不适用于文化领域的判断，这是完全错误的，是在改革思路上的倒退。

本文试图从认识文化市场体系入手，提出我对三中全会报告的一些学习体会。以下先是谈谈我国文化市场发展的历史以及对三中全会提出文化市场体系问题的意义，然后对文化市场体系的理论构架的探讨，最后分析我国构建文化市场体系存在的问题及可能的解决之道。

一、改革发展新阶段：从打造文化市场主体到构建文化市场体系

根据研究，我国文化市场的发展历史可以分为以下4个阶段：

第一阶段，从1949年到1978年，是"前文化市场"阶段。众所周知，在这个阶段里，中国建立起了"计划经济"体制，逐渐形成了"政府部门""国有企业""事业单位"三大公共机构群，事业单位中包含

有"教育""科学""文化""卫生""体育"等机构。文化事业单位是事业单位中的一个大类，属于文化类的公共服务机构。但是，与其他公共部门不一样的是，由于文化被赋予"意识形态"属性，由政府直接管辖的文化机构也同时受到党的宣传部门的领导，因此文化领域更是被称为"宣传文化领域"。

第二阶段，从1978年到2003年，是计划和市场并行的"双轨制"时期。随着"改革开放"的进程，文化领域的"计划体制"也开始蜕变，中国的文化市场逐渐出现。1978年，财政部批准《人民日报》等新闻单位实行"事业单位，企业化管理"，以新闻机构为首的文化事业单位开始依托自身的条件开展收费服务，这可以看作"双轨制"模式的开始。1988年，文化部、国家工商局联合发布了《关于加强文化市场管理工作的通知》，标志着文化产品和服务已经颇有规模，令有关部门第一次承认了在原有体制内事业单位之外存在"文化市场"。1989年1月，财政部发文，根据事业单位是否有"稳定的经常性业务收入"，将国家预算内事业单位区分为"全额预算管理""差额预算管理"和"自收自支管理"三种类型，这是将"双轨制"模式从国家预算管理角度确定下来。这一时期的基本政策主旨是：在保持市场微观主体——"文化事业单位"体制基本未动的情况下，放开收费服务，赋予个人和文化生产机构以自主权。从而调动文化生产和创造的积极性，在国家经济转型，财政能力不断萎缩的形势下，保持文化领域一定程度的投入，产出必要的文化产品以满足消费需要。

第三阶段，从2003年到2013年，是全面建设文化市场的起步期。为了应对加入WTO，融入国际市场，开放服务贸易的挑战，党的十五届五中全会提出发展文化产业，开始将大批经营性文化事业单位纳入国家产业政策支持范围。2003年，开始进行文化体制改革试点，并于2006年开始全国性文化体制改革，"文化产业"和"文化事业"作为两种文化类微观主体正式进入"分类改革"的统一部署，文化市场从局部开放走向全面开放。2013年十八届三中全会召开，以"建立健全文化市场体系"为题专门论述文化政策论题，标志着文化市场建设目标的正式提出。

第四阶段，从2013年开始，进入"建立健全文化市场体系"时期。2014年可以看作是全面构建中国文化市场的"元年"。

以改革开放为背景，我国文化市场的建设实际上贯穿了全过程。而以文化体制改革、文化产业发展为背景，进入"第四阶段"以来的中国文化市场的建设，显示出以"打造市场主体"（事转企）为主线的改革阶段，以"建立健全文化市场体系"为主线的改革新阶段发展的显著特点。也就是说，中国的文化体制改革已经从微观改革走向了微观和宏观并举，以宏观促微观的新阶段

"建立健全文化市场体系"这一重大政策导向判断的提出，意味着中国的文化发展已经开始了市场机制对文化资源逐渐起支配作用的新阶段，这就将中国的文化产业推入了"断奶期"，开始了真正基于市场内生动力的"内涵式发展"新阶段。多年来我们所批评的，中国文化产业发展方式不合理的种种问题，将会在市场机制的作用下得到根本性的纠正。

尽管在1988年我国就已经在政策性文件中恢复使用了"文化市场"这个概念，但是25年后才提出建设"现代文化市场体系"，相应的研究直到今天还十分缺乏，大多停留于一般性解释和政策性质的应用研究，缺乏较为根本性的探讨。我们今天需要对文化市场做出认真的、概念性的构建。

二、现代文化市场体系的一般属性

首先要建立起对于文化市场的一般属性的认识，让我们从国内关于文化市场的一些基本研究的梳理开始。

国内对文化市场的研究,首先要提到的是刘玉珠和柳士法的成果,他们在《文化市场学——中国当代文化市场的理论和实践》一书中对文化市场的分析具有开拓性的意义。书中认为:"文化市场是文化与经济一体化的产物,它是市场经济在文化领域的延伸,又是文化建设在市场经济的表现形态,"这一观点确定了文化市场的历史定位。该书甚至明确地提到了"文化市场是文化资源配置的基础方式,文化市场可以真实地体现文化产品供给和需求方面的互动关系,成为沟通文化产品生产经营者和购买消费者的有效渠道。文化市场通过市场机制为主导配置文化资源,可以把有限的人力、物力和财力等资源优先投向最有效率的生产项目和文化产品上去,从而提高文化资源配置效率,也就相应地提高了文化生产力。[①]"无需说,这一段论述中的核心概念——文化市场是文化资源配置的基础方式,在今天依然很前沿。

以上定义表达了文化市场的基本涵义——文化资源配置的基础方式。我们需要补充的是,市场是资源配置的一种基础性方式,另一种与其对立的方式(或者"补充的"方式)是所谓"计划"。我们如果不希望用"计划"和"市场"这两个颇具意识形态色彩的概念,也可以说,市场是文化资源"分散化"配置的方式,而计划则是文化资源"集中化"配置的方式。因为在市场经济条件下,决策是由各企业自行作出的,而在计划经济中,中央计划部门通过指令性计划来指挥生产活动。这样一来,如果"文化活动"是人类社会与物质生产活动相对应的精神生产活动的统称的话(当然是"狭义"的文化),实现文化再生产的资源配置形式就有"分散"和"集中"两种。

这里需要做些进一步的分析。为什么会从文化生产集中化的资源配置机制转向分散化的资源配置机制?或者我们为什么要推动改革,使得

---

① 刘玉珠、柳士法:《文化市场学——中国当代文化市场的理论和实践》,上海文艺出版社,2002年,第5页。

文化市场在资源配置中起决定性作用？这起源于一个在经济发展中被无数次证明了的基本事实，即集中化的资源配置方式只适应于经济发展水平较低，资源过于稀缺的发展阶段。在资源过于稀缺，社会生产除了满足基本生存需要之外没有任何剩余的时候，分散化的资源配置机制导致的两极分化有可能令一部分人丧失满足基本需求的机会，社会必然会倾向于建立集中的资源配置机制，抑制个人的利益动机。当发展超越"短缺"和"温饱"阶段后，社会生产出现剩余，个人的利益和权利意识就会觉醒，分散化的资源配置机制就逐渐起作用，鼓励个人的逐利行为就会成为进一步提高生产效率，使社会财富充分涌流的关键原因。我国改革开放前后的变化已经充分证明了这一点。

文化市场也不例外。在计划经济体制下，文化机构由政府统一设置，人员由政府统一分配和管理，文化产品的生产任务由政府统一下达，产品由政府统一分配，这种体制是与那个时期资源极度缺乏，且绝大多数经济资源要用于工业化建设分不开的，实行集中化的文化资源配置是必然选择。实行改革开放后，经济生活的活跃带来了文化消费的增加和文化意识与文化权利的觉醒，带动文化机构和个人为了满足文化消费需求的牟利性生产行为，使他们逐渐有了文化创造的自主权，市场机制逐渐在文化产品的生产、制造、流通、消费各个环节上起支配作用，于是在中国大地上迎来了文化生产力的解放和文化的大繁荣。

因此，以市场这种分散化的资源配置制度推动文化的繁荣发展是一个必然趋势，文化市场把艺术家解放出来，既解放了艺术家们的文化表达权，也解放了他们创作艺术品的"金钱动机"，使得他们建立起了自由创作的经济基础。前市场经济中的艺术家依赖于赞助人，其依附性地位对艺术的创造性发挥极为不利，文化市场使得"现代资助来源巨大，形式多样，为艺术家提供了讨价还价的力量，以便为其创作自由开辟空间"①。文化市场是文化大发展大繁荣的不竭动力。

实际上，文化市场是分散化的文化资源配置方式，只是表述了文化市场的"一般属性"，而没有反应其"特殊属性"。分散化资源配置方式是市场经济的一般属性，而作为市场经济的延伸形态，文化资源的配置方式则显示出与其他市场资源配置机制的诸多特殊属性，正是这些特殊属性才构成了文化市场的具体形态。

三、现代文化市场的特殊属性

文化市场具有与其他市场极为不同的特点，表现在以下4个方面：

首先，文化市场的交易对象是文化产品和服务，而文化产品和服务是具有高度复杂性的商品。

文化市场顾名思义就是文化产品和服务的交易场所，因此对文化市场的分析要从其所交易的商品和服务——文化商品和服务——这个根本问题说起，这是文化市场研究的起点。文化商品和服务是一种具有高度复杂性的商品，需要特别予以专门的分析。

文化产品的价值内涵非常复杂。戴维·索罗斯比在《文化政策经济学》一书中对此有过经典性的分析。他认为，文化产品具有经济价值和文化价值，其中经济价值可以用经济术语解释清楚，但是文化价值就不行了。"文化价值是复杂的、多元的、不稳定的，且缺乏一个共同的记账单位"。②索罗斯比特别分析了，文化产品的经济价值具有私人产品和公共产品两种特性，私人产品与物质产品一样，反应在私人购买的价格上，即使是公共产品（比如说博物馆、艺术馆等），也可以用有多少人愿意买单消

---

① 泰勒·考恩：（美）《商业文化礼赞》，严忠志译，商务印书馆，2005年，第30页。

② 戴维·索罗斯比：《文化政策经济学》，易昕译，东北财经大学出版社，2013年，第21页。

费这些展品做出衡量。但是文化产品的文化价值就不那么好办了，"传统经济学的分析模型无法涵盖文化产品所生成的具有文化价值的所有要素"，这些文化价值是多层面的，包括审美的、象征的、精神的或历史的所有品质[①]。这些价值大多涉及主观评价，需要动用多种手段测评，包括专家评价。

文化产品的外延极其多样。在数字技术出现之前，文化产品和服务根据技术特征分属于文化艺术、新闻出版、广播影视等部门；在数字技术出现之后，新闻出版和广播影视等传统文化产业门类逐渐与网络新媒体融合，同时与国民经济各部门发生越来越广泛和深入的互渗作用，结果是越来越多的产业部门具有了文化产业的特征，文化产品和服务形式变得空前多样化。世纪之交以来，我国将发展文化产业纳入国家战略性支柱产业，国家统计局2004年专门出台了《文化及相关产业分类》，2012年进一步根据发展需要对其加以修订，出台了《文化及相关产业分类（2012）》。在这个统计指标体系中，与文化内容的生产和服务直接相关的具体行业类别达到65个，其中特异性特别高的行业大类就达到7个，包括"新闻出版发行服务""广播电视电影服务""文化艺术服务""文化信息传输服务""文化创意和设计服务""文化休闲娱乐服务"，以及"工艺美术品的生产"，等等。

在一定意义上，正是数字化信息技术推动了"传媒汇流"和"产业融合"，才使得文化产品统一的内在本质得以显现，学者因此可以通过"本质特征"和"产品类型"来分析文化产品的复杂性。大卫·赫斯蒙德斯在《文化产业》一书中，认为"文本"（text）一词是最适合用来囊括所有文化产业所生产的产品（如节目、影片、唱片、书籍、卡通、影像、杂志、报纸，等等）的名词。他指出，"与其他类型的产品不同，

[①] 戴维·索罗斯比：《文化政策经济学》，易昕译，东北财经大学出版社，2013年，第23页。

文化产业致力于创造和流通的产品——文本——对我们认知世界产生着重要影响"。戴维·索罗斯比提出了一种"同心圆模型",将产生创意思想的"核心文化表现"(类似赫斯蒙德斯的"文本")——文学、音乐、表演艺术、视觉艺术等——作为核心层,然后随着创意思想的不断传播和扩展,结合不同的投入要素,逐渐涵盖更加广泛的生产领域。2006年,英国工作基金会受到英国文化媒体体育部的委托,做一份报告,对英国创意产业发展做整体评估。他们提出了一个修改后的"同心圆模型",将所有文化创意产业所共有的"核心"称作"表现性价值"。报告指出:"通常认为,创意产业的13个领域之间的差异之处与他们之间的相似之处同样多,即使在同一领域,像出版行业、报纸和教育出版商之间的差异性明显多于他们之间的共性。尽管如此,事实是每一创意产业都有一个共性的核心经营模式。""所有创意产业都源自思想的表现性价值(expressive value)的商业化。思想的表现性价值包括最通俗的歌曲或吸引人的广告,最新对莎士比亚的诠释或轿车的新设计。他们产生新的洞察、愉悦和体验。它们增加了我们的知识,刺激了我们的情绪,丰富了我们的生活。"

无论是内在特性的"文本",还是外在表现的产品形态,文化产品都具有极强的难以测量的属性。

其次,文化市场的交易主体是生产者和消费者,构成文化市场交易活动的供需双方,其特点是高度的不确定性文化产品的复杂性本质上来源于其文化价值的多重性和不确定性,文化产品本质上是思想和意义,文化产品的生产和消费就是思想的生成和传播过程,思想本身的复杂性和多义性决定了思想的生产和消费的不对称性,并直接导致了交易活动的不确定性。影视产业的研究者普遍认为,创意产业具有"高投入"、"高产出"的特点,但是由于市场难于预测,投入和产出之间往往脱节,因此是典型的"高风险"产业。一位好莱坞著名评论家说过,电影投资具有"不可预知性"(Nobody Knows Anything),因为生产者无论知道多少成功案例，对于下一个产品是否能满足消费者需求依然无法预测。好莱坞历史上有过一部非常成功的电影《猎鹿人》，投资人大举投资拍出续集，结果血本无归。这似乎揭示了文化产品的普遍特征。

文化市场的生产和消费活动的不确定性与生产者和消费者的特性有关。

从生产者方面看，从事文化产品创作和生产的人与制造工业品的工人有显而易见的不同，后者不会关心自己生产的产品的技术特性、式样和颜色，而只关心工资、工作条件和为工作所需付出的劳动（尽管也会有杰出的工人关注自己的工作质量并为自己生产的产品而自豪，但是不代表雇佣劳动者的主体部分），因此比较容易服从于生产过程中降低成本的需要和标准化安排。但是文化产品（符号和文本）的创造者就不同了，他们关心的是自己产品（更应该被称为"作品"）的原创性、卓越和艺术表现，以及艺术的和谐统一[①]，因此他们不愿意服从于生产过程中的管理要求（比如说单位时间的产出量），甚至不屑于关注产品的市场收益（艺术家有的时候甚至以一般消费者难以理解为荣）。一般来说，越是原创度高的艺术生产活动，创造者就越是以自己的艺术表现为目的，越是不会关心创作活动的经济成本和消费者的接受难度。文化产品生产者这种特性延伸到了文化企业的管理中，表现为即使是具有相当规模和管理严密的大型文化传媒企业，原创人员在其中仍然具有相当的自由度。

从消费者方面看，对文化产品的需求会由于经济收入、知识水平、智力结构、民族、宗教、年龄、职业、性别、以及由教育和家庭养成而来的特定训练和偏好的不同，呈现出文化需求能力和取向的层次性和多样性。用经济学术语说，文化消费是"高弹性"的活动，产生于消费者的内在需求，实现于消费者的自主选择；文化消费差异极大，"萝卜青

---

① 理查德·E.凯夫斯：《创意产业经济学》，康蓉等译，商务印书馆，2017年，第5页。

菜各有所爱"，不存在所谓所有人都具有的刚性的"基本需求"。

正是基于这一需求的复杂性导致的投资风险，大量商业咨询和营销机构开发出种种调查方法，力图降低文化消费者需求的复杂性和偶然性，从而降低风险。（大数据是这一努力的最新进展）一般来说，经济发展导致需求水平越高，消费者的挑剔程度就越高，因而需求差异化的程度就越高，相应地生产者就越是难以满足这种需求。

因此，我们看到的是以日益难以预料和消费者和一心只想完成自我表达的生产者构成的市场交易关系。随着经济发展水平的提高，社会的取向是越来越鼓励原创，但是艺术家似乎是越追求个性表达，消费者就越难以理解，消费群体就越小众化。与此同时那些适应大多消费者需求的产品越是被看作是内容浅薄原创不足。

第三，文化市场的交易中介是大批专业化的服务机构和个人，其特点是具有高度的分工和专业性，其目的是降低以至于消除文化市场供需双方的不确定性。

供需直接见面的文化再生产活动是前现代、前市场经济的，而自生产和消费活动被商人"中介"开始，就出现了文化市场。随着经济和文化生活的繁荣发展，文化市场越来越成为一个高度分工和专业化的领域，其中大部分市场主体都是从事生产者和消费者之间的中介性工作，文化市场越是发达，中介机构越是专业，复杂性越高。"在文化企业外部向顾客提供服务的供应链上，存在一系列相互作用的机构，这些机构在把资源转化成消费者消费的产品过程中，分别处于不同的分工环节、承担不同的任务，它们为满足需要、实现消费相互协作、共同发挥作用。[①]"比如说，对于电影市场来说，有电影类出版物、杂志、书店，以及电影音像制品专卖店或租赁店等；近年来，电影衍生品和周边产品越来越成

---

① 李怀亮、金雪涛：《文化市场学》，首都经济贸易出版社，2010年，第110页。

为产业链延伸的新方向。又比如说，对于演出市场来说，有经纪公司、票务公司、剧评杂志等；艺术品市场也特别明显，有画廊、博览会、艺术品评论和鉴赏杂志、策展人和机构等，在艺术家和消费者之间构成了完整的产业链和生态圈。现代文化市场在数字化信息技术的改造下，越来越呈现出分工高度细化的景象，原因在于知识产权开发的深度和广度都前所未有地扩大，产业链大大延长，因此，与产品和服务推广有关的专业化机构迅速增加。

说到文化市场的中介环节，需要特别讲一下"思想市场"这个概念。如上所说，文化产品和物质产品不同之处在于，其实质内容是"意义"，其生产是意义的"生成"，而其流通和消费就是意义的"传播"和"认同"。解决文化市场供需双方交易困难的方法就是建立起大量专业化的服务机构和个人，形成一个"场域"，令富含创意内容的文化产品在这个"市场"中得到评价、讨论、解释和传播，并最终引起共鸣，为消费者理解、接受、购买、以至于"追捧"。在这个意义上说，文化市场从根本上说是一个"思想市场"。

"思想市场"是近来非常流行和受关注的概念，但是很大程度上被"窄化"了。在我们看来，"思想市场"是一个市场化的资源配置机制，甚至是市场化机制的根本性存在条件。从市场经济一般的角度说，一个开放的思想市场可以使市场信息自由流动，提高企业在市场环境中的决策质量；从文化市场来说，一个开放而活跃的思想市场更为关键，可以通过传播、批评、解读等等环节，使得文化消费者建立起对于文化产品和服务的意义内容的多元化理解。因此，正像相比"文化"来说"意识形态"是一个窄得多的概念，思想市场并非如有些人所理解的那样，专指对意识形态的追问。

第四，文化市场的交易环境由法律法规和政策构成，其特点是具有多重结构，既规范又有弹性。

市场经济是"法治经济"，文化市场具有高度的复杂性，对于规范的交易环境依赖度更高。在这个意义上说，要想"建立健全文化市场体系"，就要建立健全文化市场法律法规和政策体系。在一个如此复杂的交易环境中确立规则，绝不是一件容易的事，发达市场经济国家经过了长期演变的过程，才基本上形成了以下的多层次的制度结构：

首先是基本文化制度。在市场经济体系创建初期，最早出现的大规模复制的文化产品是书报刊，依赖的技术是构成早期工业革命重要组成部分的现代印刷技术，形成的制度创新成果便是言论出版自由制度，这构成了现代文化市场第一环和基本制度。

其次是文化管理体制。在市场经济体系发展成熟期，出现了以电子化为主要特点的第二次工业革命，出现了第二种文化产品大规模复制技术——现代广播技术。适应现代广播技术发展需要，在以"消极保护"为特点的基本文化制度基础上建立起了以"积极保护"为特点的现代文化管理体制。

文化管理体制并非凭空建立，而是建立在基本文化制度基础之上，是对言论出版自由权利的进一步保护。简单说是这样的发展过程：市场经济必然从自由竞争阶段发展到垄断竞争阶段，文化市场的分散化资源配置也会随着技术进步向相对集中的状态发展，这使得创办和经营传媒机构需要巨额的资本。此外，现代广播技术具有天然垄断性，如果任凭市场竞争机制发挥作用，必然出现"传媒寡头"控制市场的局面，对个人文化权利形成不利影响。这样就出现了一种必要性：以积极保护的原则，创新管理体制，使得个人权利在新的市场条件下得到进一步的保护。和前面的印刷技术条件下的言论出版自由制度相比，现代通讯和广播技术环境下的传媒监管制度成为国家的一种有限干预和管理，它既确保了宪法规定的言论自由，又避免了市场的控制和侵蚀，保障了"公共利益"，也保障了个体文化权利的有效实现。

第三是文化政策体系。在市场经济向"后市场经济"转型期，发生了以数字化信息技术和网络技术为主要特点的"第三次工业革命"，适应"第三次工业革命"的发展需要,建立在现代广播技术基础上的文化管理体制逐渐退出历史舞台,形成了现代文化政策体系,对文化体制进行新的整合。

着眼于内容监管的现代文化管理体制自诞生以来一直伴随着向左或向右的分化(到了后期"冷战"是重要因素)。从苏联开始的社会主义计划经济体制下的文化管理体制可以看作是向左的分化,而在欧美国家的商业媒体的发展则可以看作是向右的分化。20世纪70年代欧洲广电业的私有化改革就已经开始。80年代以后,商业广播电视发展非常迅速,广电私有化浪潮出现,频谱资源的"公共性"逐渐减弱,"私有性"逐渐增强。到了90年代,数字化信息技术和网络技术的发展引发了大规模的"传媒汇流",电信、广电、网络三大传媒体系在数字化基础上(也就是在网络基础上)出现了服务(内容)的汇流,并将全球化推进到了一个以符号和信息流通为主要内容的新阶段。欧盟因此而启动了以"放松管制"为名的制度创新,导致新一轮文化产业的高速发展,文化政策创新浪潮由此产生。

文化政策的转变发端于联合国教科文组织于1967年在墨西哥城召开的文化政策研讨会,以及从70年代到80年代一系列有关讨论,而变化的原因既是因为由于经济、社会生活的变化,文化政策覆盖范围从传统的"高雅文化"转向了关注大众的"生活方式";也是因为全球化导致文化符号与信息全球自由流动,地方的和民族的文化面临挑战,需要民族国家政府将文化主题纳入发展战略加以应对。结果是,文化政策越来越从传统的政府资助高雅文化的"公共政策"变为了一项政府推动文化产业发展的"经济政策"[①]。

新型的文化政策体系是整合了一般产业政策与传统体制下国家财政

---

① 戴维·索罗斯比:《文化政策经济学》,易昕译,东北财经大学出版社,2013年,第3—7页。

供养文化政策的综合性政策。至此，现代文化制度体系显示出了是由"基本制度—管理体制—文化政策"构成的整体。

四、当前我国文化市场建设存在的问题

从我们的研究看，如果将我国文化市场发展与发达国家文化市场发展做一比较，可以看出其基本区别是，发达国家的文化市场是"原生性"的，有"演化生成"性质，我国的文化市场是"继生性"的，有"整体构建"性质。这一点在概念用语上表现得很明显：我们在英语文献中找不到"文化市场"（culture market），而只有"书籍市场""音像市场""演出市场"等等。能够见到的"文化市场"表述都是源出于中文的政策文本。这说明原生型市场经济国家的文化市场是从某种自发活动和具体的行业市场逐步发展起来的，而转型国家的文化市场一开始就是个异质的系统，涉及主观的建构和整体性规则的改变。

这在客观上造成了对于我国文化市场发展认识的一定困难，导致在文化市场建设中存在种种问题。

首先是对文化产品复杂性认识还不到位，不能明确定义意识形态属性，导致意识形态泛化。

在计划经济条件下，我们曾经将一切文化产品的属性都归结为意识形态宣传品，导致了"文革"期间8亿人看8个样板戏的恶果，文化发展严重萎缩。改革开放以来的双轨制期间，我们采取"事业单位企业化管理"，搁置了对文化产品性质这一根本问题的探索。2003年开始的文化体制改革，我们在认识上有了巨大的进步，提出了文化产品的商品属性是"一般属性"，意识形态是"特殊属性"的新观念，打开了通向建立健全文化市场体系的大门。但是，这一认识仍然没有完全摆脱计划经济体制下无限夸大文化产品意识形态属性的传统观念，从而不能充分利用市场在配置文化资源生产文化产品方面的优越性。

如上所述，文化产品的复杂性可以从经济价值和文化价值两个方面看，从经济价值上看，有私人产品和公共品的不同特性；从文化价值上看，有审美的、象征的、精神的或历史的多重品质。从这一分析可见，文化产品的文化属性是多重的，其中会有"意识形态"属性，但是不应该将文化属性全部归结为意识形态属性。更进一步说，在文化产品的文化属性中哪些特性属于意识形态属性，也是需要做具体的分析的。显然，将文化产品中的经济属性看做一般属性，意识形态属性看做特殊属性是一个进步，但是我们需要将文化产品的特殊属性再做区分，看看究竟哪些具有意识形态性质，哪些不具有，就能进一步清除思想上的迷雾，真正客观地和科学地认识作为文化市场体系基本原子的文化产品，为认识文化市场发展规律开辟出通道。

其次是对文化产品的生产活动的不确定性认识不清，管理不到位。

在计划经济条件下，由于将文化产品的属性归结为意识形态宣传品，于是理所当然地将文化产品的生产者称为"文艺战士"，将文化产品的生产单位作为"宣传战线"的基本单位，将文化领域总体上称为"宣传文化领域"。如上所述，在"双轨制"时期，我们在没有改变原有事业单位基本体制的前提下，以"事业单位企业化管理"的形式放开了市场化经营（所谓"以文养文"），尽管在很大程度上为文化艺术的生产者"松绑"，但是依然搁置了对于文化生产单位性质的追问。2003年启动文化体制改革秉承"分类改革"的基本思路，将推动"事转企"，"打造文化市场主体"作为主线，将文化生产机构分为"公益性文化事业"和"经营性文化产业"单位两种，基本完成了新闻出版、演艺等领域的改革任务。

但是现在的问题依然存在于对文化产品生产的认识之中，在政府对文化生产机构的管理中，仍然贯穿了传统简单化的，只针对意识形态内容管理的惯性，以至于忽视了文化产品的生产活动的不确定性，无法涵盖日益多样化的文化市场活动，从而无法有效利用市场化资源配置机制，对以企业化的方式提高文化生产力形成新的障碍。

比如说，对于转型之后的国有文化企业而言，如何改变宣传部门"一竿子插到底"的直接管理模式，从人事、业务、资产、导向的全面管理转向在建立现代企业制度，通过"出资人制度"的资本杠杆对国有文化企业进行间接管理的模式，目前依然没有明确的制度安排。对于那些在市场化环境中诞生的民营文化企业，以及那些具有进入文化产业领域强烈动机的业外企业和投资人，文化市场依然是充满了前置性审批的荆棘丛生的领域，往往难以施展拳脚，积极性大受打击。有些人甚至将此中状况戏称为是"企业单位事业化管理"，直指目前政府在管理文化企业中那种传统惯性思维和做法。

第三是对文化市场赖以支撑的中介系统的重要性认识不足，不能放手发展。

在计划经济体制下，文化的创作、生产、交换、消费都是置于政府全面控制之下的，可以说，文化生产活动只有一个"中介"就是政府。这个政府首先是生产者，然后是推销者，最后甚至是消费者（将文化产品作为公共品分配）。双轨制时期，政府依然保证体制内资源配给不变，但是收费服务部分交给了不完整的"市场机制"。按道理说，2003年文化体制改革后，"双轨制""并轨"了，文化产品的生产者和消费者必须依靠市场化的"中介"实现交易，但是问题是，这个专业化程度极高的中介系统不可能在短期内迅速生长起来，于是，无论是生产者还是消费者往往都陷入困境。

更根本的问题可能还是对于这个中介环节如何认识。正如上述，由于文化市场交换的文化产品的根本属性是"文化价值"，文化市场从根本上说就是解释、批评、传播、甚至批判文化价值的"思想市场"。但是我们目前对于文化市场中介系统的认识大多局限于经济层面，也就是"市场营销学"所关注的范围。我们很大程度上没有认识到，文化市场的中介系统主要涉及"意义内容"，一个有效运转的文化市场中介系统实质上是一个思想的"场域",由独立的文化机构组成,存在着对文化产品思想内容的独立而健康的讨论和传播。这实际上是一种公共领域,既独立于政府干预,也不服从于经济的必然性。

对思想市场的讨论必然导致对内容监管的制度安排的讨论。回到以上探讨过的问题,如果我们将所有文化产品都看作是意识形态宣传品,就理所当然地要严格管控对其中所包含的意义的解释和传播,也就是要维持对文化内容的意识形态管理。要是不这样简单地假定,而是认为大多数文化产品与意识形态没有关系,就应该有另一种制度安排。鉴于思想市场在建立健全文化市场方面有如此重要的意义,我们可以将其称为"顶层设计"。

第四是对建立健全文化市场的所需的体制机制政策环境认识不足,导致文化管理体制改革难以深化。

在计划经济条件下,文化单位属于"事业单位"范畴,是"三大公共部门"之一,实际上不存在严格意义上的现代管理,体制机制政策均付诸阙如。正如中国的经济体制改革一样,文化领域的变革也采取"渐进"的方式,即从政策性调整开始(从80年代初实行"事业单位企业化管理"开始到1992年出台"文化经济政策"政策,实质上是"双轨制"),逐渐进入管理体制的改革(从2003年开始文化体制改革试点,实质上是双轨制的"并轨"),现在正处在深化管理体制改革,着手全面构建基本文化制度的阶段。

现在的问题是,对于如何深化文化管理体制,使之适应建立健全文化市场体系的需要并不清晰。比如说,在十七届六中全会"关于深化文化体制改革若干重大问题的决定"中,虽然指出了要强化政府职能转变这一与经济体制改革同样的目标,即将政府职能确定为"政策调节、市场监管、社会管理、公共服务",为了达到这一目标,强调要"推动政企分开、政事分开,理顺政府和文化企事业单位关系",但是没有明确这一目标如何具体化。至于继续强调"完善管人管事管资产管导向相结合的国有文化资产管理体制",强调"坚持主管主办制度,落实谁主管谁负责和属地管理原则",实际上强调了政府要直接控制企业管理,就更是不清楚与建立健全的文化市场是什么关系了。在十八届三中全会文件中,再次提出了同样的要求,即"按照政企分开、政事分开原则,推动政府部门由办文化向管文化转变,推动党政部门与其所属的文化企事业单位进一步理顺关系",但是对于党政部门与其所属的文化企事业单位究竟应该是什么关系,并未明确。至于再次强调"建立党委和政府监管国有文化资产的管理机构,实行管人管事管资产管导向相统一",也未见回答在建立健全文化市场体系条件下究竟如何贯彻这一原则。

客观的说,坚持管人管事管资产管导向和坚持主管主办和属地管理等原则与建立健全文化市场体系的目标如何协调一致,是存在着很大的思想混乱的。在一个"健全的"文化市场中,究竟如何既要不违反政府职能转变这一大目标,又要落实党委和政府对文化企业(即使是"国有文化企业"依然是文化企业)对人、对事、对资产和导向的直接的全盘的管理,对于国有文化企业的一线管理人员来说,仍然是一个有待破解的难题。

五、余论:充分认识建设文化市场体系的复杂性

解决我国文化市场建设方面的存在问题,使文化市场建设有实实在在的进展,从而对文化产业的发展提供更为坚实的基础,十分必要和紧迫,但是在提出具体解决方案之前,还应该对建立健全文化市场体系的复杂性要有充分的估计。

我国改革开放以来一直伴随着对市场经济的认识争论。从1978年11月的十一届三中全会到1993年11月中共十四届三中全会,用了15年的时间形成了"要使市场在国家宏观调控下对资源配置起基础性作用"这一基本认识,为建立社会主义市场经济体制奠定了初步的基础。

又 20 年后，到了十八届三中全会，去掉了"在国家宏观调控下"这一修饰词，提出"紧紧围绕使市场在资源配置中起决定性作用深化经济体制改革"，标志着社会主义市场经济体制进一步完善，是我国以市场为取向的改革在包括文化领域在内的各个方面全面深化的结果。

但是，我国文化领域市场取向的改革具有高度的复杂性，贯彻三中全会精神，建立健全文化市场体系，使之在资源配置中像在经济领域一样起决定性作用，还有相当的难度。

首先，在工业化高峰期构建文化市场，与我国市场经济大环境不兼容。

从全球范围看，特别在发达市场经济国家，文化市场是市场经济体系的基本制度的组成部分，文化相关诸产业融入市场经济是水到渠成之事。中国则不然，转型与发展同时并进，并且从上世纪 80-90 年代才开始大规模工业化建设。世纪之交加入 WTO 将中国推入了工业化的高峰期，只是为了应对加入 WTO 要求开放服务贸易市场的挑战，才开放市场以启动文化产业的发展。换句话说，开放文化市场是中国政府为了应对 WTO 挑战、发展文化产业的被动选择。

因此，中国开放文化市场，是叠加在高度工业化的时期，是在适应工业化发展需要的市场经济环境中进行的，与工业化的市场经济大环境不兼容。比如说，我们经常感受到发展文化产业是宣传文化部门热而综合经济部门冷；这些年来也经常谈论文化产权交易难、文化机构贷款难等等，大多与市场经济大环境比较适应工业发展需要，不那么适应文化产业发展需要有关。

市场的发育是一个长期的过程，涉及很多具体机制甚至是技术性的设计，因此我国文化市场可能长期与目前的经济管理系统处在紧张状态，我们需要从文化产业发展的实际出发，从文化企业的日常运行需要出发，不断发现问题解决具体问题，不断完善市场环境。

其次，率先发展文化产业，与文化市场发展规律相脱节。

按照一般理解，产业政策是国家对市场的干预，是后发国家赶超发达国家的一种发展战略。在市场经济体系健全的国家，产业政策往往能弥补短板、形成战略增长点，推动国民经济快速发展。但是如果市场经济体系不健全，产业政策也会脱离市场需要，扭曲市场规律，造成资源错误配置。我国文化市场的开放尽管与改革开放几乎同步，但是长期的"双轨制"造成市场隔绝，价格扭曲、寻租盛行、利益固化，以及政府与市场界限不清，党政不分、政企不分、政事不分、政府与社会中介组织不分，市场发育水平远远落后于全国市场体系发展一般水平。在这种情况下，世纪之交以来，在政府主导下大力发展文化产业，甚至在一定程度上使文化市场中条块分割的形势更加严重。

文化市场开放是一个渐进的过程，涉及一些基本制度的建立，也要触及很多既定的利益格局，因此我国文化产业的发展将会长期与不完善的市场机制形成张力，搞好了是产业推动市场开放，并为产业发展提供源源不断的动力，搞不好则是产业脱离市场规律，成为政府自娱自乐的过程，甚至进一步缩小市场配置资源的范围。关键在于我们是不是能够始终坚持市场取向的改革，根据市场需要制定产业政策，通过产业发展不断扩大市场空间。

第三，在政治体制改革的攻坚期建设文化市场，与相关领域的改革难协调。

党的十八大以来，党中央已经确立了中国特色社会主义"五位一体"总体建设格局，社会体制和政治体制改革进入了攻坚期。但是，如果将世纪之交的中国看成一个历史的横断面，我们可以明显地看到，中国的文化市场建设是在转型国家体制变迁的夹缝里进行的，她牵连着多重使命，纠缠于多重逻辑，徘徊在市场经济的必然规律和政治体制的现实需要之间，与相关领域的改革协调有相当的难度。

在2003年文化体制改革试点开始的时候，我们曾经对于一系列观念创新取得重大进展，其中最重要的是提出，文化产品具有双重属性，商品属性是普遍的，意识形态属性是特殊的，因此所谓改革就是以市场经济规律为基础，构建有利于激发人民群众创造力和解放文化企业生产力的体制机制。这是自从改革开放以来第一次明确在文化建设和市场经济基础之间建立起明确的从属关系。但是与此同时，在十七届六中全会报告中，引人注目的提出"发挥市场在文化资源配置中的积极作用"，在十八届三中全会《决定》中，尽管没有重复这个与"使市场在资源配置中起决定性作用"有重大差异的观点，但是依然强调了"坚持把社会效益放在首位、社会效益和经济效益相统一"，回避经济效益和社会效益哪个是第一性的问题。

从目前的情况看，我国文化领域最为薄弱的环节依然是内容生产，在内容环节居于绝对主导地位的国有文化企业，尽管已经转企改制，但是离建立现代企业制度还有较大距离。主要问题是难以脱离传统的"主管主办"模式，从根本上说是没有解决如何认识市场的决定性作用，如何利用资本的力量引导内容生产，以及如何建立一个政府调节市场、市场调节企业的、合乎市场经济规律和要求的宏观管理体制等问题。

全面改革是一个长期的过程，我国文化产业的发展还会长时间地在生存在市场经济的必然规律和政治体制的现实需要之间，不断纠缠于处理好"改革、发展、稳定"三者关系的复杂环境中。我们需要始终从市场中汲取发展的动力，以改革扩展发展的空间，才能突破体制转换的困境，走出一条稳健的发展道路。

"拐点"后的发展思路和政策研究
——光明日报专栏系列[*]

第一篇　中国文化产业发展"进入拐点"

如何提高质量，如何活跃居民消费——我们已经进入一个该考虑如何满足人民群众日益增长的"多样化"的文化消费需求的阶段。

中国文化产业于 2000 年正式提出完成合法化进程，于 2003 年文化体制改革试点启动而开始提速发展，于 2008 年纳入国家产业振兴计划而确立国民经济支柱产业目标，13 年来可谓"狂飙突进"，一派"热运行"景象。随着"十一五"结束和"十二五"开局，中国文化产业的发展正在"进入拐点"。

"进入拐点"的依据有三：文化产业的发展速度正在回落；文化产业的发展方式正在转变；文化产业的管理模式正在变革。

首先是速度。2004 年以来，我国文化产业增加值从 3440 亿元增加到 2010 年的 11052 亿元，年均增长率为 23.6%。2011 年，我国文化产业法人单位增加值为 13479 亿元，比 2010 年增长 21.96%，2012 年文化产业的增速可能进一步下降到 20% 以下。

其次是发展方式。10 多年来，中国文化产业的发展受到宏观经济形势的影响，主要依靠投资推动，而非消费拉动；一些关键领域主要依靠财政资金引导，而非活跃的民间投资。在基础设施建设基本完成，投资领域逐渐转向上游原创和下游消费的情况下，机制不合理、效益下降

---

[*] 本文共 7 个短篇，发表在光明日报 2013 年 7-8 月间，署名"专家学者评论．张晓明专栏"。

等弊病日益凸显。

再次是管理模式。中国文化产业脱胎于计划经济，长期以来是"分业发展"，实行"行业分层管理"。十多年来，在改革和新技术发展的推动下，行业融合趋势日益明显，合并管理日益走向成熟。

发展速度下降可以看作回归常态，发展方式转型可以看作走向合理，管理模式转型则应该视为回应发展需要，建立统一、协调、可持续发展的文化市场的重大改革举措。所有这些因素，构成了中国文化产业走向拐点的图景。

构成这个图景的底色是，我国文化市场的产品供给正在从短缺走向过剩。

2003年文化体制改革试点开始的时候，我们曾经做出过一个判断：中国的文化产业是一个存在"战略性短缺"的产业。文化产业发展的不足使人民群众文化消费需求得不到满足，使新兴服务业得不到提升，特别是使我国新兴的"生产性服务业"缺少了文化创意设计这一引领性的行业，令"中国制造"走向"中国创造"举步维艰。

经过十多年发展，中国的文化产业已经在一批政府支持力度大、市场开放度高、新技术进步快、消费活跃的领域，生产出了大量的文化产品，从根本上扭转了短缺的局面，一些领域甚至出现了"过剩"和"泡沫"现象。现在的问题已经不是尽快增加产量，而是如何提高质量；不是继续加大投资力度，而是如何活跃居民消费。在政策文件中的用语是，我们已经进入一个该考虑如何满足人民群众日益增长的"多样化"的文化消费需求的阶段。

根据经济学观点，短缺经济和过剩经济具有不同的发展战略和政策需求。短缺经济生产能力过低，需要保护企业，保证供给；过剩经济生产能力过剩，可以开放竞争，兼并重组，推动企业在市场化资源配置的基础上做大做强。因此，过剩的出现意味着市场适度宽松局面的出现，也意味着深化改革机会的到来。

第二篇　新的发展阶段与文化政策转型

　　与文化产业的新的发展阶段适应，必须推动文化政策的转型，只有重新认识文化政策，才能把握我国文化政策的走向，积极主动地推动文化政策的转型。

　　什么是"文化政策"？西方文化产业学家认为，"文化政策"最广义上包含基本制度、管理体制、文化政策三个层面的内容。我认为，这为我们提供了理解文化政策的大框架。

　　从历史发展看，一个成熟的市场经济体制的发展，首先是建立基本文化制度，对人民群众的文化权利进行保护。在工业革命早期，现代印刷术的产生就催生了以保护出版和言论自由为主的一套基本文化制度。与市场经济的基本经济制度一样，基本文化制度是对个人权利的"消极保护"制度，也就是说，主要目的是保护个人文化权利不受到政府的干预。到了19世纪末20世纪初，随着现代通讯和广播技术的出现，发展出了针对"电波"这一垄断资源进行管理的、国家对个人文化权利"积极保护"的文化管理体制。而到了20世纪80年代以后，则随着数字技术的出现而开始大规模的"放松管制"和以发展文化产业为主旨的文化政策创新。由此可见，发达市场经济国家的文化政策是一个以保障文化权利为基础，以调节文化权利为结构，以调控文化生产为导向的完整体系。

　　我国改革开放遵循了市场经济的基本逻辑，但是又走了一条中国特色的发展道路，改革发展持续推动了中国特色的文化体制和政策体系的形成。改革开放前的计划经济时期，我国实行"宣传文化制度"，特点是实施国家无限干预，是国家干预文化生产的极端形式。改革开放后一直到世纪之交，以市场化为取向持续进行了文化经济政策调整，形成了"双轨制"；从2003年开始的"文化体制改革"，旨在推动文化管理体制的全面改革，建立起"党委领导、政府管理、行业自律、企事业单位依法运行"的统一文化制度。

从发展方向看，我国正在形成以"消极干预"为主，"积极干预"为辅，"无限干预"为个例的文化政策体系。首先，"无限干预"模式还有一定生存空间。在一些具有天然垄断性的领域，出于转型时期意识形态安全考虑，政府还要直接兴办一些文化宣传机构。其次，在那些不具有天然垄断性，以多样化的产品和服务满足人民群众精神文化消费需求，但是市场生存能力较弱的文化门类，政府将改变监管方式，实行积极干预政策、大力支持发展。最后，对于那些既无垄断性、又无生存危机的文化市场领域，将全面放开准入，大力发展民营文化企业，全面落实人民群众文化权利。

目前我国正处在构建新型文化政策体系的关键时期。

首先要认识到，实行"消极干预"是文化政策的长期基础，因此要坚持开放市场和管好市场的基本取向（如反垄断和保护知识产权）。要认识到，消极干预政策的本质是遵循宪法，出发点是尊重人民群众的文化权利。消极干预政策将覆盖绝大多数文化产品和服务的生产和消费，为市场发挥文化资源配置的基础性作用腾出空间。

其次要认识到，"积极干预"是指向特定领域的文化政策，主要服务于构建公共文化服务体系和加快特定领域文化产业发展。积极干预政策的出发点是使人民群众文化权利能够平等和有效地实现，通过授权政府主管部门主持实施，解决市场失灵问题，覆盖部分文化产品和服务。

最后要认识到，"无限干预"是针对具体文化机构的文化政策，主要指管好用好中央电视台、人民日报等主流新闻媒体，主导舆论。无限干预政策的出发点是主导文化发展的价值取向，以及保证社会稳定，独立于市场之外，因此需做"个例"性的安排。

第三篇 从"文化工业"到"文化产业"

"文化工业"即用生产工业品的方式生产文化产品，以标准化抹杀个性化，是个批判性用语；"文化产业"则是中性的，说明了当前各个文化行业与市场经济日益紧密的联系。

文化产业已经成为国际组织和各国政府都使用的文化政策关键词。由于不同国家和地区有不同的发展目标，作为一个政策性用语的文化产业又衍生出各种不同的概念表述，如"创意产业""内容产业""娱乐产业"，甚至"文化经济""创意经济"等。但是，如果把本轮全球化大潮中文化产业的发展看做一个历史性的现象，所有这些概念与上世纪中期法兰克福学派所批判的文化产业有一个本质的不同：前者应该被称为"文化产业"，后者可以称为"文化工业"。

二者的区别首先可从英文的单复数上看出来：前者是复数——cultural industries，后者是单数——cultural industry。单数的文化产业起源于法兰克福学派对美国大众文化的批判，更确切地说应该被翻译为"文化工业"。很显然，单数的文化产业，即"文化工业"充分表现出法兰克福学派的批判倾向——用生产工业品的方式生产文化产品，以标准化抹杀个性化。而复数的"文化产业"则是中性的，与"文化行业"同义，扬弃了法兰克福学派的批判意味，仅仅是个经济学描述，说明了当前各个文化行业与市场经济日益紧密的联系。

最根本的区别是技术基础，即从模拟技术走向数字技术。文化产业的发展历史可以根据如何对符号和文本进行"工业化复制"的技术变化进行分期。从法兰克福学派对文化工业的批判到上世纪80年代欧洲人对文化产业概念的重新使用，观念嬗变的基本原因是数字化信息技术革命。文化工业依赖的是19世纪末出现的现代电信和广播技术，或者说"模拟信号技术"，而文化产业依赖的是网络技术，或者说"数字化信息技术"。信息模拟技术对文化内容的生产在一定程度上以牺牲文化创作的个性化原则为条件，数字技术则可以实现个性化基础上的生产。前一种叫做"大规模复制"，后一种可以叫"大规模定制"。数字技术革命克服了法兰克福学派所批判的文化工业的弊病，将文化产业推进到新的阶段。

因数字化信息技术革命而产生的变革仍然在持续地发酵，其影响既深且广。比如，在企业微观层面，发生了生产组织形式的变化。从文化工业时期"福特式"大规模生产模式，变为网络化的知识型企业，并从大规模工厂化生产模式转变为地域性创意企业和创意人才的集聚发展。又比如，在产业链层面出现了"上游化"和"下游化"的变化：传统文化资源和文化遗产大规模的数字化成为世界各国文化产业竞争的基础性工程，而生产性文化服务业的发展则成为推动文化产业与国民经济融合发展最重要的力量，"文化经济""创意经济"等概念皆因此而生。作为一种"数字文化"，文化产业正在引领人类文明走向明天。

从某种意义上说，我们目前还处在以数字和网络技术为主要特征的人类新文明的入口处，文化产业可能是我们所不理解的"明天"的产业。我们只是竭尽全力转变观念、跟上变革、向新时代"移民"的一代，我们的下一代，下下一代，将会是数字时代的"原住民"，他们对今天的文化产业会如何看，我们不知道。

但是，我们殷切期待着。

第四篇　文化发展亟须社会组织创新

文化领域的社会组织创新，是指丰富文化市场主体微观组织形式，特别是在政府组织与企业组织，政府包办的公共文化机构和私人兴办的营利性文化机构之间，大力发展非政府非营利性质的社会组织。

我国文化发展正在进入一个新的发展阶段，在这个发展阶段，文化建设必须与社会建设携手共进，必须借助于社会组织创新，才能克服发展瓶颈，进一步释放文化创造潜力。

所谓文化领域的社会组织创新，是指丰富文化市场主体微观组织形式，特别是在政府组织与企业组织，政府包办的公共文化机构和私人兴办的营利性文化机构之间，大力发展非政府非营利性质的社会组织。

推动文化领域社会组织创新的必要性和紧迫性表现在：

第一，在公共文化服务领域，需要大力兴办非政府非营利性质的文化机构，作为深化文化体制改革，鼓励社会力量参加公共文化服务建设的主要组织形式。现在我国的公共文化服务体系，主要指原来隶属于文化广电和新闻出版部门的文化事业单位，并未包括分布于工会、共青团、全国妇联、全国科协等群众团体和全国性社团中的大量文化事业单位。这些文化事业单位目前尚未纳入我国公共文化服务体系，基本处于自发自流状态，亟须在整体上统一规划，并根据实际情况加以定位。此外，这些文化机构并非意识形态宣传机构，大多也没有承担国家文化遗产的保护和传承功能，完全可以鼓励社会力量进入，发展为形式多样的非政府非营利性文化机构。

第二，在文化产业领域，需要创新非营利性文化市场主体，以适应高创意高风险的文化内容创意机构的发展需要。最明显的例子是演艺业。演艺业是文化体制改革推进最为彻底的一个文化产业门类，但是事实上，从演艺业的性质和发达市场经济国家演艺业成熟经验看，演艺产业一方面具有高原创性特点，需要分散化的资源配置机制加以适应，另一方面又存在"成本弊病"，绝大多数无法作为营利性机构运营，只有极少数可以成为利润丰厚的营利性机构。因此，非营利机构应该是绝大多数演艺机构的体制性选择。很显然，"营转非"应该成为我国演艺产业深化改革的重要选项。

第三，在文化市场领域，应该将行业协会作为承接政府管理职能，创新政府文化管理方式的重要形式。目前我国文化领域已经进入到推动政府部门精简机构和职能转变的改革新阶段，如何有效提高政府的文化宏观管理能力，这不仅关系到政府职能的"转变"（如果理解为取消一些管理职能的话），而且关系到政府职能的"转交"，即将行政化的管理转向很大程度上是依靠社会组织自治型的管理。这就要求在文化领域结束依赖政府部门（登记和管理）的"双轨制"，走向"注册制"，大力发展文化类的社会组织以便承接政府管理职能的转交，令政府专心于法律法规和政策环境建设，而不是忙于应付具体的管理事务。在一定意义上说，政府对文化的宏观管理能力的提高，不仅建立在政府职能转变基础上，也是建立在社会组织的发育基础上。

党的十八大报告中已经提出了"加快形成政社分开、权责明确、依法自治的现代社会组织体制"的重要改革目标，为我们指出了明确的方向。文化体制改革与社会体制改革配套，以社会组织创新助推文化体制改革深化已是大势所趋。

第五篇　从代表、庇护到保护、引导——论现代公共文化服务

现代市场经济塑造了一种成熟而健全的"私人领域"，使得每个"私人"对经济、社会和文化产品拥有平等的接近、获取和享用的权利。

建立健全公共文化服务体系，既是艰巨、复杂和长期的实践，也是一个充满复杂性的理论话题。文化本质上是人类精神的表达，这种"表达"不仅意味着人的抽象精神、目的或理想总要通过有形的作品得以表现，而且意味着文化作品即使最初来源于个人的创造活动，最终只有获得集体、社会或传统的认同，才能获得持久的生命或影响。从这个意义上说，文化就本质而言，具有社会交往意义上的公共性。

漫长的历史表明，文化固有的公共性本质上并不必然导致文化作为公共服务的对象。事实上，恰恰因为文化产品具有涉及共同体整体利益的公共性，它反倒成为国家或统治者（如欧洲中世纪以来的王室或贵族）的垄断性控制对象；同时，又由于文化产品在前现代社会往往是"稀缺性资源"，因而它一般沦为少数人的垄断性消费对象。如果说这样的文化还具有一种公共性的话，那也只是德国当代思想家哈贝马斯所说的那

种"代表型的公共性"。基于这种"代表型"特征,"庇护"构成了前现代时期意大利、法国或俄罗斯等重要文明国家的基本文化政策精神。

显然,文化的公共性本质要得到彻底实现,必须依赖于对公众基本文化权利的普遍确立和承认,而公众基本文化权利的确立只能是现代市场经济充分发育的结果。因此,文化与一向被认为远离文化的市场经济、"公共领域"与作为其对立面的"私人权利领域",形成了不可分割、相辅相成的辩证联系。具体说来,正是现代市场经济使人们摆脱了传统的人身依附关系,塑造了一种成熟而健全的"私人领域",在那里,每个"私人"对经济、社会和文化产品拥有平等的接近、获取和享用的权利。从文化上看,这里所谓的"平等权利"至少包含以下含义:

第一,经济和技术的进步,使绝大多数文化产品都可以成为个人排他性的生产和消费对象,于是文化生产和消费既成为一件使个人有利可图的事情,也成为一件令个人身心愉悦的事情。正是这一点,大大推动了现代文化的发展。在此基础上,前现代文化的"短缺时代"终告结束,文化生产的强大能力终于有可能把文化从少数特权者的收藏室中解放出来,从而满足公众日益增长的精神文化需求。

第二,当文化成为个人的生产和消费对象后,公众文化权利便越来越多地成为"直接的"而非"代表型的"东西。任何权利或专家口味都不能"代表"公众"私人化"的文化表达权利,不能"代表"公众接近、获取、享用和评价文化产品的权利。于是,现代国家应"还权于民",将自己的职能转向最大限度地保护而不是代表公众所享有"直接的"(即不可代表的)私人文化权利。即使不得已需要代表,也要使代表行为最大限度的程序化和被监督化。

第三,只有最大限度地保护了公众私人化的文化权利,现代公共文化服务的必要性才真正显现出来。我们知道,文化生产往往具有长周期,但是文化市场需求大多是当下性的,因此一种可持续的文化发展,需要公共权力出场对民族国家文化资源施以保护。我们也看到,尽管一个社会中每个人都应拥有相同的文化权利，但由于自然禀赋、社会历史或区域发展水平的差异，一些弱势社会阶层或人群的文化权利可能受到束缚或限制。对于这一点，单纯的市场经济机制是不完全灵验的，要依靠公共权力，利用二次分配的权力保护每个私人"应有的"文化权利得到落实，它培育每个弱势者提升表达文化需求的能力，培育他们接近、获取和享用文化产品的能力。由此可见，现代"公共文化服务"的本质性特征决不在于"代表"或"替代"，而在于保护、培育和引导。

第六篇　有市场化机制，才有高效——二论现代公共文化服务

由于文化产品消费具有"选择性"的特点，政府在公共文化服务领域存在"失灵"的风险，因此，要在公共产品的生产和提供上引进市场机制。

"公共文化服务"首先是一个经济学概念，因为其概念依据是"市场失灵"。尽管如此，公共文化服务的生产和提供方式却并不注定与市场"绝缘"。公共文化服务的高效提供，需要引进市场化的运作机制。

一般而言，市场经济社会需要"公共文化服务"的存在，就是为了保护公民基本的文化权利。于是，现代各国政府不仅建立开放、竞争、有序的文化市场体系，便于公众以私人方式自由地生产和消费文化产品，而且尽力兴办公共图书馆和博物馆等公共文化机构，以便弥补市场失灵，救助弱势群体，以此体现社会正义，并从源头上激活公民的文化创造力。

经济学家认为，市场经济存在"失灵"现象，那些不能进行竞争性和排他性消费的产品，以及出于外部性或自然垄断等原因，市场不能充分提供的产品，是公共产品，应该以有别于市场机制的方式予以提供。国防是经济学家最常提到的例子，卫生防疫、气象、水利等显然也适合公共产品的定义。义务教育和医疗保健，关系到一个国家的国民素质与

社会公平，具有很强的外部性效益，将它们纳入"公益性物品与服务"，也是不难理解的。但是公共经济学家又发现，不仅市场存在失灵现象，政府也存在失灵现象。一旦政府部门将那些不适于一般市场提供的公共产品和服务抓在自己手上，很快就会像一个市场主体那样开始谋求私利。于是，当代新公共管理理论普遍认为，要在公共产品的生产和提供上引进市场机制。

在市场经济条件下，文化部门涉及的大部分产品和服务，恰恰由于其生产者自主生产和消费者自主选择的特点，是"私益性"的。尽管"萝卜青菜，各有所爱"，但是的确存在上述"公共文化服务"。建立文化市场公平竞争规则，保护文化遗产，建设公共文化设施和提供平等的服务，以及救助弱势群体和落后地区，是现代公共服务型政府的当然职责。但是，公共文化服务的合法性不等于政府是公共文化服务唯一合法的提供者。由于文化产品消费具有"选择性"的特点，政府在公共文化服务领域存在"失灵"的风险（有可能提供公众不需要的公共品）。此外，政府公共服务能力是受预算制约的，公共财政永远是稀缺资源，不能包揽一切与公共文化相关的事务。

很多国家的经验是，为了防止公共财政的无效使用，政府越少直接主办"文化事业"越好。在发达市场经济国家，公共文化服务的运作模式越来越表现为：国家在公共文化服务方面的主要工作是制定规划和规则，社会能自发形成需求，非营利性机构能提供竞争性服务加以满足的，国家就不干预；不能自发形成需求并得到满足而需要进行干预的，国家能间接干预就不直接干预（如采取英国式"文化理事会"方式保持"一臂间距"）；非干预不可时，能委托专业团队操作的，就不自己直接上手；一定要有专业团队的时候，若非必要，不直接指定人选，而是通过竞争机制进行遴选。在这种制度安排下，公共财政可以发挥出最大的效益，文化发展也会获得最大的空间。

第七篇　从"文化事业单位"到"公共文化服务体系"——三论现代公共文化服务

中国的公共文化服务体系建设是一场发展与改革交织的深刻实践，既反映了市场经济条件下公共文化领域的一般规律，又表现出中国作为转型国家的特殊规律。

我国公共文化服务体系建设，是一场发展与改革交织的深刻实践，是一次历史性的转折。回顾60多年的历史，中国的现代化建设经过了计划经济和市场经济体制改革两个历史时期，公共文化服务体系也经历了从原则的确立，到制度化形式探索的艰难实践过程。

中华人民共和国成立之初，宪法就已经规定了"中华人民共和国公民有言论、出版、集会、结社、游行、示威的自由"。宪法还特别规定："中华人民共和国公民有进行科学研究、文学艺术创作和其他文化活动的自由。国家对于从事教育、科学、技术、文学、艺术和其他文化事业的公民的有益于人民的创造性工作，给以鼓励和帮助。"这说明，我国社会主义制度建设的最初蓝图中，对公民文化权利就有明确的认可，这是对国家基本公共文化服务职能的原则确立。

由于众所周知的原因，在新中国成立后不长的时间，经过短暂而剧烈的"社会主义改造"运动，到上世纪50年代末60年代初，计划经济体制在各方面基本成型。1963年，在国家编制委员会代国务院草拟的《关于编制管理的暂行办法》中，首次提出以"行政、事业、企业"三种编制划分单位性质，规定"凡是为国家创造或者改善生产条件，促进社会福利，满足人民文化、教育、卫生等需要，其经费由国家事业费内开支的单位均为事业编制"。这也就是说，由于实行计划经济体制，我国公民文化权利的实现形式与市场经济国家有了根本性区别，全部文化机构都成为公共服务部门"事业化"体制的一部分，纳入了国家行政管理体制。

然而，正如我们现在已经认识到的，现代化导致的经济和技术的进步，致使绝大多数文化产品都可以成为个人排他性的生产和消费对象，文化部门涉及的产品和服务大部分不具有公益性。因此，我国文化部门的普遍事业化（即公共化）事实上也很快就沦为形式。上世纪60年代中期开始的"文化大革命"，使得文化机构基本瘫痪。"文革"结束后，以1978年财政部批准《人民日报》等新闻单位实行"事业单位，企业化管理"为标志，进入了持续近20年的所谓"双轨制"时期。在这个时期中，"事业体制"性质与实际运行日益脱节，直到2003年，全国文化体制改革试点开始，文化事业与文化产业"分类改革"的思路成型，文化事业单位改革作为文化体制改革试点的中心环节全面展开，文化产业从原有事业体制中剥离，获得了蓬勃发展，公共文化服务体系开始显示出其本来面目。

我们完全可以认为，中国的公共文化服务体系是在改革开放过程中，在不断深化的市场化进程中，逐步发展成型的；是在文化部门彻底"拨乱反正"，回归世界文明主流，恢复大部分文化产品和服务的商品属性后，才被真正认识到的。从发展逻辑来看，中国的公共文化服务体系的建设规律，是符合现代化和市场经济发展一般规律的。

中国的公共文化服务体系建设是一场发展与改革交织的深刻实践，既反映了市场经济条件下公共文化领域的一般规律，又表现出中国作为转型国家的特殊规律。历史的梳理，使我们认识到正在发生的这场公共文化服务事业历史转型的深刻性。

从创意产业到创意集聚：产业分析与政策设计

建立开发区和各类科技园区，是中国改革开放以来推动经济发展和科技进步的重要经验，目前，这一经验正在被用到发展文化创意产业。但是，简单的"移用"显然是有问题的，我们需要认真研究文化创意产业的园区特点。

有一种关于文化产业的简洁定义，就是将文化产业看作是"创作、复制、流通文本的产业"。在这个定义中，一切文化产品都被当作包含了"文化符号"，可以进行意义解读的"文本"。根据这个定义，产业的前端是文本的原创，中端是文本的复制与传播，后端是文本的消费。在大规模复制和传播技术越来越普及的情况下，产业前端的重要性凸显，文本的创作者正在成为这个产业的基础，一种新的产业集聚类型——创意集聚——正在产生。建设文化产业园区就必须研究创意集聚的规律。

但是，创意集聚与工业集聚的区别是明显的：工业集聚以工业企业为主体，在传统工业的"福特主义"生产线上，人是附属物，被机器所控制。创意集聚是创意人才的集聚，一切设施条件都是围绕人的需要准备的。文化创意产业是一种新型的产业，其集聚的动力机制和条件都是不同的。

本文试图从文化产业的组织变迁过程中创意人员地位的变化，分析其"集群化"的必然性和特点，以及适应这一变化政府应该采取哪些政策性措施。

一、文化生产组织发展历史的3个基本阶段

在文化生产组织形态的发展历史：文本创作人员地位的三次变化

根据 Williams 的看法，文化机构发展历史经过三个时期，从事创作的人员在这三个时期中，地位不断发生变化[①]：

（一）供养（patronage，或者"资助"）制时期

这是最为古老的一种文化生产方式，由贵族"雇佣"、保护，或者支持某些诗人、画家和音乐家等，在他们之间形成了一种直接的"生产"和"消费"关系。从古罗马时期到 19 世纪在西方社会占据主导地位，19 世纪以后仍然部分地存在于一些国家。在供养制条件下，文本创作者与消费者的关系是依附性的。

（二）专业市场（market professional）时期

这是从十九世纪开始的文化生产方式。在这个时期，各种形式的文化作品的创作者不再直接地和消费者相关联，而是通过市场的中介。这些"市场中介者"整合了各种创意产品，推动了文化生产的分工，形成了庞大而复杂的中介系统。在这个时期，文化的"符号创作者"与消费者的关系被商业机构所中介，以版税的方式获得收入，于是脱离"供养人"，获得了某种形式的专业独立。

（三）专业公司（corporate professional）时期

从 20 世纪初开始，文化生产进入了专业公司的时期。在这时期，随着工业化国家休闲时间及可支配收入大幅增加，以现代广播、电影电视为核心的消费类电子技术的出现，文化生产中介者以及传媒通道的经营商的资本化程度迅速提高，越来越多文化产品创作者直接受雇于专业公司，生产大规模供应市场需要的文化产品。在这个时期，文本创作者受雇于专业公司，在公司管理体制下享有有限的自主性。

在 David Hesmondhalgh 看来，20 世纪 50 年代以来，"专业公司"进入了一个专业化和组织化程度急遽扩张的时期，不仅文化产品创作者

[①] 参阅大卫·赫斯蒙德夫（David Hesmondhalg）：《文化产业》第二章，张菲娜译，中国人民大学出版社，2016。

与资助者和企业之间社会关系越来越复杂,而且文本制作者内部也开始涉及越来越复杂的劳动分工。到了上世纪八九十年代,进入了新的发展阶段,开始形成我们目前所见到的文化产业公司的组织形态:弹性专业公司(flexible corporate professional),文本创作者与产业组织的关系开始全面变身。

二、文化生产组织形态的新变化:从专业公司到弹性专业公司

如果说"专业公司"时期是传统文化产业发展的黄金年代(法兰克福学派正是在这个时期提出对美国大众文化是一种"文化工业"的批判),文化产业发展的"福特主义"时期典型的公司形态,那么"弹性专业公司"就是新兴文化产业发展的阶段,一种文化产业发展的"后福特主义"时期的典型公司形态。

这一转变的基础是数字和网络技术的出现。数字和网络技术将大规模复制技术"个人化"了,以前必须依赖于大规模资本密集投资才能形成的复制与传播能力,现在个人就能轻易掌握;以前资本对文化生产的可能垄断,现在被既是消费者又是生产者的个人颠覆了。以"大规模复制与传播"为特点的传统文化产业,逐渐为以"大规模定制与互动"为特点的新兴文化产业所取代。公司组织形态也发生了根本性变化:跨地域、跨媒体的超大型公司出现(但是数量越来越少),中小企业和个人工作室越来越多。

上世纪好莱坞组织模式的变迁,说明了"从专业公司到弹性专业公司"的过程。大约在20世纪20年代,好莱坞电影产业形成了"福特式"的生产模式,以一种类似汽车生产线的制造方式生产电影,并以"垂直整合"的方式占领市场。其中最早的先驱——环球制片厂,一年可以制作250部影片,以放映胶片长度而非内容来衡量销售业绩。这些公司长

期雇佣剧本作家和制作规划师进行大量公式化的剧本制作,然后将其纳入紧密的制作系统中。这些制片厂分割成很多大型部门,以程序化方式负责从布景制作、音效、冲片、以及销售和配送等工作,是一种典型的、"垂直一体化"的、大量生产的工厂组织形态。这些制片公司还直接拥有或租用大部分影剧院,控制终端营收。①

到了40年代末50年代初,由于受到《反托拉斯法》及电视的冲击,电影票房大大下降,制片公司的制作成本和财务风险大大提高,好莱坞电影产业不得不开始"变身"。一个最根本的变化就是,从"垂直一体化"走向"垂直分离"和"扁平化"。大型制片公司将各项特定专业工作以项目的方式"外包"给专业人员,自身只是一个"财务投资者"和"市场资源组织者",以提供独立制片厂资金的方式换取作品的销售收益。于是,各种掌握独特专业知识的中小型专业公司如雨后春笋般成立。

David Hesmondhalgh: 在《文化产业》一书中也指出(P163),自1970年以来,几乎在所有主要产业领域,大企业改变其组织结构的重大方式都是:以"项目"为基础,转包业务给中小型公司,实现企业之间的策略合作。文化产业也不例外,以前在公司内部的文本创作人员的"独立性"被进一步释放,最终成为独立的中小企业和工作室,将创造符号文本这一困难的创意业务承担起来。这一变迁的结果是,小型公司与大型企业逐渐相互依赖,形成了由执照、财务、以及通路构成的复杂网络。

这个变化的进一步发展方向,就是走向了地域性集聚,即所谓"创意集聚"。

---

① 参见 Jeremy Rifkin:《The Age of Access》。

三、文化产业地理布局形态的变化：从产业集群和创意集群

文化艺术的集聚与传统工业的集聚曾经遵循完全不同的规律。文化艺术的生产者集中在大学、研究机构、以及文化机构（比如：图书馆、博物馆、艺术馆等等）中，对文化艺术遗产和资源进行整理和传承，城市化水平和人文环境质量是集聚的主要因素。工业劳动者则集中在工厂中，原料产地、劳动成本与运费是决定集聚的主要因素。这两种集聚曾经完全不交叉，与传统经济生产与生活消费活动在空间上完全不重合一致。

进入知识经济时代以后，情况开始发生根本性的变化。

首先是，文化产业发展进入"弹性专业公司"时代，复制与传播环节资本化程度进一步提高，推动产业活动的重点向原创内容的产业"上游"和新兴消费的产业"下游"两个方向延伸。以前从事于大规模复制与传播业务的文化公司，在将专业化的生产环节"外包"，特别是将原创人员从组织内"释放"出去后，实际上反而越来越依赖于与原创群体在地理环境上的接近性，以便随时在短期项目基础上形成策略性合作。对于这些专业化程度很高的个人而言，为了降低专业化分工所产生的交易费用并获得分工产生的报酬递增，也需要在一定地域进行集中交易。

其次是，对于有价值的内容的迅速增长的需求，以及各种"接入"公共资源的技术手段的日新月异的进步，使得承担着保存、创制文本职能的传统公共文化机构——如大学、研究机构、国家文化机构——越来越具有产业开发的价值。由此引发的研究取向和教育取向的变化是：从狭隘片面的学科性教育和理论研究体制，走向跨学科的、重应用的新型体制。这种新型体制的创建，时时需要一种"诱致性"因素：来自政府的采购"订单"和来自大型"弹性专业公司"的"外包"业务。

第三，大规模复制和传播技术个人化，也为游离在保守的教育与科

研体制外的个人创造了从事原创活动的条件。一些具有亚文化的反叛精神的另类群体，因此而获得了更多的生存机会。这些人自主性更强，与市场的联系更紧密，常常丰富着我们这个社会的文化供给，满足了多样化的文化需求。这些个人的集聚，往往改变了城市的面貌，弥补了产业部门和教育科研部门之间"链接"不足的缺陷。

以上可以构成"创意集群"形成的三个起点，无论从哪一点开始，都会走向一种完全不同于传统工业集聚，但是又的确具有巨大的经济产出功能的创意集聚。由这三个起点，又可以形成创意集聚的三种类型：以"弹性专业公司"为核心的集群，以大型公共文化机构为中心的集群，以及以专业化个人为核心的集群。

根据我的研究，美国好莱坞代表了第一种类型，澳大利亚昆士兰科技大学创意产业园区代表了第二种类型，北京的"798艺术区"和宋庄文化创意产业集聚区代表了第三种类型。

四，创意集聚的政策设计

从理论上讲，创意集聚是在高度分工基础上，一批具有极高的专业化水准的个人的集聚。因此，创意集聚有极强烈的"自发"特点，不是产业政策的人为产物。一位法国企业家曾经做过一个形象的比喻：传统产业政策像是"种树"，而创意产业政策则像是"种蘑菇"。前者需要直接的栽培，而后者则需要培育环境条件。但是，新一轮全球化出现了跨国家和跨地域的人才流动，国家和地区开始了争夺人才的激烈的区位优势之争，等待自发性集聚的形成可能坐失产业发展的机会，这是一种两难选择，需要以科学地制定政策来化解。

目前，我国各地政府从发展本地文化产业的目的出发，纷纷把建设文化产业园区当作政策工具。但是，由于忽视了对文化产业的集聚特点的深入研究，现有的政策仅仅停留在提供税收和土地优惠、建设基础设施、吸引投资等与传统产业政策毫无差异的表层，没有区分创意集聚的类型、没有研究创意集聚的形成机制和演化规律，因此缺乏对创意集聚政策的科学规划、设计、实施和评价，只是相互模仿和跟风。

创意集聚的政策是一个崭新的研究领域，本文根据有关研究，针对目前存在的问题，提出以下建议：

首先，要根据不同的集聚条件和类型制定不同的政策。比如，以大型企业为主体的集聚，要制定推动专业化环节"外包"的政策，刺激企业内部服务环节外部化，提升其竞争力；以大型公共机构为主体的集聚，要制定推动社会化服务的"公共采购"政策，刺激公私机构之间的合作；以个人自发集聚为主体的集聚，要制定优化基础设施、建立公共服务平台为主的积极干预政策，培育个人和工作室的成长，等等。

其次，要根据集聚发展的程度制定不同的政策。比如，早期阶段，要以税收、交通、通讯等基础条件优惠政策为主，降低集聚企业经营成本；成长阶段，要以信息服务、培训服务、建立企业间合作网络等政策为主，加快企业成长速度；成熟阶段，要建立全球营销体系，建立科服务平台等产业化激励政策为主。

第三，要根据集聚区产业链不同环节制定不同的政策。比如，中介类政策：在营利和非营利、私人和公共机构之间，建立合作"链接"关系；需求类政策：以公共采购刺激对集聚的产品需求，增强其竞争优势；供给类政策：建设公共服务平台，共享技术平台，等等。

此外，还要高度重视市场环境打造。比如，要制定有针对性的人力资源类政策，制定培训计划，提升人力资源水平；要推动法制建设，完善体制环境，弥补环境缺陷，等等。

从创新驱动发展走向设计驱动创新
——国际设计行业创新发展趋势研究[*]

第四次工业革命带来的技术上升曲线经历了长达20年的爆发式增长后,在近几年开始出现放缓趋势,世界头部创新型企业受此影响,开始寻求新的途径,打造新的创新驱动力。

2015年10月,由世界三大设计机构:国际工业设计协会(ICSID)、国际平面设计协会(ICGRADA)与国际室内建筑师暨设计师团体联盟(IFI)联合发起,在韩国光州举办的"世界设计组织(World Design Organization,简称WDO)"创立大会上,为工业设计给予了新定义:"工业设计是一种驱动创新、构建成功商业的战略性解决问题过程,并通过创新产品、系统、服务及体验引导更好质量的生活。"

在此背景下,设计对创新的作用开始进入人们的视野,设计从业人员在经济活动中扮演的角色和地位在显著提高,设计部门对企业的创新作用日益明显,设计思维开始作用于企业的发展规划与治理策略,设计逐步成为推动创新的核心驱动力。

本文是北京市科委委托课题:"北京设计之都专题报告"的成果,对以上趋势进行了专门研究。本课题的核心结论是:全球科技发展趋势正在发生重大变化,"创新驱动发展"正在为"设计驱动创新"所取代。

---

[*] 本文是北京科委委托课题"北京设计之都专题报告"的成果,课题组由张晓明领衔,马一栋主笔,参加人有王韬、姜公略、谢克生(研究生)、金彤彤(研究生)等人。

一、研究背景及研究方法

（一）全球技术增长趋势近年来开始放缓

在过去20年的时间里，全球范围内技术创新经历了爆发式增长，但是近年来，随着机器学习、人工智能、物联网、5G通信等底层核心技术日渐成熟，第四次产业革命（智能化革命）成果在过去几年开始进入大规模商用阶段，全球创新型企业的技术投资逐渐涌入产业下游，向新潮科技、新兴场景、新增需求等应用端转移，技术增长趋势开始放缓。

近年来，全球年度专利申请数量涨幅也出现大幅波动，根据WIPO发布的《2018年世界知识产权指标》统计，2018年度专利申请数量涨幅为5.2%，在过去八年间整体呈下降趋势（图5）。

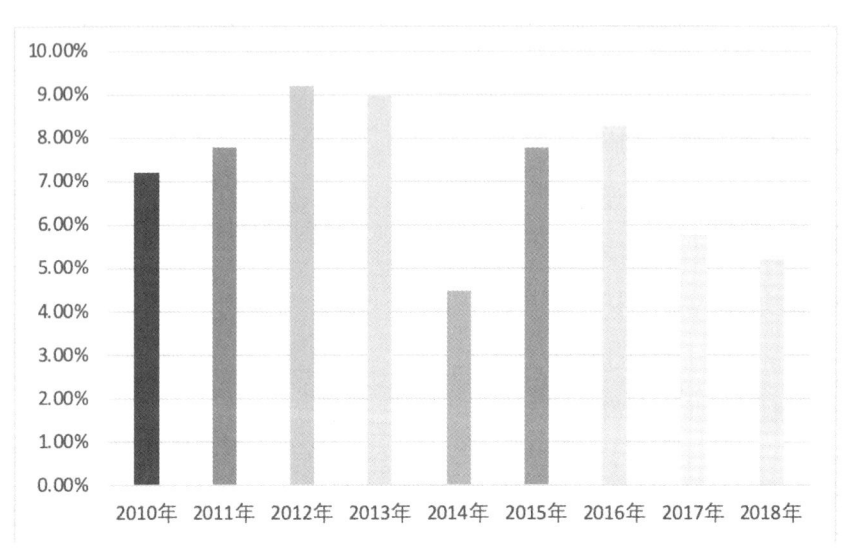

图5　2010-2018全球专利申请数量涨幅

与此同时，全球专利申请的头部企业开始进入对技术类专利的"清库存"阶段，以应对第四次产业革命的增长消化期。世界知识产权组织（WIPO）与康奈尔大学新商学院发布的《2018年全球创新指数》提到的，原本在技术专利持有数量上占据绝对优势的龙头企业，已经开始不同程度地放缓技术研发相关投入，并控制自身持有的专利数量（图6）。

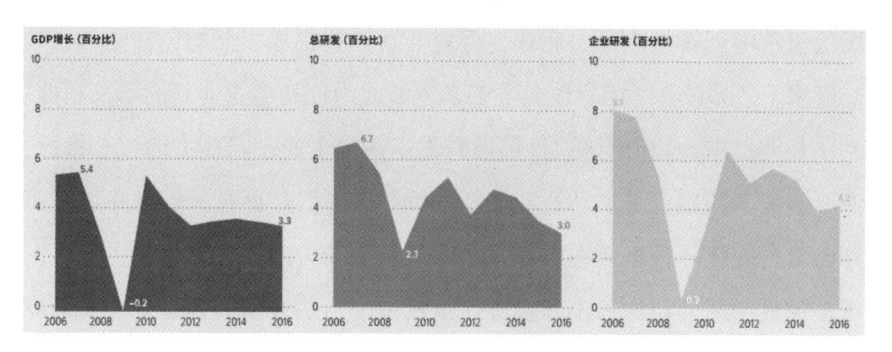

图6　全球研发支出增长（2006–2016年）

这也直接反映到国际专利持有结构的变动。根据WIPO2015年发布的《世界知识产权指标》年度报告统计，近年来全球排名前100位的专利申请主体及其专利持有量很不稳定（图7），1983年至1987年间，其专利持有量持续增长，总持有量从116,000件增长至160,000件。其后8年都处于波动态势，在1994年至2005年再次出现持续增长，在2005年达到峰值（231,000件），随后持续下滑。

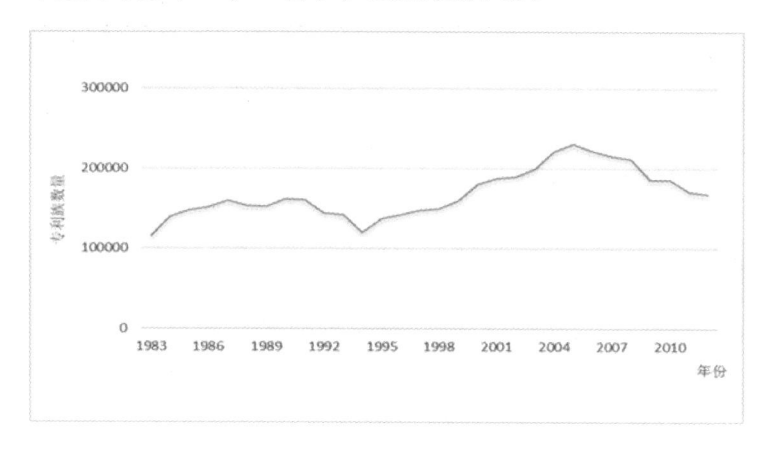

图7　全球排名前100位申请主体持有的专利族数量

（二）企业开始寻求更多元的创新驱动力

面对上述趋势，处于产业尖端的国际企业开始寻求积极改革。调查显示，近年来，苹果（Apple）、亚马逊（Amazon）和谷歌（Google）等新型平台企业对先进技术储备的依赖，开始转向产品和用户体验生态系统的构建。在此背景下，技术壁垒已经不再是唯一的企业竞争手段，市场价值链中创新焦点开始后移，企业开始寻找更加多元的创新动力，社交网络、产品设计、用户体验等要素逐渐成为创新型企业新的增长利器。

长期以来，专利申请数量都被看作是衡量企业创新能力的核心指标，深厚的技术积累也是推动企业创新的重要保障。然而这一标准在近几年开始出现变化。根据对福布斯《全球最具创新力的公司》、波士顿咨询《全球最创新公司》等全球权威评价榜单的追踪调研，入选企业与世界知识产权组织（WIPO）公布的专利申请数量头部企业的拟合度开始降低。

福布斯-全球最具创新力的公司2018 前30名			
ServiceNow	Workday（网飞）	Salesforce.com	Tesla（特斯拉）
Amazon.com（亚马逊）	Netflix（网飞）	Incyte（因赛特）	Hindustan Unilever（联合利华）
Naver	Facebook（脸书）	Monster Beverage（怪物饮料）	Unilever Indonesia
Adobe Systems	Celltrion	Autodesk（欧特克）	Regeneron Pharmaceuticals
Vertex Pharmaceuticals	Amorepacific（爱茉莉太平洋）	AmerisourceBergen（美源伯根）	Illumina（因美纳）
Marriott International	Alexion Pharmaceuticals	CP ALL（泰国正大）	Red Hat（红帽）
Tencent Holdings（腾讯控股）	FleetCor Technologies（无）	LG Household & Health Care	Ctrip.com International（携程）
Hermès International（爱马仕）	Starbucks（星巴克）		

图 8　福布斯全球最具创新力的公司 2018

波士顿咨询-2019全球最创新公司			
Alphabet/Google（谷歌）	Amazon（亚马逊）	Apple（苹果）	Microsoft（微软）
SamSung（三星）	Netflix（网飞）	IBM（国际商业机器公司）	Facebook（脸书）
Tesla（特斯拉）	Adidas（阿迪达斯）	Boeing（波音）	BASF（巴斯夫股份公司）
T-Mobile	Johnson&Johnson（美国强生）	DowDupont（陶氏杜邦公司）	Siemens（西门子）
Cisco System（思科系统公司）	LG Electronics（LG电子）	Vale（巴西淡水河谷公司）	JpMorgan Chase（摩根大通）
McDonald's（麦当劳）	Marriott（万豪国际酒店）	Alibaba（阿里巴巴）	Bayer（拜耳）
AT&T（美国电话电报公司）	Allianz（安联保险集团）	BMW（宝马）	sap

图 9　波士顿咨询 2019 全球最创新公司

全球企业专利申请数量排名2018			
华为	三菱电机	英特尔	高通
中兴	三星	京东方	LG
京东方	LG电子	爱立信	罗伯特博世
微软	松下	索尼	西门子
惠普	夏普	关东欧珀移动通信	飞利浦
电装株式会社	LG集团	富士	日本电气股份
株式会社村田制作所	谷歌公司	林巴斯	美国通用电气
日立	腾讯		

图 10　全球企业专利申请数量排名 2018

以上两个榜单表现出全球创新企业排名与全球专利申请企业排名的疏离，最为直观地告诉我们，技术开发已经不再是驱动企业创新发展的唯一动力。比如，苹果、三星、LG、松下等国际领先的创新性公司，近年来均开始大幅度减少专利族申请量，头部企业不再执着于对专利技术的积累和垄断，转而开始把资金投入到其他方面。与之相对的，华为、中兴、腾讯等中国企业则大幅增加技术研发投入，从2015年前后开始在全球企业专利申请数量排行中频频取得较高位次，却依然难以得到国际上创新能力类榜单的认可，这证明专利持有量与企业创新度的相关性在下降。

（三）本研究的内容和方法

本项研究将聚焦于设计作为新兴的创新要素，对创新产业的作用方式和动态表现，并特别关注具有创新属性的传统头部企业、具有活力的独角兽企业和优秀的设计企业等。

本研究的数据主要依据媒体对各领域的公开排行，此外课题组成员还选择了目前具有全球影响力的创新型企业和代表性的机构做案例研究。数据主要涵盖了2016–2019年全球主要国际机构和咨询机构发布的报告和主流媒体信息及主要经济体政府公开数据和政策信息、上市企业新产品（服务）信息，等等。

本项研究的方法是：（1）文献搜集梳理：通过对国内外公开发表的设计及创新产业研究成果、统计数据、学术论文、内部资料等进行系统的收集和分析，梳理国内外设计产业、创意产业、科技产业发展现状；（2）企业访谈：本次调研共访谈了8家创新能力世界领先、具有全球影响力的科技或互联网企业，7家位于美国硅谷，1家位于中国深圳。其中包括市值已达千万亿级别的领袖型企业苹果（Apple）、谷歌（Google）和亚马逊（Amazon），互联网平台型的脸书（Facebook）、爱彼迎（Airbnb）和领英（LinkedIn），也包括近年异军突起的智能硬件独角兽企业蜚比（Fitbit）和大疆（DJI）。其中，蜚比（Fitbit）是权威IPO观察网站CrunchBase排名第七的IPO企业；而大疆（DJI）被"MIT科技评论"评为"2019年50家最聪明企业"之一。

课题组对8家上述企业的9位资深华裔设计师做了深度访谈。近10年硅谷的企业发展在互联网发展的历史背景下，经历了一个极其特殊的时期，现在处于行业领先地位的很多企业都是在这个时期内成立或者快速成长起来的。这些设计师可以说是这一时期的第一线见证者。同时，他们拥有东西方两种教育和实践背景，对相关政策、策略以及趋势更加敏感，可以从一个相对客观的观察者的角度来看待、比较国内外的不同情况。因此，他们作为深入调研的对象具有鲜明的优势。

课题组通过定性与定量相结合的方法，将座谈调研结果、产业发展研究文献数据库及典型案例进行综合分析，系统总结和归纳科技文化融合的总体态势、存在问题及发展趋势。

二、综合分析结论：设计成为创新的核心驱动力

技术增长趋缓是当前技术发展情况的一个阶段性表现，这也促成了设计行业对创新驱动力提升的探索。由于新技术能够为企业带来的创新性增益开始逐渐减弱，为了维持企业创新能力，尽快抢占第四次产业革命带来的创新红利，全球企业开始寻找推动创新的其他核心驱动力。在这一背景下，设计产业也开始自身的迭代升级，并呈现快速增长，对企业创新能力的提升起到越来越重要的作用。

本研究形成了以下主要结论。

（一）设计已经成为拉动技术创新的"前置环节"

智能化革命时代之前，科学技术的进步一直遵循线性增长的规律，新技术产生新的生产方式和新的产品与服务，并进一步对设计产业提出新的要求，从而带动现代设计的萌芽、演变与进化。

随着第四次产业革命的到来，科技成果转化周期大幅度缩短，技术迭代速度明显加快，新一轮技术革命中出现的核心底层技术，开始呈现出"生物型成长"的特性，新兴技术的发展方向和应用前景也逐渐变得难以捉摸，企业创新的重点环节从供给端逐步下沉向需求端，场景设计开始成为拉动技术创新的"前置环节"。

设计产业不再只是被动地满足技术更新的需要，而是转向有目的的

主动选择，并开始通过设计思维的引导，提升新兴技术的产业化和产品化，从而成为创新的来源。

公司需要通过前置的场景设计环节，梳理新技术到产品化的整个产业链过程，为其找到合适的消费场景，响应用户的使用体验，之后才能开始推动专利技术的产业转化。按照美国国家艺术基金会发布的《工业设计：美国制造在全球经济中的竞争手段》报告表述，设计师开始在确保产品发布成功方面发挥重要作用（图11）。

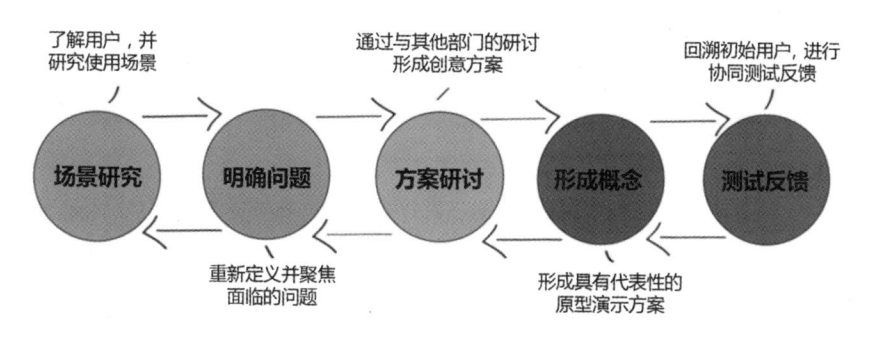

图 11　设计思维过程

（二）"设计密集型产业"贡献开始凸显

企业创新向设计环节移动，创造了大量的设计岗位，培养了众多的设计师人才，既使设计行业的重要性开始受到更多行业的重视，也为设计产业自身的迭代升级打下了坚实的基础，甚至出现了"设计密集型产业"这样一个新的行业名称，以凸显其对经济社会发展的贡献。

欧洲专利局和内部市场协调局将"设计密集型产业"定义为"每1000名雇员中，设计申请者的数量高于所有行业的平均水平"的产业，包括设计服务业、计算机服务业、出版印刷业、时装业、手工艺业和高端制造业。

据统计，被定义为设计密集型的产业在欧盟经济体中开始逐步占据重要位置，贡献了共计1.7万亿欧元的GDP，约占欧盟总GDP的13%；同时贡献53.4%的出口总额和46%进口总额，贸易顺差达到200亿欧元。

设计密集型产业的快速增长，也带来了大量的设计工作岗位（图

12）。2013年，设计密集型产业为欧盟创造了6600万个就业岗位，占新增岗位总额的22.2%。

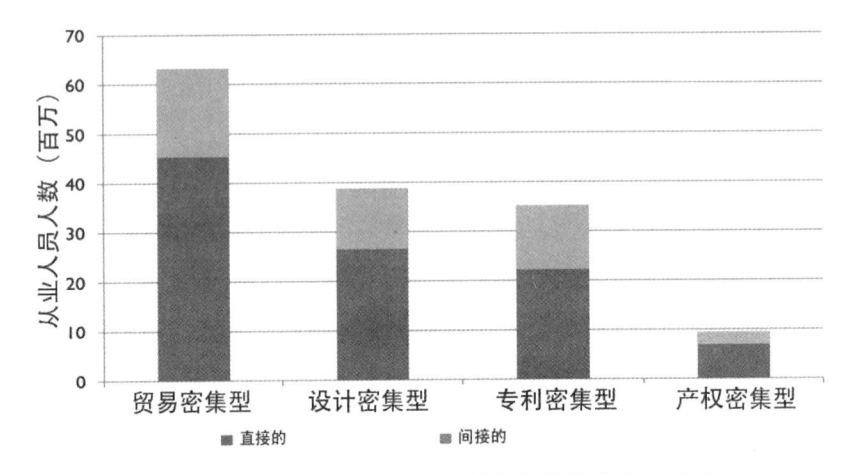

图12 设计密集型产业在直接和间接就业中的贡献

欧洲各国设计师岗位数量	
国家	设计从业人数
奥地利	9500
比利时	200000
克罗地亚	350
捷克	3680
丹麦	10369
爱沙尼亚	630
芬兰	865
法国	12000
德国	130000
希腊	8500
匈牙利	2500
冰岛	>659
爱尔兰	8000
意大利	14800
拉脱维亚	480
立陶宛	250
卢森堡	900
荷兰	46000
波兰	6000
葡萄牙	6000
斯洛伐克	2250
斯洛文尼亚	300
西班牙	20000
英国	185500

图13 欧洲各国设计师岗位数量

（三）设计企业成为公司并购的重点

全球制造业竞争的加剧迫使公司高度关注创新，创新能力成为主要差异化因素。最新趋势显示，设计已成为当今公司兼并重组，推动集成创新的新目标。

来自青蛙设计公司（Frog Design）的 Harry West 指出，随着越来越多的国家以开发技术，交通运输和人力资本基础设施来竞争，它们的比较优势更多地转向了创意设计，这些设计不仅能够发挥其功能和可靠性，而且能够赢得很高的价值。

近年来，"财富500强"企业纷纷高薪聘请首席设计官并投巨资建立设计中心和创新中心。各类专业服务机构也不甘人后，埃森哲收购了知名设计公司 Fjord，而普华永道则重金吃下了数字创新咨询公司 BGT，麦肯锡公司收购了硅谷设计公司 Lunar，印度软件巨头威普罗收购了设计公司 Cooper，这也是继其2015年收购 Designit 后第二次收购设计公司。

根据设计产业的权威年度趋势报告《2018科技中的设计》统计，2010年前，这类并购活动仅发生过3例，2011年后开始快速增长，至2016年末总计66个设计机构并购案中，有55%是在2015年以后发生，其中科技公司收购了31家居首，谷歌5家、脸书4家；商业咨询公司收购了24家居次，德勤6家、埃森哲5家、麦肯锡3家。（图14）

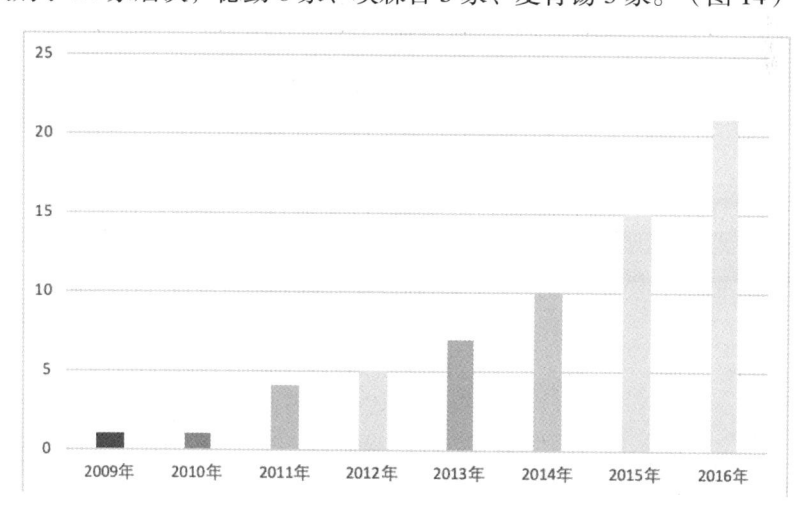

图14　2009-2017年设计机构并购案

（四）企业中设计驱动创新作用明显提升，投资设计收入猛增

在英国设计协会发布的《设计经济2018》中，受访企业承认设计功能开始成为产品或产品/服务开发的更重要因素（图15）。

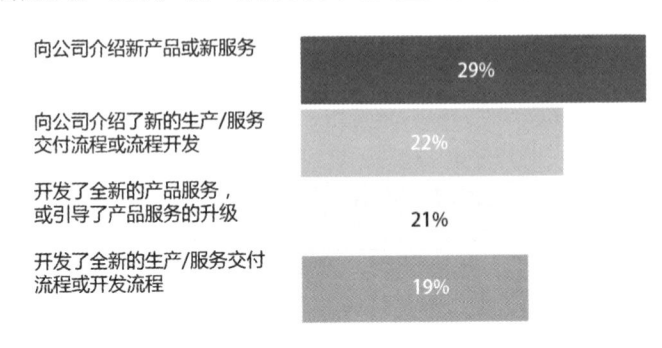

图15 过去三年内设计为公司带来的价值

该报告提出的设计价值阶梯模型（图16）可以准确反映出设计在其企业创新中实现价值的方式及驱动作用。综合多元分析可以发现，设计在创新驱动力方面排名第三，仅次于研发预算和研发人员。

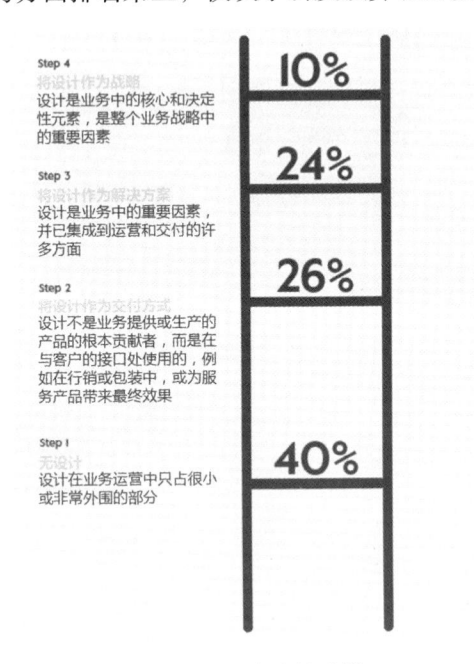

图16 设计价值阶梯

根据经济合作与发展组织发布的《工业设计政策－针对部分国家

的研究（2014年）》，与未投资工业设计的企业相比，投资工业设计的企业在2003-2007年期间的总收入增长高出了250%。在此基础上，公司被划分为四个设计阶段，排名越高，设计具有的战略重要性越高。结果显示，在2003年至2007年之间，多数受调查企业调高了工业设计的战略优先级别，第3阶段和第4阶段的公司数量分别从35%上升到45%，从15%上升到21%（图17）。

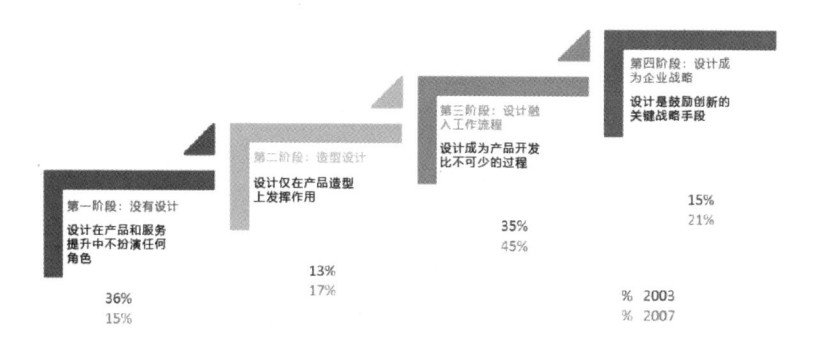

图17 设计的战略价值阶段示意

国际权威组织设计管理协会通过对设计公司组成的市值加权研究，制定了设计价值指数，对总部位于美国的上市公司进行了为期十年的跟踪和监控，以了解其设计投资对股票价值相对于整体标准普尔指数的影响。根据其发布的《2015DMI：设计价值指数的结果与评述》显示：在十年内，以设计为主导的公司收益比非设计标准普尔公司高219%。（图18）

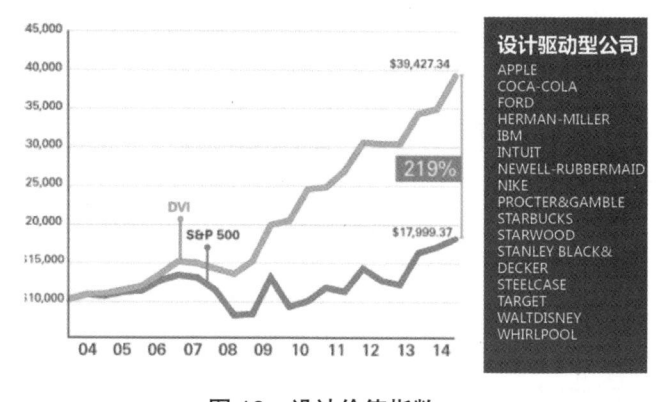

图18 设计价值指数

根据其统计，设计可以帮助公司开发创新产品和流程，从而带来更大的经济收益。相较于单纯强调技术创新的企业，集成有设计能力的类似规模公司产品创新能力高出24%，就业增长率高出9.1%，生产率增长率高出10.4%。因此，设计优先企业对技术创新的拉动作用比单纯强调技术创新的企业大得多，进一步说明没有设计就没有技术创新。

三、案例分析

（一）设计思维作用于企业的治理策略与发展规划

"设计驱动"在创新力强劲的大型头部企业及中小型独角兽企业表现为由上至下的"设计思维驱动"，其创新特色和主要驱动力存在很多共同点，并融入到企业所秉持的价值观，深刻影响着这些企业的治理策略和发展规划。

"设计"对于这些企业来说，除了作为每个公司不可或缺的一个职能部门之外，广义的"设计"更是融入了企业文化和日常工作当中。"设计驱动"并不简单意味着"设计师"或者"设计部门"驱动了整个企业的创新能力，而是以设计思维的形式深刻地影响了创新的原动力、过程和成果。

设计思维是一种以解决方案为导向的思维形式，其最重要的内涵就包括承担风险、以人为本、以及短周期的测试迭代。创新的出发点必须是技术的应用对象、也就是用户的需求，而不仅仅是技术的升级和叠加。以设计为主导的企业对用户的细致洞察和分析，能够使其在各自瞄准的市场中找到精准的定位。

案例分析一：设计思维在头部创新型企业中的作用方式

脸书（Facebook）市值5666.70亿美元、全球员工35,000人，其公司管理理念遵循没有层级观念、人人平等的企业文化，给予所有员工主动参与创新的机会。企业CEO每周都有答疑会（Q&A），公司内任何人都可以向他提出尖锐的问题，各部门领导也会随时开展答疑。这种勇于尝试、不怕失败的创新文化是受访企业的共性之一。

领英（LinkedIn）的理念可以很好地代表这种思维模式："勇于设想、挑战风险、踏实落地（Dream Big, Take Intellectual Risk, Get Things Done）"。爱彼迎（Airbnb）认为如果解决了用户的问题，最终会带来商业价值。"设计思维"是这些受访企业自上至下普及的一种价值观，对创新起到了强劲的驱动作用。

在这些引领行业未来趋势的企业中，创始人本身的"设计"特质也有着至关重要的影响。缔造苹果（Apple）神话的史蒂夫·乔布斯对产品细节有着近乎苛刻的审美要求，他为苹果的首席工业设计师乔纳森·艾维开创首席设计官（Chief Design Officer）职位，使其在企业内拥有仅次于自己的影响力，同时也深远地影响了其他的硅谷企业。谷歌（Google）两位创始人拉里·佩奇和谢尔盖·布林极具人文主义精神，以"为全人类创造福祉"为目标。他们曾公开表示，美国著名认知心理学家和交互设计先驱唐纳德·诺曼（Donald Norman）所著的《设计心理学》对他们影响巨大。爱彼迎的三位创始人中有两位（布莱恩·切斯基和乔·杰比亚）毕业于美国罗德岛设计学院，使爱彼迎在创业初始阶段就具备天然的"设计基因"。而在脸书，创始人马克·扎克伯格邀请著名建筑师和艺术家参与到企业工作环境的设计中，企业内配置模拟实验室和木工工作坊，无论是什么岗位都可以从事与艺术和设计相关的实验。脸书还设有驻场艺术家项目（Artists residency program FB AIR），受邀艺术家会在全球各地的办公大楼内驻留一段时间，为这个场地定制一个艺术作品。截止到2017年底，已经在世界范围内完成了225个艺术作品。

这些天然带有"设计思维"的企业创始人会给员工分享、宣讲自己的价值观，把企业行事的原则作为公司不可或缺的一部分去建设，也不断地吸引秉持相同价值观的人才加入。可以说，这些企业"设计思维"驱动创新的理念与企业由上至下的价值观认同密不可分。

（二）体验经济促成设计与技术双驱发力

美国经济学家约瑟夫·派恩（B.Joseph Pinell）和詹姆斯·吉尔摩（James H.Gilmore）认为以美国为首的发达国家的经济模式已经进入了体验经济时代。体验经济是服务经济的延伸，是农业经济、工业经济和服务经济之后的第四类经济类型，重视产品和用户产生关系时产生的各种体验。体验如同农作物、消费品和服务一样，是一种经济物品。在这些受访企业中，对用户体验的评估来源于实打实的海量数据和反馈。

用户体验和设计的关系实际上是双向助推：在以用户需求为先的企业内，设计才可以发挥更大的价值；只有基于用户体验的设计，才能够成为企业创新的有效驱动力。在此基础上，包括设计与技术在内的多样化的驱动模式才是建立可持续创新生态的最佳方式。

"设计驱动"更多地体现在设计对不同职业的影响。设计之外的职位需要更了解设计以及设计的工作方法；设计师也需要更多的横向发展，对技术有更广泛的认知，和其他职位一样具有高价值的输出能力。最好的企业管理思路，是通过"设计思维"和"用户体验"两个驱动原则来制定合适的机制和方法，把最有能力的人放到最合适的时间点去主导解决问题。

案例分析二：体验经济对科技企业"设计思维"的影响

课题组采访过程中，每位受访设计师都提到了企业开发新技术或者新产品的出发点一定是来源于用户的需求，以人为本，而创新的目标是优化、提升用户的体验。几乎在所有受访企业的设计团队中，用户研究员（Researcher）必不可少，其中脸书在其设计团队中还专门设有产品体验分析员（Product Experience Analyst）一职，专门分析用户反馈和体验数据。领英的价值观中点明"用户为先（Member First）"，与用户相关的决策优先级最高，这也给予了设计和用户研究部门更大的话语权。在爱彼迎工作的设计师出差的时候，只可以入住爱彼迎平台上的房源，每一次出差都是把自己放到"用户"的角度，进行一次第一视角的体验。

谷歌作为一个典型的技术主导型企业，从2013年起在企业的核心原则中加入了新的一条，认同谷歌是一家以用户体验为中心的企业，将体验放到了最重要的位置之一。谷歌受访设计师提到，在这个核心原则提出之后，在不同层级的产品决策中，都能感受到"用户体验"成为一项重要的评估指标，而设计师在这一主题上的话语权也得到显著提升。

脸书一直保持着6个月的快速产品开发周期，秉承"快速行动（Move fast）"的口号，但有时一些用户体验的细节可能被忽略。针对这一问题，脸书一度在企业内部发起了"停止生产线（stop the line）"运动，选择一个工作日，鼓励员工暂停手头的工作，去使用自己的产品，然后报告、分析与体验相关的问题。通过这个内部运动，脸书强调"设计卓越（Design excellence）"和"工程卓越（Engineering excellence）"并行，更加关注产品的细节和其对于用户体验的影响。

在大疆，一切研发都是以用户体验为主，项目的领导者都是从用户角度去考虑问题，有了这个前提之后才会考虑从技术角度怎么实现。每一类技术的开发都需要很大的投入，企业如何判断有限的人力、物力资源投入到哪里？有一些技术应用不当甚至无法应用正是由于对用户洞察的缺失，或对用户需求的误判。

在苹果公司，企业中一部分人专注于技术的研发和迭代，并不以某一具体产品为应用目标；而另外一部分人的工作围绕具体产品的设计开发，以用户为中心，根据现有产品建立的生态系统，考虑如何完善、优化和开发新的产品，在这个过程中寻找新产品所需要的技术组合。事实上，无论是技术驱动团队还是设计驱动团队都具备强大的创新的能力，并且互相促进。由于企业内部对于品牌和产品生态的高度共识，苹果的产品开发引领是双向甚至是多向的，新产品的开发有可能来源于多个职能部门的需求和策略。多样化、多职能的驱动模式才是建立企业可持续创新生态的最佳方式。

（三）设计师在科技公司中数量增长，甚至成为联合创始人

设计是一项需要多部门、多专业、多层级协作创新的工作，它可以组织起企业内的不同资源，并使这些资源更具活力。

科技产品为设计师和设计组织带来了业务和工作流程变化的同时，设计在科技和其他产业部门发挥了更为巨大的作用。在以科技著称的硅谷企业和创业团队中，科技企业中设计师比例增大，设计师创始人和合伙人占比不断增长（图19）。在2010年左右，IBM的设计师占比仅1%，而2017年，IBM的设计师占比达到13%；其他企业的设计员工占比也有大幅增长，在2017年均超过10%，在个别企业设计师已达到20%的员工占比。此外，公开数据显示，脸书（Facebook）、谷歌（Google）、亚马逊（Amazon）在过去一年所雇用的艺术和设计人才与上一年同比增加了65%。

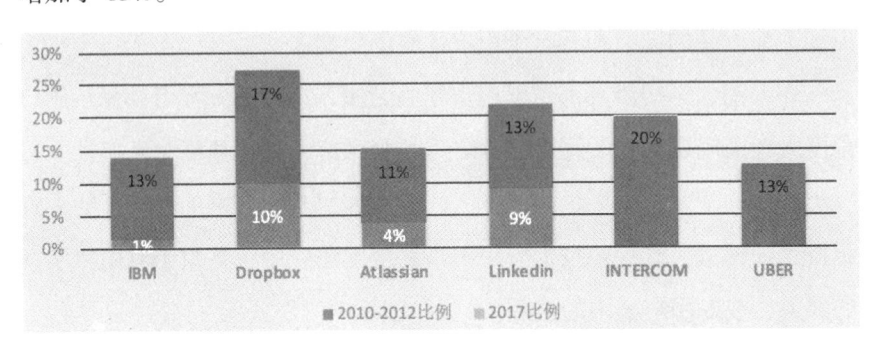

图19 2010–2017年主要科技企业设计员工占比

由于科技快速渗透于各个行业，除了专业性设计机构以外，设计师以不同的方式服务于各个产业部门——或是自由职业者，或是创业企业合伙人、非设计企业设计负责人等。以2016年咨询机构CB Insight列出的25家成功融资的互联网初创企业和该机构推选的75位最优秀的科技设计师为分析对象，在25家顶级投资机构支持的科技初创企业中36%（9家）拥有设计师联合创始人。另外，通过对75名设计师（包含产品设计师，移动应用程序设计师，网页设计师，用户界面设计师，人机交互设计师）统计分析发现，他们服务于18个行业，其中近19%（14

名）是企业创始人或联合创始人；多名设计师除在企业任职外还开设自己的设计工作室或担任其他初创企业设计顾问。在独立设计机构任职的仅占14%；而在社交（Facebook、Path等）、科技（谷歌、苹果等）、金融（包含支付）领域工作的设计师占比达到45%（图20）。

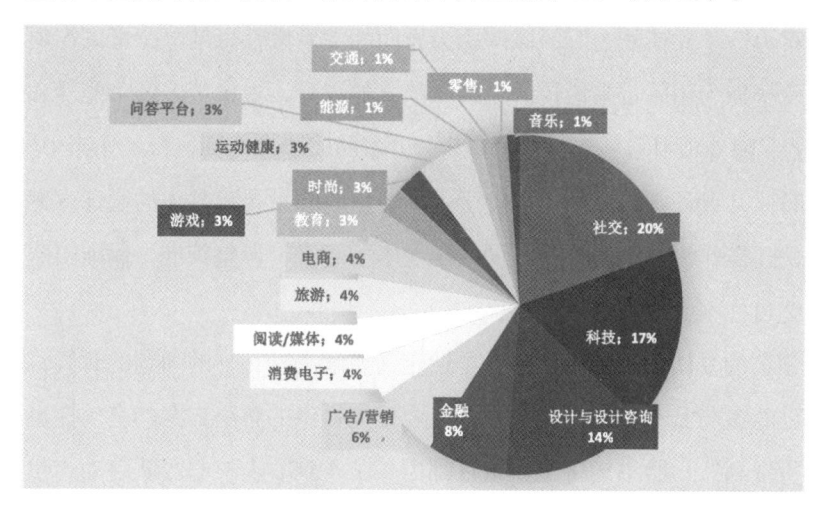

图20　75位设计师行业分布

全球设计师主导的创业企业越来越多，从以上这一小部分数据来看，设计对于科技和其他产业部门的影响将越来越广泛；同时，设计与科技部门正以一种人才流动的方式在促进各自领域的知识外溢，相互提升生产能力，可以预见不久的将来设计与科技企业的边界将越来越模糊。

以上趋势变化体现了市场需求与企业业务结构的变化，百年前工业化大生产带来的商品丰裕使"设计"创造的"差异化"成为重要的商业竞争方式；信息科技发展至今，一方面，技术的进入门槛越来越低，越来越多的人可以通过亚马逊、苹果、谷歌、微信提供的开发者工具来制作自己的应用程序；科技服务市场的竞争日趋激化，科技企业经营者需要通过设计赋予产品以"附加价值"增强其产品竞争力。

案例分析三：设计部门在硅谷主要公司项目开发过程中的角色分析

在项目开发的各个阶段，设计承担多个角色，发挥不同程度的影响力。项目开发早期，设计是重要的参与者和引导者。

"设计思维驱动"和"用户体验驱动"在具体的工作中也更为具体地呈现在项目开发的流程、人员和资源的分配、以及日常使用的工作方法和工具之中。"设计师"这个职能在大多数受访公司的项目开发中，主要在项目前期起到非常重要的主导作用。设计师所擅长的对于用户的"洞察力""共情能力"，以问题为导向的"发散性思维"，可以在项目开发早期为团队带来敏锐的见解和丰富的视野，提供更多的可能性和机会点。随着项目目标和任务的敲定，更多的职能参与到执行工作当中。这个时候"设计师"虽然不再处于主导地位，除了提出具体的设计方案之外，还需作为一根线，将不同的职能串联起来、调整校准，保证团队的最终目标不会偏离。

领英的受访设计师表示，在早期定义要解决什么样的问题的时候，设计已经参与其中，"这样一来设计之后能提供的解决方案的有效性也会有所提高"。脸书的每个新项目都由一个5到6人核心团队启动，包括产品经理、设计师、用户研究员、市场经理、工程师和数据专家，"设计师的工作在前期会更像一个项目经理"。大疆也与这些硅谷公司类似，在项目的早期，产品经理、系统工程师和工业设计师一起组成团队，从用户需求角度出发挖掘产品机会，"在项目的早期会有技术上的约束，与技术约束相关性小的决策会以设计为主"。

在跨部门的合作中，设计起到整合企业内外资源、促进部门间协同创新、普及以用户为中心思维等作用。

受访的设计师们都使用了不同的词汇来形容了设计师在企业中的角色，包括沟通者（Communicator），影响者（Influencer），促进者（Facilitator），布道者（Evangelist），提倡者（Advocator），挑战者（Challenger）等。需要注意的是，这些词语并不是设计师对自己的描述，而是来源于企业对于设计职能的定义，它们代表着"设计"在企业中起到的不同作用。同时，我们也可以发现，这些角色全部是为带活资源和驱动创新服务的。以爱彼迎为例，设计团队通过对用户的理解和现有产品的分析，需要协助定义和调整产品开发的方向，并使用设计思维工具促进跨职能、跨团队的沟通。设计师善用框架性的流程和方法去引发讨论，促使各方对需要解决的问题有一致的认知和理解，并以此为基础协同创新。在受访企业中，"头脑风暴""机会分析"等设计师常用的创新工具被广泛地运用在各种跨部门的合作之中，每个职能岗位都可以通过使用这些工具创造新的价值。

另外一个保证设计影响力的关键是设计决策的相对独立性。在对于项目在开发关键节点的决策问题上，大部分受访硅谷企业都采用权力分散型的组织方式，在每个职能上设立垂直的汇报和责任体系。除了由项目经理（Project Manager）来把控项目整体的进度和方向之外，在设计层面上会有创意总监（Creative Director）或者业务部门的设计副总裁（Design Vice President）负责把控设计的质量和话语权，同时也打通一线设计与企业领导层的沟通渠道。在不同职能对于产品开发产生分歧的时候，更高级别的设计负责人也会参与到最终决策的制定当中。

设计在为其他职能提供支持的同时，设计本身也需要更多的支持。爱彼迎的设计团队中一半是设计师，另一半负责支持设计师有更好的产出。除了研究员之外，还设有设计程式经理（Design Program Manager），职责是优化设计内部流程。还有专门的设计语言系统，通过开发工具以及分享机制等方式，保证设计规范触达到设计各个岗位。

（四）设计企业开始更多服务于科技创新行业

在大型科技公司不断并购设计机构，向设计集成公司转型的同时，其他公司开始寻求更加高质量的设计外包服务，将大量设计工作交付给行业领先的设计机构，根据调研，世界知名设计公司的业务结构也随之开始发生巨大变化。

第四次产业革命之前，设计公司及设计工作室更多服务于消费端的设计密集型产业，如家具制造、时装、工艺品和消费电子产品制造等，主要被看作是通过外观设计为产品提升视觉辨识度和产品溢价。近年来，除了传统设计密集型产业外，设计机构开始承担越来越多的科学技术密集型企业的订单，业务类型也不仅局限于传统的外观设计，开始拓展向场景设计等领域，并显示出向综合咨询公司发展的趋势。

智能硬件产品的兴起促使很多设计企业需要设立数据部门以响应客户需求；2017 年，著名的设计咨询公司 IDEO 收购了美国数据科学公司 Datascope（这是设计界对于科技企业的第一次收购），通过这次收购，IDEO 计划进一步将数据科学家整合到其项目团队中，将机器学习和以人为中心的设计相结合，增强智能设计（Design for Augmented Intelligence）成为 IDEO 的新增业务，数据科学被纳入 IDEO 的业务流程。促使设计与数据科学更好地融合；媒体认为这一收购预示了设计行业的发展趋势。

案例分析四：IDEO 及青蛙设计公司等国际一线设计机构业务中，科技密集型产业出现明显增长。

IDEO 的客户群分布在消费类电子、通信、金融业、工程机械、媒体、食品饮料、教育、医疗器械、家具、汽车行业和各国政府部门等。早期最著名的设计作品有苹果的第一只鼠标、世界第一台笔记型电脑和 Palm 的个人掌上电脑。客户包括联想集团、美的集团、TCL 集团、中国移动、华为、李宁、三一重工、方太厨具、韩国三星和微软等。

图 21　IDEO 近五年科技类与非科技类客户占比变化直方图

IDEO 近五年在其官网上披露了 82 个设计项目，其中科技类项目呈现明显增长（图 22）：

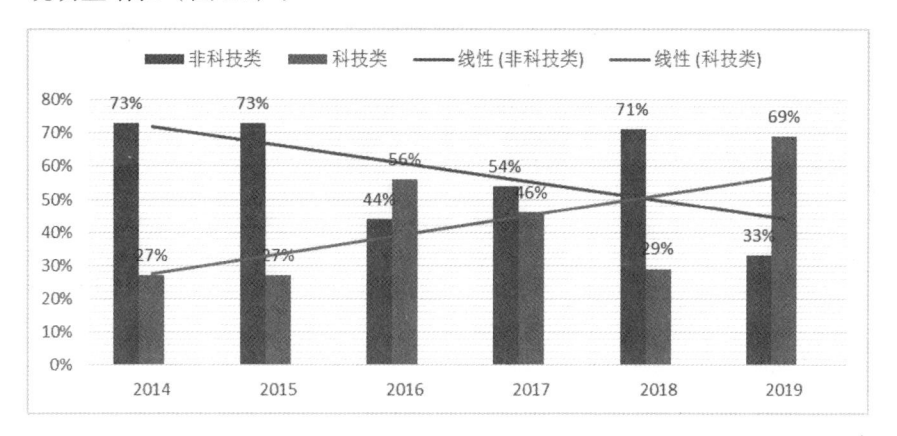

图 22　IDEO 近五年科技类与非科技类项目占比变化直方图

青蛙设计公司（Frog Design）致力于提供具有战略意义的咨询服务。它提供有关业务挑战的战略建议和长期计划服务。该公司通过设计研究，市场分析和对公司品牌标识，消费者基础，现有资产和关键市场机会的战略评估来帮助发现市场机会；审查和完善功能以响应测试，客户反馈和战略分析；并将想法转化为现实。它为消费电子、电信、医疗保健、媒体、教育、金融、零售和时尚行业提供服务。该公司成立于 1969 年，总部位于加利福尼亚州旧金山。它在奥斯汀，纽约，圣何塞，西雅图，米兰，阿姆斯特丹，斯图加特和上海设有工作室。

2014-2019 青蛙设计披露其典型设计共 40 项，科技类设计项目 16 项，非科技类设计项目 24 项（图 23）（图 24）（图 25）。

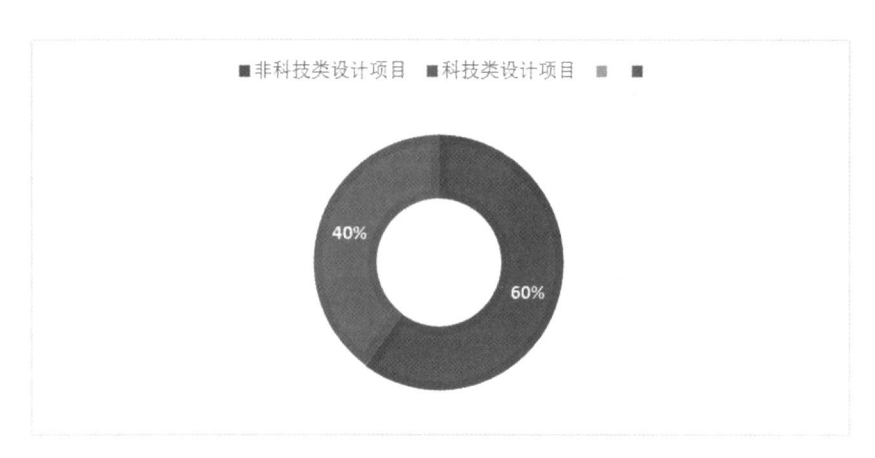

图 23 青蛙设计公司业务布局

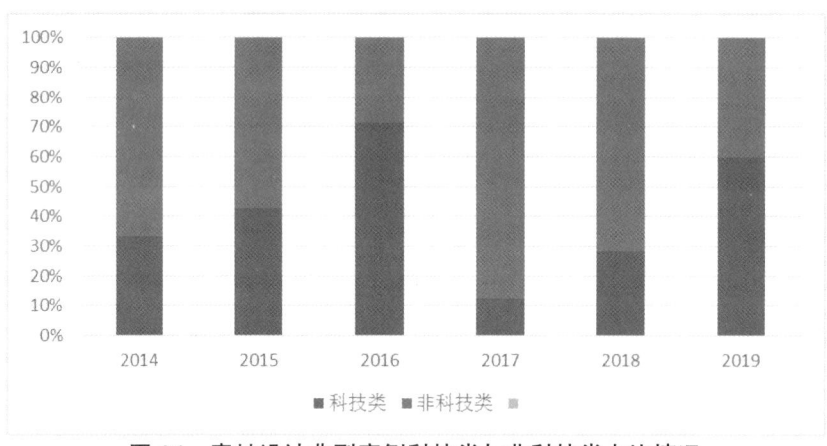

图 24 青蛙设计典型案例科技类与非科技类占比情况

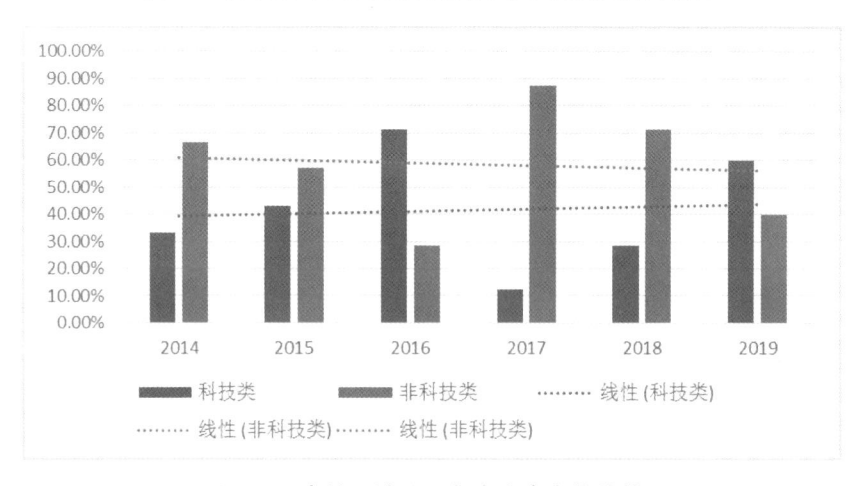

图 25 青蛙设计公司各类客户变化趋势

（五）设计从业人员地位普遍得到提高

受访企业在"用户体验驱动"的高速发展时期内，不断地扩大设计团队。脸书自 2015 年以来，部分业务组设计师岗位增长了 6 倍。而爱彼迎的设计相关岗位员工比例接近全公司的 10%。谷歌全球仅用户体验（UX）设计团队在 2012 年至 2017 年期间从 400 多人发展到 2000 多人，2019 年可能继续翻倍。在访谈中，多位资深设计师强调人才也是企业的核心竞争优势之一。他们应聘这些企业的一个重要原因，即是想加入最优秀的设计团队，与最优秀的设计师一起工作。

工资水准是地位提高的最突出表现。通过全球规模最大的就业和招聘网站之一 Glassdoor 平台数据调研，我们发现这些硅谷领军企业与产品和用户体验相关的设计师岗位年薪在 12 万 –16 万美元之间，与工程技术类职位薪酬基本一致（图 26）。除了设计职能对于企业创造价值的重要性之外，这与这些企业在根源上平等对待所有职能也密不可分。

设计岗位与工程岗位平均年薪

企业	设计岗位	工程岗位
Fitbit	14	11.8
Amazon	12	12
Google	12.5	12.5
Apple	13	13.5
Facebook	14.6	14.6
Airbnb	15.6	15.6
LinkedIn	15.5	15.5

图 26　设计岗位与工程岗位的平均年薪

根据 Glassdoor 平台上全美国将近 3000 个真实企业职员提供的数据，硅谷设计岗位中最为常见的设计经理（Design manager）的平均年薪为 8

万美元。而来自苹果、谷歌、亚马逊等企业的真实员工上传的数据显示，在这些企业工作的设计经理平均年薪在12万至17.5万美元之间，在苹果和脸书，该职位最高年薪可以达到25.3万美元，为该职位全美平均年薪的3.16倍（图27）。

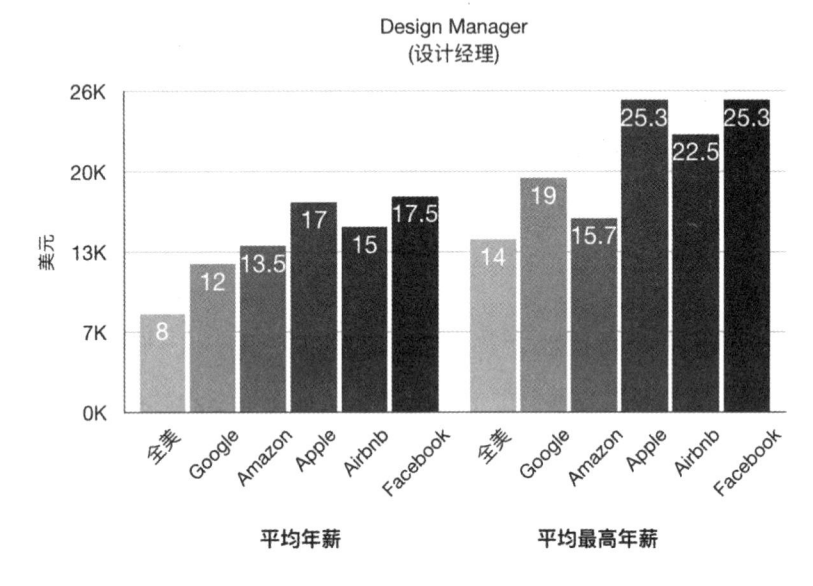

图27 企业设计经理职位年薪

苹果和谷歌拥有诸多成功的硬件产品，非常重视工业设计，工业设计师（Industrial Designer）的平均年薪和平均最高年薪都远远高于全美平均数字，也大幅度地超过了IDEO、青蛙设计公司、Fuseproject等知名工业设计事务所。以苹果公司为例，工业设计师的平均年薪（19.8万美元）是全美平均年薪（5.8万美元）的3.4倍，是IDEO平均年薪（9万美元）的2.2倍。不容置疑的是，这些企业以优厚的薪资待遇，筛选和聚集了行业内最优秀的设计师人才（图28）。

Industrial Designer
（工业设计师）

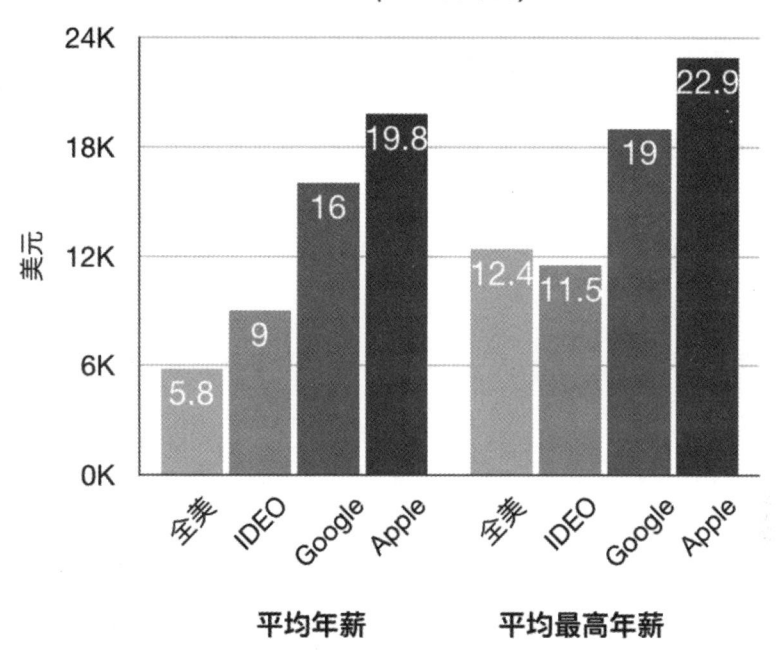

图28　企业工业设计师年薪

职业发展道路的灵活选择也是优秀设计师的重要标志。大部分受访企业的设计师岗位都有很清晰的职业晋升路线，根据个人能力、意愿和工作经验可以较为自由地选择自己为企业创造价值的方式。在硅谷，设计职能的最高级别为苹果设立的首席设计官（Chief Design Officer），爱彼迎的创始人之一也担任这个职位。而在其他受访企业，设计师可以达到的最高职级为企业整体或业务部门的设计副总裁（Design Vice President）或者创意总监（Creative Director）。爱彼迎的设计师在初级阶段一般为均衡发展，到某一个阶段之后可以成为更具体业务领域的资深专家。脸书资深设计师可以选择两个不同的发展路线（Track）：不涉及管理、专注于设计业务的个人贡献者（Individual Contributor），或者承担更多团队管理责任的设计经理（Manager），两种路线可以来回跳转，有很高的灵活度。这样的个人职业发展机制可以使设计师根据自身特点，在职业的不同阶段承担不同的任务和责任，同时也促进设计师始终保持创新的敏感度和积极性。

丰富的职业技能培训和交流机会为优秀设计师群体所看重。几乎所有的受访企业都为设计职能提供更具有针对性的职业技能培训和交流机会。值得注意的是，超过一半的受访设计师表示，每年可以自主选择一次位于全球任意地点的专业会议或论坛，由企业赞助往返旅费和会议注册费。这项特殊的福利鼓励员工积极跳出企业"小圈子"，了解世界最前沿的行业趋势，并与全球的设计师或学者直接进行沟通交流，这也是吸引优秀设计师人才的一大特色。除了以提高效率为目标的职业技能培训之外，一些企业还提供软技能工作坊，如提高共情能力、沟通能力等丰富的线上线下课程。除此之外，企业还会组织跨团队的经验分享，给不同职能的员工架设互相交流学习的桥梁。

四、对北京市发展设计产业的建议

设计成为推动科技发展和企业创新的核心驱动力，已经成为近年国际上两个产业交叉的重要发展趋势，其驱动作用和还在逐步加强。通过对国际科技与设计企业发展前沿动态的追踪研究，将有助于掌握行业头部力量增长的推动要素、了解推动产业发展的核心驱动力、观察国际市场参与力量的分布情况、研究相关行业的发展前沿趋势。

（一）设立专门课题，关注国际科技与设计企业即时动态，掌握行业发展方向。

从创新驱动发展到设计驱动创新是一个全新的趋势，政府科技主管部门应该高度重视这一动向。建议设立专门课题，每年发布年度趋势报告，编制并出版更新有关案例集，指导科技与设计企业和从业人员密切关注国际科技与设计企业相关发展前沿动态。

应该学习欧盟"创意欧洲"项目的做法，他们通过选取具有设计之都称号的国家及其在本报告内的设计行业数据，发布欧盟创意产业报告已有10年，用以掌握设计行业的最新动态和发展方向，对于欧洲国家科技与设计相关产业的发展起到了良好的指导作用。

（二）重新研究针对科技企业和设计企业的有关政策，实施新一轮政策整合创新。

随着产业驱动方式发生变化，旧有的企业鼓励政策已经难以适应相关的市场环境。在设计成为企业创新核心驱动力的产业背景下，有必要对科技企业和设计企业的鼓励政策进行重新研究和评估。

熟悉并合理利用设计驱动创新的全新思路，有效将科技产业和设计产业的相关政策进行关联整合，调整扶持对象和政策干预方式，有助于提高政策适应性和施政效率，有效推动国内科技企业、设计企业与国际前沿趋势的对接，实现新一轮提升。

同时，可以设置转向政策资金，鼓励一批科技与设计能力俱佳的企业开展兼并重组，推动一批此类企业上市。

（三）推动发展设计驱动创新实验项目，发挥国内设计行业在场景设计领域的先行优势，推动设计与科技行业交叉升级。

与我国在底层技术研发长期存在的短板相对的，场景设计一直是我国创新性企业的核心竞争力。我国庞大的互联网、智能化市场，在需求端形成了世界上独一无二的用户场景，可以支撑场景设计的不断尝试和迭代。

可以选择条件较为合适的园区，通过合理转型改造，按照科技与设计融合发展的方向重新定位，为设计产业与科技产业的交叉升级提供物理空间和孵化环境。

选择一批合适的企业入园，推动上马一批设计驱动创新的示范项目，通过述政策对项目进行扶持与鼓励，从而对其他企业的转型升级形成带动作用。

（四）鼓励企业学习"设计思维"的先进理念。

通过组织企业交流、设计培训课程等形式，向企业推广"设计思维"的先进理念，帮扶、指导企业完成战略布局和项目管理的升级转型，切实将"设计思维"引入到企业管理的操作环节，在员工培训、福利设计、团队协作和项目研发等领域学习国际先进经验。

将"设计思维"理念引入政府管理方式改革工作，在人才吸引力、项目管理能力、企业服务能力和产学研结合能力等层面，向国际领先城市看齐。

（五）调整产业投资结构，优化企业技术储备。

应当适应国际趋势，调整财政及企业投资传统的"技术积累竞赛"的投资方向，进行结构优化，科技与设计"两个轮子"一起转。

随着技术"生物型成长"特性的出现和"体验经济"模式的成熟，技术壁垒的商业阻断作用开始不再呈现唯一性，单纯的技术垄断更加难以实现。在一般企业参与的产业结构中，盲目地通过加大研发投入形式，缺乏目的性的囤积技术，已经不是提升企业创新性的最佳渠道。

因此，在投资研发技术的同时，做好全产业链布局，有目的性的为技术研发配套产业设计和研究经费，才能更好保证投资的安全性和时效性。

（六）举行跨产业融合项目赛事。

建议酌情举办面向科技、设计企业的跨产业融合项目赛事，与上述行业鼓励政策结合，推动两个行业间的良性互动，引导企业自发挖掘场景设计对创新的驱动作用，鼓励设计从业人员学会运用设计思维理解和掌握科技行业的产品流程和运营模式。

良好的赛事运作机制，有利于在科技与设计行业之间搭建桥梁，为两个行业的主体开拓新的市场范围与商业模式，有助于引导企业寻求主动转型，从而有效推动市场向更加高效、高质的商业运营模式转化。

（七）引入国际影响因素，促进转型升级。

可以考虑聘请国际前沿设计企业和设计工作室作为设计产业升级顾问，打造高质量的产业升级培训体系，以优惠政策吸引中外企业共同推进北京市科技企业提升。

应该进一步引入高水平行业活动，吸引国内外优秀设计师、设计团队和设计企业参加，增加市场活跃度。还要打造具有国际和跨行业影响力的设计行业展会或奖项，推动北京设计行业的品牌建设工程。

"互联网+"：文化产业宏观政策新方向

一、新的发展阶段，文化市场是产业发展的根本动力

十八届三中全会报告是最高级别的政策文件，论述文化改革发展的一节的标题是"建立健全现代文化市场体系"，这就将文化政策的第一主题词从文化产业改为文化市场，这是一个重大变化。公告出来的时候，很多做文化产业研究的人非常惊讶，觉得对文化产业不利，但看到报告全文后感到，通篇强调市场机制的作用，是对文化产业的真正推动，表现出本届政府的改革决心。

在十八届三中全会报告中，提出了要让市场经济起"决定性作用"，代替原来的"基础性的作用"，要建立健全现代文化市场体系，代替原来加强文化产业发展的说法，这从战略上看，就是在新的发展阶段中，文化产业要回归文化市场，产业和市场的关系需要重新梳理。

从历史发展过程来看，本来就是先有文化市场后有文化产业，文化产业是政府干预市场的一个政策手段。但是我国是个"转型国家"，到目前为止还不存在一个健全的文化市场，政府是通过推动文化产业发展逐步开放市场，这是一个改革逻辑。现在改革基本告一段落，发展进入了新阶段，产业就要回归市场本身，文化产业的需要在政府和市场合理的关系中重新定位，应该让市场内生动力而不是政府财政支持起到推动文化产业发展最大作用，这是目前面临的最大的环境变化。

二、新的市场环境，互联网与文化产业密不可分

在中国社会科学院文化研究中心与澳大利亚昆士兰科技大学国家创

意与创新中心合编的论文集《创意经济大视野》中，著名国际文化创意产业专家哈特利著文，提到了文化产业发展的三个阶段。第一个阶段是从供给端定义文化产业，涵盖所有市场化的传统文化生产机构，比如出版、广电、演艺等等。第二阶段是把文化产业从满足最终消费扩展到满足生产性消费，文化产业与相关产业融合，成为带动相关产业的动力，文化产业就变成了文化经济，涉及一系列相关经济部门。第三个阶段是将消费端包括进来，成为网络经济。在网络时代，最重要的特点就是消费者自创，生产不再是生产单位一方完成的事情，网络世界里每一个消费者都是生产者，所以互联网世界里有大量草根式的创作，很多内容都是消费者自创出来，或者是经过消费者自创这个阶段。这才是当前文化创意产业的发展阶段。

因此，互联网 + 文化产业是现在整个文化产业链的问题，不是互联网企业面临的一个特殊问题。在今天，在互联网环境下要不断升级，不升级就被淘汰。新的市场环境下，已经进入互联网与文化产业密不可分的阶段，没有一个文化产业领域可以脱离互联网。

三、新的政策环境，需要关注的政策问题

在互联网 + 文化产业的融合环境下，产生了一些政策问题需要关注。

第一，政策要全链条覆盖。传统供给端的政策要涵盖供给和消费两个方向，改善消费环境成为政府公共服务的重要任务。原来公共服务就是文化产业公共服务平台，现在可能是企业，也可以是一个虚拟平台，必须涵盖改善居民的文化消费环境。在供给端政府其实不需要做太多，因为该改的都改了，该市场化的都市场化了，所以要侧重于抓小放大（所谓"大众创业万众创新"），不要单纯抓大放小（所谓"做大做强国有文化企业"），最终就是要转变，从供给端走向消费端，政策要覆盖全领域全链条。

第二,政策支持对象要机构和个人兼顾。随着消费者自创进入内容创作领域,内容创作越来越从企业法人、机构逐步转向个人,互联网环境下,内容越来越多产生于个人。在发达国家创意领域(如美国)的集聚区域,专业人员自我就业比重达到百分之六七十(因此才兴起了"在家办公"的浪潮)。这时政策是服务于机构还是既服务于机构也服务于个人?政策怎样去鼓励个人自我就业?需要有对应的政策。

第三,政策边界要考虑市场和非市场重合领域。用哈特利教授的话说,现在我们已经进入"网络市场经济时代"或者叫做"社会市场经济时代",最重要的商业模式是"社交网模式",在社交中产生的内容一开始多是非市场的,在演变中可能会形成一个商业模式或产业链,产生了经济利益,才开始需要实施知识产权保护。因此,互联网使得市场和非市场界限越来越模糊,市场和非市场的界限在网络经济环境里是不清晰的,怎么能把政策和两个市场统一起来?能够覆盖或者无缝连接,这也是重要的政策问题。现在国际上在谈"创意共享"(creative common),就是解决市场、非市场跨界的问题,在一个共享社区中形成规则,在有经济效益后才不至于产生矛盾,在目前形势下,政策上特别需要研究和关注这些新兴领域问题。

第四,政策要有前瞻性。要特别关注文化科技融合前沿领域的新动态,要对文化科技前沿的趋势进行持续的监测和研究,要根据显现出来的前沿趋势去研究背后的政策环境和支持方式,通过紧扣国内外科技动态和趋势来指导政策的调整,这也很关键的一个问题。

"超越短缺"背景下文化发展的新逻辑

最近，刘云山同志在北京调研期间指出，"实践无止境、改革无止境，文化体制改革不能满足于已经取得的成绩"，云山同志特别指出："改革由问题倒逼产生，关键是要通过改革破解难题、解决问题"，云山同志的讲话是一个明显的迹象，说明中国的文化产业正在进入一个新的发展阶段，需要新的观念变革。

可以从以下3个转变来理解观念变革的必要性。

一、市场环境的变化，文化产业已经从短缺走向过剩

中国文化产业在改革的推动下已经走过了10年的"热运行"。在体制改革和政策优惠的推动下，文化产业的潜力迅速释放，产能快速提升，大量产品被生产出来，极大地满足了人民群众的精神文化需求。此外，由于数字和网络技术的发展，新兴的数字内容产业更是突飞猛进，新技术和新业态层出不穷，几乎对消费者造成"过载"。因此在一定意义上说，10多年前困扰我们的文化产品普遍供给短缺的局面已经极大缓解，进入了一个短缺与过剩并存的阶段。在那些市场开放度高、居民消费活跃、技术进步快的领域，短缺已经明显为过剩所取代。

"超越短缺"是一个市场环境的基本变化，要求我们的观念跟上形势，研究新问题，制定新政策。根据经济学观点，"短缺"和"过剩"是经济发展的不同阶段，应实行不同的政策。在生产能力过低的阶段，供给能力决定产出，而在供给超过需求时，则是需求决定产出；前者是短缺经济，供给创造需求，后者是过剩经济，需求创造供给。两个阶段有不同的政策需求。前一个阶段投资推动发展，往往依赖行政权力的介

入和政策性的引导，以便获得超常的发展速度。这即所谓"集中力量办大事"。后一个阶段需求拉动发展，一般要求收回行政干预之手，依靠市场的内生性力量和市场主体的自我发展能力，通常会降低速度使发展回归常态。目前我们正处在两个阶段前后交替时期，需要具体地分析市场需求状况，灵活调整政策。

二、政府职能的转变，发展动力正在从政策推动走向市场竞争

根据我国经济体制改革的历史经验，供给的适度宽松不仅要求调整政策，更是体制改革深化的有利条件，可以进一步放开准入，加大市场竞争的作用，为此就要推动政府职能的转变。

必须认识到，转变政府职能的目标是，确立市场在文化资源配置上的基础性作用，建立起一个统一开放竞争有序的文化市场。新的改革逻辑应该是这样的：要从单纯追求量的增长转变为既要有量的增长更要关注质的提高；要从主要依靠增加资源投入和加大政府财政支持力度实现文化产业发展，转变为主要依靠企业竞争力提升和产业结构优化，以更好地满足人民群众日益多样化的文化消费需求来拉动文化产业发展。为此，就要着力转变政府职能，界定政府和市场在文化产业发展中的功能定位和合理边界，将传统的政府对文化企业的直接的行政性监管，转向基于在市场经济基础上的间接的宏观调控；就要继续推进转企改制，增强文化市场主体的竞争力，将发展的基础从政府支持转向市场竞争，将发展的主角从政府转变为企业；就要不断完善文化领域的公共服务体系，保护个人的文化表达权和文化企业合法经营权，使其真正成为文化产业的建设者和文化市场的主导者。

三、开启新的制度红利期，将文化产业融入国民经济发展的主流

认清新的形势，坚定不移地贯彻新的改革发展逻辑，扩大市场在文化资源配置上的基础性作用，将开启巨大的制度创新空间，从各个方面构建使得文化产业可以在市场中自我运转的条件，令我国文化产业能够逐渐融入我国国民经济整体。在这方面有很多工作可以做，甚至可以说，很多工作还没有开题。

比如说，怎样在转变职能后，有效提高政府的文化宏观管理能力？这不仅关系到政府职能的"转变"（如果理解为取消一些管理职能的话），而且关系到政府职能的"转交"，即将行政化的管理转向很大程度上是依靠社会组织自治型的管理。这就要求文化体制改革与社会体制改革配套。十八大报告中首次提出了建立"形成政社分开、权责明确、依法自治的现代社会组织体制"，为我们指出了明确的方向，但是如何在文化领域结束依赖政府部门（登记和管理）的"双轨制"，走向"注册制"，大力发展文化类的社会组织以便承接政府管理职能的转交，令政府专心于法律法规和政策环境建设，而不是天天救火，忙于应付具体的管理事务，仍然是一个需要着力创新的领域。在这个意义上说，政府对文化的宏观管理能力的提高不仅建立在政府职能转变基础上，也是建立在社会组织的发育基础上。

又比如，怎样在转企改制基础上进一步增强文化市场主体的竞争力？这不仅关系到在文化企业中大力推动现代企业制度建设，练好内功，更重要的是要构建一个使得文化产业能够融入国民经济体系的市场环境。这就要从企业财会制度、工商注册和税收制度、到市场交易制度、资产评估和产权交易制度安排等进行全面的调整和创新，以便有一个较为适合文化企业生存的市场环境，使得文化企业能够在较为公平的环境下合理地竞争获利。在某种意义上说，我国还没有建立起一个符合文化

产业发展要求的市场体系。我国国民经济发展方式的转型和转轨的滞后性表现在，不顾一切地提高发展速度，没有为发展现代服务业做好准备，尤其没有做好接纳文化产业作为现代服务业中最先进的部分的准备。现在我们最需要的，不是文化市场合法化的论证，而是文化市场合理化的技术细节的建设。

总之，我国文化产业是在市场化未完成的情况下，在政府强力主导下发展起来的。在体制改革获得突破性进展，产业发展势头已经强劲显现的时候，的确需要回过头来弥补市场建设不足的课。我们必须学会在社会主义市场经济的大背景下，评估与判断文化产业的发展问题；必须认真研究我国宏观经济发展环境与文化产业发展的关系，认真研究一个越来越开放的市场经济环境对于发展文化产业的基础性作用，认真研究如何将我国经济体制改革的成功经验、国有企业改革的成熟做法运用于文化体制改革和文化机构改制，以及认真研究如何统筹我国经济、社会、政治、文化发展改革的总体战略，只有这样，才能使文化体制改革与社会主义市场经济体制的大环境建设尽快合拍，使相关政策的出台更加切实可行，使文化产业在发展方式转型和经济结构调整中发挥更大的作用。

数字文化时代的来临和正在发生的变化

中国社会科学院中国文化研究中心近年来持续关注数字经济和文化的迅速崛起，也注意到有关部门密集的政策出台。但是我们认为，总体来说，国内缺乏对全球范围内汹涌而来的数字经济和文化发展趋势的持续跟踪和全面研究，导致政策设计的系统性和针对性不足，未能指向决定未来发展的关键性领域。我们认为，应该系统评估当前数字经济文化的发展态势和特点，全面制定应对型战略和对策。

一、发展形势：数字文化时代的快速来临

全球性的金融危机正在复苏之中。从数字上看，全球的经济连续两年有3%的增长，2/3的国家已经触底回升。导致经济复苏的关键原因是数字技术导致的经济结构变化。世界各国自2010年至今纷纷开启数字化转型之路——美国自2011年起发布《联邦云计算战略》《大数据的研究和发展计划》《支持数据驱动型创新的技术与政策》等技术发展战略。英国在2015-2017年先后发布《英国2015-2018数字经济战略》《2017年英国数字经济战略》等方案。我国政府也在2016年G20峰会提出《数字经济发展与合作倡议》，并在2017年《政府工作报告》首次写入"数字经济"，强调"推动'互联网+'深入发展、促进数字经济加快成长"。

根据中国信通研究院（以下简称研究院）测算，2016年中国数字经济总量达到22.6万亿元，占GDP30.3%。同比名义增长超过18.9%，显著高于当年GDP增速。数字经济在国民经济中的地位正在不断提升。

我国文化产业的变化可能是最明显的。从"十二五"以来，我国

文化产业的总体增速逐年降低，2011年是21.96%，2012年是16.5%，2013年是11.1%，2014年是12.1%，2015年是11%，2016年基本上也是11%多一点，也就是说，基本进入了发展的平台期了。但是，以互联网+为主要形式的跟数字技术相关的产业门类增长速度普遍比较高，表现亮眼。国家统计局数据显示，2016年，全国规模以上文化及相关产业5.0万家实现营业收入80314亿元，比上年增长7.5%，增速比上年加快0.6个百分点。在10个营业收入保持增长的行业中，实现两位数以上增长的行业有3个：以"互联网+"为主要形式的文化信息传输服务业增长30.3%，文化艺术服务业增长22.8%，文化休闲娱乐服务业增长19.3%。其中，跟数字技术相关的文化类上市公司的增长速度达到了50%。

可以说，文化产业正在发生巨大的结构变化，正是数字和网络技术相关部门出现了爆发式增长，才使得文化产业保持了高于国民经济增速5个百分点左右的发展速度。

二、数字文化时代的变化本质："网生内容"和"网络原住民"的出现

上述变化的本质是什么？出现了一些什么值得我们研究的特点和挑战？

最根本的变化就是：这一轮的发展的最大推动力是"数字内容产业"的爆发式增长，而推动者不是传统的机构和公司，而是趴在互联网上的千百万普通大众。人类文明或者文化发展史以来，从来都是只有经过长期的专业训练的专家精英集团——小部分人专事生产，大部分人作为消费者被动接受，而在今天互联网普及的条件下，大量的普通消费者开始拿起笔进行创作，出现了一个非专业的"用户自创"的巨大群体，生产出了越来越庞大的"网生内容"。国外有学者把这个变化称为从"只读

时代"进入了"读写时代"。这是最为实在的"大众创业、万众创新"。

2017年被不断谈论的腾讯是一个最好的例子。2017年,腾讯的阅文集团在香港上市,当日便冲高到接近1000亿港币,支撑其亮眼表现的是这样一组数字:整个腾讯的微信日活跃用户是9亿,阅文集团注册用户6亿,日活跃用户6000万,其中网络作家超过600万。这样一个超过600万人的用户自创内容生产平台公司,支撑起了全世界最大的正版中文内容提供商,而且为腾讯"泛娱乐"战略下的影视游戏产业提供了无穷无尽的"IP"创意资源。

已经有研究指出,这个正在登上文化发展舞台的活跃的网络内容生产和消费群体的主体是80后90后和00后,有国外学者说他们是第一代"网络原住民","完全是一个新物种"。根据统计,他们人口总数为5.5亿左右,占人口总数40%左右。怎么理解这样的一个大的转变?将会给我们生活的各个方面带来怎样的影响和冲击?

三、数字文化时代的变化:多重冲击

从"80后"往后,我国将在历史上第一次进入一个"三分之二成年人具备读写能力"的时代,又恰逢数字和网络技术的大普及,人们创作、生产、交易、消费文化知识的方式将发生历史性的变化。这是一个全新的"数字文化时代"的来临,这是个前所未有的现象,必然会对我们的生活产生多重的、巨大的冲击。试举以下几个方面的变化(肯定无法穷尽):

第一个是生产主体的变化,出现了将生产和消费功能融为一体的"生产消费者"。目前的"网民"所掌握的消费类电子技术产品,既是消费品也是生产工具,拥有强大的生产、传播、以及消费的能力,这使得他们即使作为消费者也同时"天然"具有从事创造性劳动的可能(绝大多数网民事实上同时具有两种身份)。国外有专家认为这是文化创意产业发展的第三阶段。文创产业发展第一阶段就是供给方的生产决定消费，从生产到消费是线性的，第二个阶段是把生产从满足最终消费扩展到满足相关领域的生产型消费，文创产业为国民经济相关部门创造"高附加值"；第三个阶段是消费端反作用于生产端，消费端与生产端不断融合，出现"生产消费者"这一新型市场主体。国内有专家将由此出现的新的生产方式称为"创意者经济"，不无道理。

第二，市场结构的变化，出现了市场与社交网络"叠加"在一起的"社会网络市场"。实际上，在网络世界里，不能将"生产消费者"看作纯粹的"市场主体"，因为他们互动往往并没有商业目的，只是在特定阶段和条件下才转化为商业行为。于是他们的商业活动和社交活动被"叠加"在了一起，构成了一种全新的商业模式。比如说，腾讯就是一个"社交平台"，9亿用户可以通过免费WIFI上网交流，这是完全没有商业性质的活动。但是随着用户"黏性"提高，就会逐渐有商业化的活动出现，纯粹休闲性质的社交活动可能转向商业活动。在这里，商业性活动和非商业性活动完全是"无缝链接"的。网上有一个著名的动漫形象叫"张小盒"，开始是曾一起共过事的4个年轻人在网上发自己吐槽的东西，后来发现点击量高了，有了商业价值，于是有人来投资，最后成为"最著名的中国上班族动漫形象代言人"。有国外学者给这种新型市场一个名字，叫"社会网络市场"。

第三，文化发展模式的变化，出现了精英文化与大众文化界限的消解。我们不得不承认这样一个事实：目前每一个普通网民都已经掌握了以前只有民族国家才拥有的文化内容生产、复制和传播的技术能力，正在迸发出前所未有的参与文化创造的潜力，他们"自创"的内容在规模上已经超越了传统的知识精英创造的内容。中国有长达将近1500年的科举制度，形成了世界上最强的精英文化传统。随着非专业的、以往被动的消费者以前所未有的规模涌入文化内容生产领域，大众文化和精英文化的界限越来越分不清楚了。所谓专家和大众，专家是批判性的，而大众是受批判的，专家和大众二元结构是对立的，这样的二元结构区分正在全面消解。需要说明的是，这本质上是一种知识增长模式的变化，如何避免对于优良文化传统和科学知识的普遍怀疑，对基于"自我表达"的大众文化进行管理和引导，将单纯的"自我表现"提升到有效参与知识创造，将是摆在我们面前的重大课题。

第四，教育模式的变化，学校将从传播已生产出来的知识走向教授知识生产的能力。我们现在正在进入一个从印刷读写能力进入数字读写能力的新的阶段，而拥有数字读写能力的将是全新的网生一代（叫做"网络原住民"或者"网络土著"），他们的生活方式，生存方式，以及知识学习模式是完全不一样的。于此相适应，学校教育也要从教授已生产的知识，走向教授知识生产的能力。也就是说，以前是学习传播来的知识，现在要学习如何生产知识。这样来看，现在学校到底是学生还是老师更该受教育呢？可能只有老师才不知道如何生产知识，而学生却天天趴在网上，已经成为一个知识生产者。

第五，产业政策的变化，从支持企业发展走向提升个人能力。如果企业"平台化"了，而生产者已经是个人了，以前针对企业的产业政策，现在就应该转而针对个人。在大部分人开始具有"读写能力"的时候，如何培养和提升个人的数字化读写能力就成为首要任务。已经有相当多的研究指出，随着高速发展的数字化而来的，是"数字鸿沟"（很大程度上是"代际鸿沟"）导致的新的社会分化，如何使贫困阶层、弱势群体、边远地区也具备数字读写能力，参与数字内容的创造、生产与传播，应该成为政策支持的重点。社会和文化的转型太快了，产业政策也需要有新的调整，至少是完善和丰富。

第六，监管模式的变化：将文化管理体制的基础建立在保护个人参与文化创造的权利的基础之上。应该看到，在目前这个数字文化发展的新时代，随着个人数字电子技术产品拥有程度的迅速提升，每一个个人都可能拥有以前一个民族国家才可能拥有的数字化文化内容的生产工具和能力，他实际上等于天然地拥有了文化的消费和生产的权利。如果每个人都能够更好地运用这一能力参与文化生产，就构成了中华文化大发展大繁荣的基础。这样看来，传统的，以垄断文化生产工具来进行文化监管的方式已经过时了，保护个人的文化创造的权利和帮助其提升能力成为文化监管机构的第一要务。

大数据与我国文化产业发展战略

目前，大家对大数据的概念、特征还没有形成共识。一部分人认为，大数据只是对大规模数据、海量数据等进一步地描述和拓展；另一部分人则认为，大数据是指现有技术无法处理、现有理论无法描述、现有方法无法应对的数据。然而，无论我们如何描述和解读大数据，其现实来源主要有三个：第一，来自计算机服务器，例如各类日志文件，成百万数量级；第二，来自网站用户，例如 Facebook、Twitter 等社交网站用户创造的信息，达十亿数量级；第三，来自各类数字设备，例如各类传感器、物联网设备、智能手机等，这类数据越来越多，越来越普遍，有百亿数量级。这三类数据构成了当下最主要的大数据时空。在了解其时空范围后，我们就会发觉，大数据本身只是"矿藏"，只有通过处理、分析等"挖掘""提炼"后，其价值才能显现；而如何处理、分析，显然与使用目的直接相关，也就是说，数据（包括大数据）形成价值的核心在于一个"用"字，这个字也正是理解大数据与我国文化产业发展战略之间关系的一个很好切入点。

一、从无数据到有数据：战略研究的数据化、专业化、通用化

在总体上，我国文化产业从无数据时代走向有数据时代，其实就是最近几年的事。直到 2004 年，我国才有了文化产业统计指标体系。此后，相关统计数据有些年份发布，有些年份不发布。到了 2012 年，我国才开始确定下来每年发布文化产业的统计数据，即进入了一个有数据时代。

（一）研究基础数据化

文化产业发展战略研究必须用数据说话。数据之所以重要，是因为它可以精确地描述事实，反映逻辑和理性。美国麻省理工学院商学院的教授埃里克·布伦乔尔森（Erik Brynjolfsson）领衔的一项研究发现，决策依赖数据的公司的运营情况，比不重视数据的公司要出色得多——前者的生产力比后者高6%。同理，在我国文化产业发展总体上进入有数据时代后，我们进行的文化产业战略研究，显然必须置于数据化基础之上。

例如，中国社会科学院中国文化研究中心每年都要发布文化产业发展战略研究成果——《文化蓝皮书：中国文化产业发展年度报告》，于是我们也就每年都要为数据而苦恼。直到去年，我们终于看到了曙光：国家每年要公布权威数据了！虽然这个数据仍属于"小数据"，但毕竟为我们今后的研究奠定了一个非常好的基础。

目前，这个基础还在被不断地夯实：国家统计部门除了用常规渠道收集、发布相关信息之外，还搭建了中国文化企业直报系统，即70万家中国文化企业当中的4万多家规模以上企业，每年会向国家统计局专门直接申报其财务数据；另外，文化体制改革使得一大批国有文化企业转企改制，而出资人制度的建立，也使这些企业开始每年向有关部门申报其详细财务数据。某种意义上讲，有了这些数据之后，我国文化产业战略研究及与之密切相关的有关部门的决策，会跟以前有质的差异——拥有了一个更加完整的数据基础。

由对统计报表数据、企业直报数据甚至抽样数据的研究得出结论，虽属于从小数据研究出得到宏观结论的发展阶段，但对我国文化产业发展战略研究及决策来说，这已构成了历史性进步！

（二）研究方法专业化

数据基础之所以重要，很大程度上是因为具备了这个基础，文化产业发展战略研究的方法才可能实现专业化。我在2002年的时候，曾专门和中国社科院财贸专家谈，希望能够跟他们经济口的专家合作，共同来做文化产业蓝皮书，或者至少希望他们能够参加课题组。但是他说的第一句话就是：没有数据我们什么也做不成。可见，数据化是研究方法专业化的一个最基本条件，有了数据，经济学家、社会学家等社会科学家甚至理工科的专家都将能够进入到文化产业发展战略研究领域里来。这也将促成学科发展质的飞跃。

（三）学术语言通用化

文化产业发展战略研究的方法专业化之后，相关研究使用的学术语言必然会越来越通用化、越来越国际化。文化产业发展战略研究在我国作为一门交叉学科，其学术语言目前还是很不确定的，有很多特定的说法、提法都是我国特定体制环境的产物，在国内都很难为一些经济学、社会学的同行所理解，更不要说做国际交流了——人家基本上听不懂你在说什么，也就是说学术语言的通用化程度非常低。例如，多年来中国社科院一直想把文化研究中心做的文化产业蓝皮书作为重点书，翻译后拿到国外去出版和推广，以介绍中国的文化产业发展情况。相关经费都有了，但是此事一直没有做成，原因就是外国出版机构看了之后，感觉此书原样翻译出版后外国人是理解不了的，其学术语言的通用性太低。有了数据化研究基础、专业化研究方法之后，这种学术语言通用化程度低的现状，应该能实现转变。

二、从小数据到大数据：战略资源类型、配置、管制等方面的变迁

要想领会大数据的潜在影响，我们可以想想显微镜。发明于4个世纪之前的显微镜，使得人们观看、测量事物的水平拓展到了前所未有的细胞层次。而大数据的测量和应用正是显微镜的现代等价物（前述埃里克·布伦乔尔森教授语）。2012年3月，时任美国总统奥巴马宣布启动"大

数据研究与开发计划"（Big Data Research and Development Initiative），旨在增强国家安全，实现教育与学习的转变。该项计划的提出将"大数据"研究提升到了美国国家战略层面。我国的文化产业发展战略，在党的十七届六中全会、十八届三中全会的相关决定中，不断地被提及和重视；现在，这一战略又与大数据相遇，其变迁应引起我们的高度重视。

（一）大数据提供了文化产业发展新型战略资源

我们一直比较关注文化数字化、文化素材化以及文化数字资源的产业化，相关领域为我国文化产业发展提供了一个巨大新空间。我国的文化资源在全球范围内恐怕没有别的国家能够比肩——我们有几千年的历史，从现在的统计数字看，光在国家名录上登记的文化遗产就有上百亿；我们有多达10万家的公共文化机构，还有多达70万家的文化企业，庞大的文化生产活动也会形成全球独一无二的大数据资源；最近我们还常讲，中国可能是世界上唯一能够在文化产业全领域同时发展的国家，国际上没有另一个国家是这样的，比如美国是在影视方面做得比较厉害，日本做动漫，韩国做游戏，这些国家都是在文化产业某一领域超强，但是很多其它方面发展不起来。中国是完全不同的。中国可以集国家之力在文化产业全领域同时发展，再加上庞大的人口基数，相关的大数据资源的开发潜力几乎是无穷的！悠久的历史、庞大的规模、全领域发展的态势，所有这一切形成的全世界独有的大数据资源，构成了我国文化产业发展的新型战略资源。

（二）大数据扩大了文化市场的资源配置空间

我们常说市场是资源配置的基础性机制，十八届三中全会的决定中又说是决定性机制。让文化市场在文化领域用市场机制配置文化资源，这是改革开放以来一直在推动的事情。而大数据进一步开拓了市场配置文化资源的空间，更加凸显了市场在配置文化资源方面的基础性、决定性作用。

市场经济发展可归纳为三个阶段：第一阶段是原始积累阶段，此阶段主要满足的是所有人的基本需求，所以发展目标比较单纯，对管制能力、决策能力的要求相对简单，管制型经济——在我国叫计划经济，往往可以发挥意想不到的作用。到了第二阶段，即市场经济初步发展阶段，包括文化需求在内的所有人的多样化需求开始发展，社会处理多样化信息、多样化需求的监管能力也要有所提升。但是，需求的多样性和监管能力的单一性之间存在着不平衡，这时候市场经济可以作为分散化决策的机制，通过"看不见的手"形成一个比较合理的平衡。这就是市场的基本原理——它归根到底是一个信息处理机制。到了高级市场经济阶段，所有人的多样性需求逐渐走向每个人的多样性需求，每个人的多样性需求会使信息向高度复杂化发展，于是对处理高度复杂信息能力的要求出现，市场机制发挥作用的空间进一步拓展了。

大数据最厉害之处，在于"得知当下状况"，也就是对即时数据的掌握，使得细节化、即时化地测量每个人的行为和情绪变成了可能。亚马逊公司通过分析消费者的"电子痕迹"，现在已可以在个体消费者的水平上调整其资源配置，可见文化市场的资源配置空间通过大数据确实已抵达了前所未有的个体——社会分子水平。市场（或者叫分散化的）决策机制，已经渗透到了文化发展的更深层肌理。

（三）大数据提高了政府管理文化生产的能力

市场经济条件下，政府管理文化市场有两手：一是管理市场规则，即为自主决策生产和贸易交换建立规则；二是在市场失灵的地方，直接介入文化产品生产，然后用公共手段和机制进行分配。这两手都涉及信息问题。公共文化机构是多链条的委托代理机制，从现代企业管理理论来看，委托代理中间就包含着信息不对称问题，就出现了"如何避免代理人欺骗委托人"之类的问题。这样的问题在传统机制下，由于信息搜集、处理能力有限，往往通过行政管理体制解决。而进入了大数据时代后，上述信息不对称、代理人和委托人博弈等问题，已经可以通过技术手段得到缓解，这样公共文化服务效率将有望大幅提升。

文化市场管理的另一个问题，是自主的文化企业生产出的产品，是否符合管理文化市场的政府设置的公共目标的问题。政府总是说既要有经济效益又要有社会效益，但什么是经济效益，什么是社会效益，如果能真正变成一系列量化的指标，那么政府就会变成非常踏实。例如，我国这一轮动漫产业的过度发展，其实起源于2004年蓝极速网吧的火灾事故。那次事故之后，网络对青少年如何不好的舆论大兴，在相关舆论环境下，政府出台了一系列措施，推动了动漫产业的发展。现在看来，这个决策有积极效应，但是负面效应也很多，因为实际市场需求在很大程度上被忽略了，几百亿国家财政资金的支付，也缺乏量化指标体系的约束。现在，如果在大数据理念的推动下，经济效益、社会效益等都能有量化的指标体系，那么政府的类似应激性焦虑应该就不会那么强烈了，相关决策也应会更加理性。

政府管理文化市场的能力，还体现在对消费市场的预测上。其实文化市场和传统市场最大的区别，就是它指向了个人的一些最难以预料的需求——人吃多少东西就饱了，穿多少衣服就暖和了，都是有"度"的。但是，人的心理需求、精神需求（文化就属于相关需求）弹性很大。好莱坞就流传着一句话：文化生产是不可预测的。因为谁都不知道下一部火起来的电影是什么。西方在文化市场发展过程中，动用了大量的社会学、心理学手段做消费预测，我国在这方面应该是刚刚开始起步。全球大数据研究权威巴拉巴西认为："93%的人类行为是可以预测的，当我们将生活数字化、公式化以及模型化的时候，会发现其实大家都非常相似。生活如此抵触随机运动，渴望朝更安全、更规则的方向发展，人类行为看上去很随意、很偶然，却极其容易被预测。"时下，美国麻省理工学院师生发明的新算法，已在预测Twitter热门话题方面达到了95%以上的准确率，且平均比Twitter官方热门话题出来的时间早90分钟，甚至有些热门话题能够提前5小时预测出来。我国在相关方面的能力，有必要紧紧跟上。

（四）大数据改变文化产业发展战略研究标准

大数据还将根本改变文化产业发展战略的研究标准。

比如，有了大数据，文化产业发展战略研究可能会被要求更多地介入现实，而非事后诸葛亮式地专注于总结，因为大数据研究的特点是分析相互作用而非因果关系，而相互作用必须是在一定的场域环境中，是一个即时映射的过程。

三、迎接大数据时代：战略走向应着眼于信息开放、观念解放、制度建设

麦肯锡2011年的研究报告表明，大数据将在医疗保健、公共部门管理、零售、制造业、个人定位数据等五个领域产生变革潜力。我国的文化产业发展战略，涉及除医疗保健外的其他四个领域，所以我们应积极地迎接大数据时代的到来。这里有几点涉及战略走向，是应该马上做的：

（一）信息开放是前提条件

20年前，沃尔玛公司的一个员工通过对原始交易数据的分析发现：啤酒和尿布的销量具有一定的正相关。原来，美国的妈妈们经常嘱咐其丈夫下班以后为孩子买尿布，而丈夫们在买完尿布之后，顺手买回了自己爱喝的啤酒。于是，那家沃尔玛商店及时调整了商店里的货品摆放位置，把啤酒搭着尿布卖，结果销售业绩增长了十几倍。许多出版物常把这个事例，作为大数据挖掘的序幕。试想：如果沃尔玛公司不对其员工开放原始交易数据，那么这个经典的大数据时代序幕，也就不会这样拉开了。

我国目前的大部分相关统计数据，还在政府机构内而不在社会上，而且在社会上公布的数据，也少有人进行研究。这可能是制约我国文化产业发展战略走向大数据时代的一个最重要的因素。我们在2004年的时候参与过国信办的一个课题，叫"信息资源的开发和利用"。当时一

批信息领域的专家、院士在那里做了很多具体计算，发现我国以数据形式存在的信息资源中，有 70% 是文化信息。结果那些搞信息技术、信息工程的专家，提出我国要发展信息内容产业——这太让我惊讶了！可见，信息的开放，是推动中国文化产业发展战略走向大数据时代的一个关键因素。

（二）观念解放是总开关

大数据具有催生社会创新、变革的力量，但释放这种力量需要观念解放的激发。在国家级组织对待大数据的观念方面，欧盟的思路值得我们借鉴。

欧盟推出了四项举措，以应对大数据时代：第一，构建开放透明政府，确保社会公众获取及再利用大数据的权利。第二，开放数据，以提供创新资本。通过数据扩散，为创新与数据再利用提供资本。第三，政策支撑，以提供创新环境。促进大数据及相关技术在经济中的应用。第四，协调合作，提供开放数据的整合框架。欧盟的开放数据战略，同时也形成了其成员国的治理框架——可对相关政策的制定、交流、创新形成良性支持。可见，在其国家层面，开放数据的观念，已成为激发创新的总开关。

（三）制度建设是基础

大数据时代实际上是对个人行为做预测和监控的时代，个人隐私怎么办？在大数据时代，人群间的数字鸿沟、数字分层肯定会很厉害，怎样能够在制度层面解决权利不平等造成的社会新分化？这是社会层面对制度建设的呼唤。

另外，在技术层面，我国在大数据方面还存在着不少问题，例如，数据来源的真实性、有效性问题，数据积累量不足的问题，数据分布零散、平台间无法整合的问题，后台技术能力偏弱的问题等，都困扰着包括我国文化产业发展战略研究、制定在内的各项大数据应用。它们也都呼唤着制度建设予以兴利除弊，综合解决。

落实"弘扬中华优秀传统文化基因"战略任务 启动"弘扬中华优秀传统文化基因工程"

党的十八大以来，中央政府围绕弘扬中国优秀传统文化问题推出了一系列重大决策，强调指出"要处理好继承和创造性发展的关系，重点做好创造性转化和创新性发展"。值得注意的是，在谈到这一创造性转化和创新性发展时，文件中多次使用"文化基因"等词语，指出必须"使中华民族最基本的文化基因与当代文化相适应、与现代社会相协调，以人们喜闻乐见、具有广泛参与性的方式推广开来"。显然，弘扬中华优秀传统文化基因这一核心论断已经上升到寻找中华民族现代化道路、塑造时代精神的战略高度。

基于上述认识，我们提出"弘扬中华优秀传统文化基因工程"设想，希望以"文化基因工程"的技术系统，全面提升文物文博机构的数字化和智能化水平，落实习主席"弘扬中华优秀传统文化基因"的战略任务。"弘扬中华优秀传统文化基因工程"要点如下：

一、什么是"文化基因工程"？

"文化基因"概念可以从两方面理解。第一，日常用语，是用来描述实现中华优秀传统文化"创造性转化和创新性发展"的基本思想的政策性描述工具；第二，科技用语，在文化科学意义上指承载了特定文化意义的最基本的信息模块，这种信息模块可以是文字、图像、声音等不同形式，文化演进就是这些文化基因的自我复制过程。

在生物学上，"基因"是一个为人熟知的概念，基因不仅可以通过复制把遗传信息传递给下一代，还可以使遗传信息得到表达。1976年，当英国生物学家道金斯在《自私的基因》一书中使用了"模因"（meme）这个概念的时候，生物学的"基因"概念便拓展到了文化领域，也可以从文化科学角度称其为"文化基因"。

"文化基因工程"是指用大数据和人工智能的工程化方法对文化遗产进行采集、提取、解读、重构、可视化分析、知识图谱建构等处理，令其方便每一个人创作、生产、传播、消费、以及再创造文化内容的一组技术。"文化基因工程"包含了对中华文化优秀传统中的文字、图像、音乐、舞蹈等多种形式文化符号的数字化、素材化和智能化的开发，因此是对新一代文化资源数字化技术系统的科学概括。"文化基因工程"也可以说是"文化资源数字化"（数字图书馆）的升级版。作为一套数字化技术建构起来的新型文化资源系统，"文化基因工程"是实现"弘扬中华优秀传统文化基因"这一伟大战略目标的新型基础设施和新一代技术手段。因此，也可以说是用一套工程化的技术系统，落实"弘扬中华优秀传统文化基因"这样一个政治任务。

总之，我们看到，由于数字和网络技术的快速发展，利用数字化、素材化、智能化的技术系统全面提升和改造文化遗产部门，将文化遗产的保护和开发利用提升到"基因"水平，数以百倍地提高其服务于人民群众参与文化生产和消费需求的能力，在千百座文物殿堂和数以亿计的大众的文化消费终端之间搭建桥梁，已经不是可能性而是现实了。

二、为什么要尽快启动文化基因工程？

"文化基因工程"是实现"弘扬中华优秀传统文化基因"这一战略目标的新型基础设施和新一代技术系统，启动这一工程已经刻不容缓。

首先，"文化基因工程"可以极大提升文化文物部门的保护与开发能力，更好地满足人民群众参与生产和消费文化产品的需要。

我国正面临经济、社会和文化快速转型时期，人民群众日益高涨的参与生产和消费文化的需求，与文化及相关行业发展不充分和不平衡的矛盾日益凸显。其中最为突出的就是文博文物机构，其有限的展陈空间、落后的展陈方式、以及重保护轻开发的落后思维模式，极大地限制了存量浩大的中华优秀传统文化发挥其支持国家文化产业发展的应有作用。"文化基因工程"将以"数字化""智能化""网络化"的技术系统全面提升文化遗产部门的技术装备水平，解决文物资源保护水平和使用率低的问题。

其次，"文化基因工程"在千百座文物殿堂和数以亿计的智能终端之间搭建桥梁，可以以优秀传统文化直接"赋能"创意者。

"十五"以来中国文化产业持续快速增长，到了"十二五"开始发生重大的结构变化，数字和网络技术相关行业异军突起，已经构成"数字文化产业"迅猛发展之势，开始主导文化产业的发展方向。BAT等平台公司成为新型市场主角，大量网络用户进入内容创意领域，"内容产业"出现爆发式增长（仅腾讯阅文集团旗下就有750万人在从事专业写作）。但是，随着"任何人、在任何时间、任何地点、接入和参与文化艺术创造"成为现实，也出现了非专业的网络写手的人文素养不高，以及网络文化产品内容贫乏，与优秀传统文化"断档"的问题。如何能尽快地提高数以百万计忽然涌现出来的非专业的"创意者"文化素质？如何能使我国无比丰富的文化遗产尽快地为其"赋能"？只有依靠新型的网络和数字技术。"文化基因工程"将集成数字技术发展的最新成果，打造新一代"文化基础设施"，"让收藏在博物馆里的文物、陈列在广阔大地上的遗产、书写在古籍里的文字都活起来"，向千百万非专业的"创意者""赋能"，从根本上解决非专业"创意者"与优秀传统文化"断档"的问题。

第三，"文化基因工程"可以确立我国独立的技术体系和领先的数字化标准，是在新一轮全球化形势下确立国家文化安全和夯实民族文化产业基础的需要。

新一代数字化和网络化技术源自美国，已实现全球应用，但是在文化资源领域并未有效渗入。其中重要的原因就是，其中的技术建构和标准设立涉及文化解释，事关民族文化安全和国家主权；而且数字技术的"迭代"特性决定了，掌握海量文化数据平台就可以赢得技术生长优势，为文化产业发展打下基础，这就又涉及未来产业安全。欧盟自从2004年开始，为了抵御"谷歌数字图书馆"对欧洲数字文化资源的觊觎，开始构建名为"Europeana"（我国译为"欧洲数字图书馆"）的多国分布式大型文化遗产数字化平台，目前已经有37个国家，3800多家图书馆、博物馆、档案馆加入网络，实现了"一站式"服务，既有效保护了欧洲文化的纯正性，又奠定了未来产业化发展的基础。欧盟的做法为我们提供了成功的借鉴。我们认为，无论从保障民族文化安全的角度，还是从控制国家发展的战略资源角度，都有必要尽快启动"文化基因工程"，牢牢控制中华民族文化发展的安全阀和资源库。

第四，是解决目前我国文化遗产界"数字化"工作过于分散，技术水平低、且标准不统一的问题，打造国家文化大数据云平台这一新型基础设施的需要。

我国文化遗产数字化工作以国图"数字图书馆"项目上世纪90年代启动为开端，不可谓不早，但是由于缺乏全面战略规划，没有统一和持续的资金支持，到目前为止还仅限于文博机构各自为战、数字化水平参差不齐、数字孤岛现象严重。就目前的技术发展状况而言，不能实现网络化链接的数字孤岛是没有意义的。此外，没有联通尽可能多文博机构的海量数据汇总而成的测试床和训练集，智能化的技术也无法实现迅速迭代，"成长"起来。总之，没有在统一的技术系统和技术标准下全国文博文物机构的普遍链接，文化资源就依然是闲置和封闭的，就让人无法得到充分利用。对于我们这样一个具有悠久历史的大国来说，这是很不利的。反过来说，没有分散数据源的统一和链接，也就不能形成成熟统一的技术系统和技术标准。因此，以"文化基因工程"链接全国分散和水平各异的文博资源，形成世界上独一无二的海量数据规模的"文化基因库"和"文化知识图谱"，既是形成我国自主独立的文博技术体系的需要，也是提升我国文博行业技术装备水平，盘活文化遗产资源，推动文化创意产业发展的需要。

三、如何推动"文化基因工程"？

作为文化资源数字化的"升级版"和下一代文化基础设施的核心组成部分，"文化基因工程"应该具备以下基本特点：第一，在吸收国内外最先进技术的基础上形成我国特有的文化遗产数字化技术体系和标准群；第二，方便所有文化遗产机构数字资源的链接，从而最终实现数据共享；第三，方便所有最终用户应用（特别是二次开发），并在资源供给方和应用方之间建立从资源采集、标本库搭建、素材化加工、文化标注、到智能化应用的全链条系统。这是一个技术要求高、实施周期长、资金耗费大的巨型系统工程，需要搭建"政、产、学、研、用"多方合作平台，必须仔细规划，精确设计，分步实施，才能逐渐见效。我们的基本构想是：

首先，建立协同创新机制。需要建立起"数字技术方＋文化内容解读方＋文化资源提供方"共同发起的协调创新平台。目前已经形成由中国社会科学院中国文化研究中心、北京邮电大学的移动媒体与文化计算北京市重点实验室和民族文化宫博物馆发起的协同创新机制。在此基础上，以后陆续吸收各重要资源方形成"政、产、学、研、用"多方合作平台，制定发展规划，指导工程进展。

其次，建立技术合作机制。"文化基因工程"设计一个技术系统，而且仍然在不断的迭代升级之中，只有相对稳定的、广泛联合国内从事相关科学技术问题研究的学术联盟才能加以应对。目前已经由我国在电信领域具有深厚研究与教学基础的北京邮电大学的移动媒体与文化计算北京市重点实验室牵头，在"中国通信学会"下组成由国内所有关键技术专家参加的技术合作联盟——"移动媒体与文化计算专业委员会"。专委会将国内外有关技术发展状况做全面梳理，对国内有关研究机构和资源做全面整合，并在统一规划下实行联合攻关。

第三，建立产业合作机制。"文化基因工程"是一个实施周期长、资金耗费大的巨型系统工程，与此同时又是一个必须有应用端参与，在一定商业模式基础上推动的工程，因此，必须以构建全产业链的视野，依托市场运作平台，联合技术开发方、资源供给方、资金支持方、专业服务方（法律机构和产权服务机构等）。以及大型网络平台性企业，组成"文化基因工程产业服务联盟"，打通从文物仓库到各个不同文化消费场景的市场化链条，搭建全方位和全渠道的数字化服务网络。

第四，建立金融合作机制。"文化基因工程"需要全链条金融服务。因此，应该依托金融创新机构（如中国社会科学院金融发展实验室），搭建"文化基因工程"金融服务体系。"文化基因工程"是一项文化基础设施工程，但是又是一项一开始建设就可以面向市场化服务的项目，因此是一种典型的适应"PPP"应用场景的项目。建议以PPP模式成立"文化金融服务基金"，将财政资金引领、社会资本参与、产业资金投入结合起来，为"文化基因工程"的可持续发展提供长期支撑服务。

四、"文化基因工程"的实施条件和示范项目的选择

"文化基因工程"是传统文化遗产数字化的"升级版"，内容包括样本采集、元素提取、文化解读，以及知识图谱建构等，需要有文化和科技两大领域专家，加上传统文物机构专家共同努力和协同创新。实施"文化基因工程"建议由中国社会科学院中国文化研究中心、北京邮电大学移动媒体和文化计算重点实验室、以及民族文化宫博物馆共同提出，代表了数字人文时代文化科技协同创新的理想架构。

中国社会科学院中国文化研究中心是我国文化政策领域领先的智库性研究机构，可以根据需要整合社会科学院人文社会科学学者参与文化基因工程。

北京邮电大学移动媒体和文化计算重点实验室已经承担过科技部和北京市科委的"传统文化图案特征提取与服饰设计应用""民族文化图案特征提取技术研发及数据库建设"等多个重点课题，积累了数字图像自动提取和知识图谱构建的丰富经验。

民族文化宫博物馆收藏全国55个少数民族的文物约5万件（套），图片资料6万余幅，图书文献资料2000余册，音像资料500余盘。民族文化宫博物馆的民族服饰为文化基因工程提供国内最优质和丰富的民族文化符号资源。

我们建议，以中国社会科学院和北京邮电大学牵头，组成我国在人文研究和数字技术领域的最高水平专家团队，将民族文化宫博物馆作为资源提供方，首先建设文化基因工程的启动示范项目——民族文化基因工程，在示范项目成功的基础上，总结经验加以推广。

五、示范项目——民族文化基因工程

传统的文物保护基本上是本体层次的保护，而数字时代的文物保护本质上是文化基因（或者文化DNA）的保护，不仅涉及对文物本体的完整性、原真性的记录，更重要的是涉及对于文物负载符号的提取、解读、重构，以再现文化传承的脉络，并服务于文化的再创造（创意设计），复杂程度远远超出以往。因此，文化基因工程是一个技术要求高、实施周期长、资金耗费大、涉及部门多的巨型系统工程，既要勇于创新实验，也要有政策支持和财政引导，以保持可持续的发展。基于这些考虑，"民族文化基因工程"应该完成三重任务：

第一，在技术上完成3项工作：一是形成具有国际水平和我国自主知识产权的"文化基因工程"技术体系。在这个意义上,"民族文化基因工程"是一个"中试平台"。二是形成国际领先、国内通用、具有我国自主知识产权的技术标准(北邮实验室已有成功申请"手机动漫国际标准"的经验),在国际上率先取得文化遗产数字化领域的标准优势。三是形成"文化基因工程"的第一个"采集平台"的工程化方案,摸索数字化采集的成功经验,以便推广。

第二,在开发应用方面进行多方探索,比如:公共文化文物数字资源开发利用的法律解决方案;数字文物资源"素材化"、"智能化"、"市场化"的模式和途径;财政资金+社会资本+商业资本的文化金融合作模式,保障文化基因工程的可持续发展;等等。

第三,在政策创新方面进行探索,比如:多部门合作机制的建立;数字文化资源开发与利用的政策设计;有关立法问题的研究;等等。

文化遗产数字化：新型创意经济的基础设施

近 10 年以来，随着数字化信息技术产业的迅猛发展，特别是 4G 移动网络的发展和智能手机的大规模普及，中国出现了数字内容产业的爆发式增长，数字化文化内容的创造者正在发生从传统的小规模专业作者向新兴的大规模业余作者迁移。人类历史上第一次，由于数字技术的进步，使得每一个人都有可能"闯入"以前遥不可及的"文化内容创造"这个需要长期专业训练、因此只限于有限人群的"专业"领域。这种前所未有的内容增长引起了一系列产业变迁，并推动着中国文化产业发展进入以数字创意产业为主体的发展新阶段。这个新兴发展趋势值得高度关注和研究。

本文基于这一发展新趋势提出，必须加快打造新型创意经济基础设施，深度实施文化遗产数字化，将其推进到"文化基因工程"的新阶段，为正在到来的创意经济新时代奠定基础。

一、新趋势

如果全面回顾 2000 年以来中国文化产业的发展，可以大致分为 3 个阶段，第一阶段是"十五"计划期间——2000-2005 年，属于启动时期，由于没有纳入国家经济社会统计，因此没有数据可循。第二阶段是"十一五"期间——2005-2010 年，属于起飞时期，在文化体制改革和文化政策的推动下，年均增长接近 24%。第三阶段是"十二五"期间，进入发展方式"转型"期，年增率逐年下降至略高于 10%，依然保持了两位数的增长（2011 年 21.96%，2012 年 16.5%，2013 年 11.1%，2014 年 12.1%，2015 年 11%）。

正是在第三阶段，与整体增速持续下降相反，数字技术和互联网相关的文化部门出现爆发式增长。从上市公司数据来看，自2010年以来数字文化产业上市公司营收增速一直在20%以上。2016年前3个季度，数字文化产业上市公司营收达657.8亿，增速为49.6%。近年来，如果没有数字文化产业相关部门的超常增长，就不可能有中国文化产业整体保持两位数的增长率。

由于数字化内容的增长，出现了一系列"热核反应"般的产业升级和政策创新运动。由于智能终端迅速普及和互联网生态平台的出现，"用户自创"（UGC）内容迅速超越专业创作内容（PGC）成为内容生产主体，投资界开始追捧具有大量"粉丝"和近乎无限开发潜力的"IP"内容，推动基于IP的全方位开发，形成"泛娱乐"战略，并通过创意设计间接地推动了国民经济各个部门产业提升。认清这一趋势的政府则出台"文化科技融合"政策加以支持，最后将其作为"数字创意产业"纳入国家"战略新兴产业"之中。

"数字创意产业"已经成为引领中国经济进入后工业化时期的新兴产业集群。数字创意产业不仅生产大量可供直接消费的文化产品，也与国民经济各个产业"跨界融合"，推动整个国民经济实现转型升级。数字创意产业在推动中国的社会发展走出"工业化"阶段，走向"后工业化"时期过程中起着越来越大的作用。

为什么会引发如此巨大的变化？这一变化的本质是什么？

二、新模式

首先来看一下腾讯集团以下令人印象深刻的数据：截止到2017年6月，腾讯QQ活跃账户数8.61亿，微信活跃账户8.06亿，据估计有十分之一积极参与内容创意。腾讯旗下阅文集团是全球最大的正版中文内容提供商，有6亿注册用户，日活跃用户3000万人，有400多万名创作者，拥有 1000 万部以上作品储备。

腾讯之所以成为世界上最大的正版中文内容提供商，概因其创新了传统的出版模式。传统的出版模式是：作家—出版社—渠道商—到读者，主要环节中还有较多的行政许可行为，而网络出版则直接将其压缩成作者—平台（编辑）—读者三个环节，而且是边创作边出售，作者在与消费者互动中完成作品。此外，由于这种基于网络的内容产品复制和传播成本接近于零，因此腾讯公司可以与创作者五五分成，极大地刺激了其创作热情。（所谓"大神级写手"年收入可以过亿）

我曾经在 10 多年前专访过腾讯阅文集团的前身——盛大文学的 CEO，问他当时的出版管理机构如何看待这种生产方式，是否认定他们是"出版机构"，以及如何实行管理？他们告诉我，国家新闻出版总署的官员无法定义，只好派一位官员常驻公司实施监督。

我同意这个观点：腾讯这种基于互联网的内容产业已经不是传统的"创意经济"，而是全新的"创意者经济"。按照约翰.哈特利教授所说，这是一种"社会网络市场"。在社会网络市场中，发展从供方驱动变为供－需互动，市场中传统由产业控制的封闭的'价值链'系统变成开放系统，而每一个社会成员都成为积极行动的"创意公民"，其他一切要素（包括实体和虚拟的网络、企业、公共服务系统、以及专业化的资源）都成为服务于创意者的手段。在这个'社会网络市场'中，已经分不清谁是生产者谁是消费者，甚至出现了大量市场与非市场的模糊地带，个人生活中大量的非商业活动（知识的学习和社交活动）成为创意和创新的基础。在这些领域，可能不是知识的保护（知识产权）而是共享才是最大的动力。

如果新经济是一种基于个人创意活动的社会网络市场，那么个人是如何具备参与创意活动的能力的？

三、新基础

在中国，移动智能化终端正在大规模普及，飞快地解构原有的、需要大规模资源投入、并且资本构成度极高的文化生产系统。个人正在直接拥有创造、生产、传播，以及展示文化产品和服务的能力，"创意者经济"正在走向前台，这是一种服务于每一个个人创造性活动的经济形态。个人的确具有了"在任何时间、任何地点、接触任何文化"的机会，但是怎样充分利用这一条件创造出真正能够流传后世的精品力作？我们需要为正在到来的"创意者经济"建立一个全新的基础设施。

首先，重新认识我们周围的文化生态环境。目前我国由于移动互联网普及，手机集成的文化内容已经构成了文化服务的主要内容，腾讯等互联网服务公司已经成为最大的文化内容提供商和渠道运营商。实际上，我国目前已经形成了由政府主导的、以传统媒体为主要载体的、以在地硬件设施为主要形式的传统文化内容服务体系，和以民间力量为主导的、以新兴媒体为主要载体的、以在线内容为主要形式的现代文化服务体系相互配套、相互支撑的文化生态环境。

其次，重新认识正在迅速迭代过程中的文化生产体系。在某种意义上说，只是在最近10年中，我们才掀开了"新兴文化产业"发展的崭新一页，开始打造一个基于数字和网络技术的、以前不曾想象的系统：这个系统用智能服务使生产者和消费者相互融合，专业化生产者（PGC）和非专业化生产者（UGC）相互合作，文化产业和实体经济相互渗透，形成"大众创业、万众创新"之势。这个系统将为个人提供丰富多样的民族民间文化资源的智能化服务，与创意设计等专业化生产服务力量相结合，使文化产业与实体经济全面互渗，使几千年文化从田野里、课堂上、图书馆、博物馆中走出来，活起来，进入生活，走向世界。

第三，重新认识新一代文化资源数字化基础设施。就技术能力而言，目前个人的确具有了在任何时间、任何地点、接触和创造任何文化的可能性，但是却仍然缺乏将这种可能性转变为现实性条件。我们需要加快文化资源数字化进程，建立起有效服务于个人创意活动的数字化基础设施。

文化资源数字化是自上世纪末以来欧美等国家提出的，应对全球性数字技术和传媒汇流发展挑战的国家战略性基础设施工程。目前，这一文化基础设施建设在技术上已经进到了"素材化""大数据化"，以及"智能应用"的阶段，应该将其进一步提升到"文化基因工程"的高度重新认识。文化基因是在特定地域和民族文化环境中形成的具有稳定性和继承性的基本信息要素，具有可量化、可计算、可分析的特点。常见的文化基因表现形式有服饰图案基因、壁画风格基因、音乐语言基因、舞蹈动作基因，等等。文化基因承载着灿烂文明，传承着历史文化，维系着民族精神。通过采集并搭建文化素材库，以文化基因提取、挖掘与智能分析来绘制文化基因图谱，打造更多具有中国传统文化基因的优秀数字内容产品，探索和形成平台创新、业态创新、产品创新的文化基因工程服务平台，可以为个人创意提供前所未有的技术支持。

在为创意者经济构建新一代基础设施方面，腾讯公司已经成为引领者。腾讯的微信社交网络是新一代文化生态环境的主体；腾讯的网络内容生产方式正在激发起越来越多的人的创造力，并全面重构现代文化产业系统；腾讯的"NEXT IDEAL"正在与故宫等国家文化机构合作，为网络生态中的广大创意者搭建通向过去和未来的桥梁。

我对"文艺工作座谈会"精神的理解和认识
——在人民网座谈会上的发言*

一、关于对目前文艺工作形势的评价,同意总书记的概括:有高原缺高峰。

我理解是文艺作品量的扩张与质的提升没有同步发展,甚至已经拉开了差距。这一评价也适用于文化产业领域。党的十八大以前的文化产业发展可以归结为"体制性释放和政策性支持"作用下的量的扩张,目前正在进入以转型为主线,降低发展速度,转换发展轨道(从政府轨到市场轨)的新阶段,从铺摊子到上档次是当前主题。如何鼓励、激发原创是当前的关键问题。

二、关于文艺工作的根本方向问题,讲话通篇贯彻为人民的根本方向,这是我党一向强调的。满足人民精神文化需求才是为人民的具体体现和评价标准。目前的关键是如何实现这一根本方向和根本要求?根本途径就是要通过建立健全现代文化市场体系。改革开放前是计划经济,文化消费匮乏。改革开放以来市场逐步开放,文化产品日益丰富,人民群众精神文化需求满足程度不断提高。2000年以来提出发展文化产业,2003年以来推动文化体制改革,文化市场获得了极大的发展,已经从极度短缺走向了短缺与过剩并存,人民群众基本文化需求满足程度已经较高。现在我们需要做的是,进一步满足多样化的文化消费需求,要尽可能减少政府对文化生产的干预,尽可能加大市场在文化资源配置方面的作用,对于满足多样化文化消费需求至为关键。

三、关于文艺创作与市场的关系,同意讲话中的论断,文艺要最大

---

* 本文是2015年1月23日人民网召开的座谈会发言。

限度激发原创。这样就要处理好和市场的关系。马克思主义认为存在决定意识，文艺工作者首先要吃穿住，然后才能创作，此外创作活动是生产劳动，也要消耗资源，因此也受到经济必然性的制约。艺术家的创作活动从来都是第二性的，是被某种资源配置机制决定的。于是问题就变成了，艺术家在什么样的资源配置机制条件下能够成为自己的主人？理论上讲资源配置只有"集中配置"和"分散配置"两种情况：一种是所有的艺术家只有一个资源提供者（或者说垄断的资源提供者，比如说国王、教会、国家，等等），这不是市场经济，这种体制下艺术家的人身依附不可避免，一定没有创作的独立性，因此不会有好的作品；另一种是每个艺术家都有许多资源提供者（可能是市场经济条件下资助选择的消费者，也可能是市场经济条件下多元化的非盈利赞助机构），这是市场经济，这种体制下艺术家有分散化资源的竞争性提供者，他们必然获得创作的独立性，必将专注于自己的创作。因此我们认为只有建立起健全的现代文化市场体系，才能使得文艺创作不成为市场的奴隶。

四、关于经济效益与社会效益，讲话再次强调了一贯的思想：把社会效益放在首位，争取社会效益和经济效益相统一。关键是这种结果如何实现？这就要谈一谈"好市场"和"坏市场"问题。好的市场是经济效益和社会效益双丰收的市场，而坏的市场往往是只有经济效益没有社会效益，甚至社会效益为负数。其实还有一种是"半市场"状态甚是糟糕，由于市场只开了部分，且往往是针对大众娱乐的部分，那些作为原创动力的部分的市场还是大门紧闭，于是市场为分化为过分竞争和竞争不足两个部分，导致有价值文化产品不足和娱乐和低俗文化产品泛滥。为什么会出现"好市场"和"坏市场"？这就要说到十八届三中全会中最重要的论断——建立健全现代文化市场体系了，一个健全的文化市场应该是一个经济效益和社会效益统一的市场，在这个市场中，分散化的资源配置环境提供了艺术家自由创作的条件，使他们创作出满足绝大多数人民群众绝大部分精神文化消费需求的产品和服务，至于那些国家文化遗产，具有强烈的公共属性，政府有责任出资保护；有一些过于超前的或者个性化的文化创作，可能一时无法获得消费者的认可，政府也有责任出面支持，这样就能最大限度地保障文艺工作者的创造力，为文化繁荣奠定永久的、可持续发展的基础。这就是现代文化市场体系。

十八届三中全会关于市场在资源配置中有决定性作用的基本思想是指导我们认识当前文艺工作若干问题的关键。真理总是简单明了的。我认为，从根本上说，我们所谈论的文化大发展大繁荣正是建立在每一个文艺工作者在真诚的自我表达中实现的伟大创作的基础之上，我们不必要求他们有意识地服务于某个具体的社会目标，而只是保护他们自我表达、自由创作权利，我们相信，每个艺术家出自本心的创造性劳动，必将会最好地促进中华文化伟大复兴的崇高事业。我们相信，在我们这个伟大的变革和发展的时代，艺术家自由的创造、人民群众精神需求的满足，以及中华文化的伟大复兴，一定是可以统一起来、共同实现的。

第三编　数字文化散论

中国文化的主场效应[*]

在去年冬季的一次活动中，著名学者、中国社科院文化研究中心副主任张晓明第一次提出，"中国文化市场正在发挥全球文化市场的主场效应"，引起了媒体和社会的广泛关注。

尽管文化产业的发展已经多年，但伴随而来的，是太多对于文化产业发展中的问题的批评，因此，张晓明的观点引发了很多思考，我们的文化市场，真的已经发展到这样的程度了吗？或者说，我们的文化产业，是不是真的已经傲视群雄了？对此，张晓明说："毫无疑问，我们的文化发展已经进步了很多，而且，不论是在文化消费还是文化生产上，我们的市场都还有巨大的潜力未曾释放，所以，中国会成为美国之后发挥文化市场主场效应的国家，找不到其他的国家可以和中国比肩"。

一、最大潜力的市场

尽管批评文化发展问题的声音很多，但是张晓明仍旧抱有乐观的态度，他说提出这个观点，是从文化消费、生产，乃至投资等多方面的数据和发展状况考虑的。

对于世界文化市场而言，中国毫无疑问是一个庞大的，远远没有开发出来的市场，张晓明说："过去因为发展方式不合理的原因，文化消费潜力远远没有被挖掘出来，我们现在有1万多亿的居民消费，而调查

---

[*] 北京晨报记者周怀宗：《张晓明：文化的主场》，载《北京晨报》，2015年1月15日；另见《张晓明：中国会成为美国之后发挥文化主场效应的国家》，凤凰网江苏频道，2015年01月15日（http://js.ifeng.com/humanity/cul/detail_2015_01/15/3431867_0.shtml）。

显示，还有 3 万 7 千亿的消费潜力，相比来说，现在只达到了四分之一到三分之一。另一个数据是，到 2020 年，按照经济发展的速度和水平，那时候我们应该有 16 万亿的文化消费，这是全球最大的消费潜力所在，是任何一个国家都达不到的。相对的，发达国家的文化消费潜力已经得到释放，正处在一个常态化的状态下，而中国，在未来一段时间里，则会处在潜力被逐渐挖掘出来的超常消费状态。"

究竟潜力能否被挖掘出来呢？张晓明说，"过去之所以一直都是潜力，而不是消费能力，是因为我们在过去很长一段时间的发展方式不合理所致，使得文化消费一直处在相对低的水平。而随着逐渐转变发展模式，这些原本没有释放出来的文化消费，将会得到释放。"

如果消费是潜力的话，那么文化生产的能力不仅仅是潜力大，而且现有的规模也足够引起重视。张晓明说，"现在文化产业已经占到 GDP 的 3.6% 还多，到了 2016 年，我们的目标是 5%，从潜力上来说，还有非常大的空间。同时，即便是现在，我们的文化生产能力，恐怕也是全球最大的。根据联合国贸发会议公布的数据，在 2008 年，中国制造、装船出口的文化产品，占据了全球市场的 21%，也就是超过了五分之一。实际上，早在 2005 年，中国的文化出口已经是全球最高了。这几年来，随着国内文化产业发展的推动，这个比例只会增大，而不会缩小。"

二、转移的时尚之都

文化走出去，这个被反复讨论的话题，如果单纯地看数字的层面，其实是一个很简单的判断。当然，文化并非仅仅是数字的问题，但数据毫无疑问也是一个至关重要的衡量标准。

张晓明说："国际文化贸易的统计，主要是根据联合国贸发会议的数据库，各国会把自己的贸易数据上报联合国，而专门的课题组会从数据库中调出数据来统计。对于文化贸易的统计，它有一套自己的指标体系,有一个很重要的特点就是统计的主要是有形产品,也就是有物理形态的。所以说,这个数据是有一定误差的,比如说一个创意产品从中国装船出口,它能够说清产品是中国制造,但是说不清创意到底是中国的,还是直接从美国学来的。不过,即便如此,也可以证明,中国已经成为全球最大的文化产品生产地。"

伴随着文化产品走出去的,是文化资本的输出。张晓明说,"按照发展的阶段来看,我们其实还没有到文化资本大量出口的时候。但事实是,这些年来,我们的文化资本走出去的规模是空前的。随着文化壁垒的逐渐拆除,随着我们自己打开市场,随着世贸的影响,我们的文化市场和世界连接得越来越深。我们的文化产业在本土发展壮大之后,开始走出国门,整合区域市场,甚至推动国际市场的兼并活动。比如说韩国、美国,他们的文化产品在市场上获得好的效应之后,中国的资本回去买他们的股权,而这样的活动,正变得越来越多。"

相对于消费、生产以及资本的运作来说,原创能力,似乎是中国文化产业一直以来的短板,也就是说,在这一个最大的文化市场兴起的时代,我们究竟要拿什么东西来和别人角逐呢?张晓明说:"实际上,从原创的角度来说,我们也要看到越来越快的发展。比如时尚产业,因为消费市场的广大,导致中国正在成为全球时尚产业的发生地,过去说到时尚,总是会让人们想到巴黎、纽约,但是在今天,国际上高端的时尚企业,越来越多地搬到北京,搬到上海。"

三、原创也需要市场化

原创很难用数字去衡量,事实上,对于文化创意的批评由来不绝,也并非没有道理。不过,张晓明认为,这本身需要一个过程,而我们,正处在变化之中。

从行政化的管理,到市场化的运作,张晓明说,"要看到进步。把文化当作产业来发展，对我们这样一个国家来说，本身就是突破性的。以前我们一直都把文化当一个行政部门来管理，现在当作商品，当作市场行为。怎么才能当作商品呢？就是要尊重知识产权，尊重个人的创作，政府不能随便干预。"

保证创作的自由，需要减少政府的干预，然而矛盾在于，文化产业的发展本身就是政府主导的，如何才能减少政府对于创作的干预呢？张晓明说："原创不够好，是确实存在的问题，但原创的效果，需要历史地去看。固然，现在的文化发展依旧以政府改革的方式来推动，但至少比以前要好，或者说至少在发挥正面的作用，而不像'文革'时代的样板戏一样，发挥的全是负面的作用。另一方面来说，我们至少做到了产业的市场化，而产业的市场化无疑是原创市场化的前提和基础。"

张晓明认为，未来的文化发展，需要进一步开放的空间，需要进一步的原创市场化，他说，"虽然说现在文化创意产业发展已经成为评价政府工作的一个基本指标，这使得政府必须想办法把文化创意产业做好。原创能力不是一天就能提升的，如果说我们的原创能力还不尽如人意，原创的市场化发展还不足，就因此否定文化产业的发展，这是糊涂的想法。当然未来的目标，是进一步尊重市场，进一步地开放原创的市场，不尊重市场，文化产业的发展就会夭折。"

四、消费的是意义

怎样才能完成原创的市场化，怎样才能推动原创能力的提升，张晓明认为，总的来说，为原创提供最好的环境，就是要减少干预。我们关于发展原创的制度设计，最不合理的，是把文化的创作过多地和意识形态连接在一起，而意识形态的监管体系，是不能适应市场化的需要的。

文化消费最终消费的是意义，是文化的内容，而文化的内容是多样的，并非仅仅只有一种。张晓明说，"相对以前而言，我们确实进步了。

在过去我们几乎没有注意到文化的商品属性，而在今天，我们开始重视它的商品属性，或者说以商品属性为主，同时又重视意识形态的属性。文化产品是文化意义的载体，而文化意义又有很多种，比如美学的意义、历史的意义等，意识形态的意义当然也是其中一种，但不能把意识形态的属性等同于文化属性。"

让文化发挥更多的意义，或者说不仅仅成为某一种意义的代表，张晓明认为，根本在于，不能用不尊重市场的方式去管理。他说："退一步来讲，原创是文化产业中风险最大、失败最多、酝酿最长的环节。某种意义上，原创的特点使得它可能和市场规律中的某些东西相冲突。这其实也是许多人认为文化产业有碍于原创的原因。但事实上，现代市场，已经有了许多成熟的适应文化原创的市场运作模式。比如说支持小微企业的金融工具、机构，比如说财政对于文化创作的支持等。这些运作模式使得市场尽可能地容忍原创的风险。"

文化产业的市场需要创新，而非和创新相对立，张晓明说："有人认为原创不好是因为市场坏了，其实不是，而是市场没有得到充分的发展，市场本身是鼓励原创的，因为市场是多元的，需要多样的创造。而文化创意市场和传统的市场不同，它有一套特别的运作机制，使得这个市场能够承担风险，而且也使得原创的失败可以得到宽容。"

我国城市化发展与文创园区建设*

2014年，我国首部城镇化规划——《国家新型城镇化规划（2014-2020年）》正式发布，标志着我国城市化的发展也进入了一个新的时期。文创园区建设无疑是新型城镇化发展道路的一个重要方面，如何认识文创园区建设与城市化新时期发展战略的关系，以及如何解决落实这一发展战略存在的问题，需要我们认真研究。

一、"新型城镇化道路"在国家新时期发展中的枢纽性意义

《国家新型城镇化规划（2014-2020年）》的发布，明确了新时期城镇化的发展路径、主要目标和战略任务，标志着从十六大以来我国对于新型城镇化道路的探索的完成。《规划》所明确的新型城镇化战略对于十八大开启的我国经济社会发展新时期具有"枢纽性意义"。

首先，十八大报告肯定了新型城镇化、信息化、新型工业化及农业现代化的新四化道路，其中新型城镇化是另外三化的"载体和平台"，可以说城镇化是现代化的"全称主题"。

其次，《规划》中提到，我国目前城市常住人口中，有接近2.4亿人没有城市户口。此外，2019年我国城市化率将超过60%，到2050年将达到80%，还将有2.8亿人从农村转入城市。因此，我国未来30年将有超过5亿人口在城市中落地。解决好城镇化问题是实现全面小康的关键。

---

* 此文为2019年6月"中国城市发展百人论坛"发言稿。

第三,"新型城镇化道路"的关键是"转型发展"和"提升质量",实质是从传统工业化城市转变为后工业化城市。从城市发展的逻辑看,这是从"福特型城市"向"后福特型城市"的转型。因此,我们正在面临城市化发展的重大转型期。

二、城市发展战略转型:从"硬增长"到"软增长"再到"巧增长"

"新型城镇化道路"的实施依赖于城市发展战略的转型,现在是一个很好的节点:可以反思过去城市化发展历史,展望未来理想城市化愿景。

城市发展从"福特型城市"和"后福特型城市",可以将其归结为从"硬增长"城市到"软增长"城市。2000年,国外又出现一种"巧增长"(smart growth,也可以翻译为"精明增长")理论,是将硬增长和软增长结合在一起新型城市发展理念。我们面临的城市发展战略转型就是从"硬增长"到"软增长"再到"巧增长"的过程。

(一)从硬增长到软增长:迄今为止的城市化与文化发展回顾

我国从49年后开始大规模现代化建设,一直到世纪之交,城市化基本上属于工业化的"硬增长"类型。特点是,只考虑经济增长和城市空间效率利用,不考虑社会文化的发展。2000年后,在工业化高峰期同时出台文化产业政策,城市化发展进入"硬增长"和"软增长"的叠加期。虽然文化产业也引起了城市空间布局的一些变化,但是总体上说,是"软增长"依附于"硬增长",文化产业"嵌入"了城市化"硬增长"进程,分享了城市化膨胀期的地产"红利",借机实现了自身的"体制转型"和"原始积累"。在这个意义上讲,2000年以来我国城市化进程中的文化产业的高速发展,本质上是城市发展"硬增长"时期的文化地产战略的成功。

2010年以后，宏观经济发展速度急剧回落，"硬增长"动力消失，文创园区发展陷入瓶颈，普遍出现了"空心化"，进入大规模"洗牌"阶段。

（二）文创园区战略转型：从"硬增长+软增长"到"软增长+硬增长"

如上述，世纪之交以来，我国城市化高速期出现了"硬增长"和"软增长"叠加的场景，最突出的特点就是文化产业发展的"文化地产"模式。从形式上看，是地方政府以文创园区为"抓手"，将文化企业集聚起来加以支持；但从实质上看，是地方政府以"土地财政"支撑了文创园区对文化企业的政策优惠。因此，这种"硬增长+软增长"是机械叠加，而不是有机融合。

机械叠加式的"硬增长+软增长"模式实质上是软增长对硬增长的依附，当硬增长动力消失的时候，软增长的生命力也就结束了。

如果想扭转上述逻辑，就要将机械叠加式的"硬增长+软增长"模式转变为有机融合式的"软增长+硬增长"模式，彻底改变软增长对硬增长的依附性，这应该就是所谓"巧增长"的本来含义。

（三）文创园区新战略：巧增长

"巧增长"原为发达国家提出来的概念，其核心内容是：用足城市存量空间，减少盲目扩张；加强对现有社区的重建，重新开发废弃、污染工业用地，以节约基础设施和公共服务成本；城市建设相对集中，空间紧凑，混合用地功能，鼓励乘坐公共交通工具和步行，保护开放空间和创造舒适的环境，通过鼓励、限制和保护措施，实现经济、环境和社会的协调，等等。

上述概念对文化因素有所忽略，中国文创园区的实践将极大地丰富"巧增长"的理论。

三、文创园区的巧增长战略：从"载体模式"走向"主体模式"

（一）两种逻辑的转换

在宏观经济形势回落形势下，文创园区的退潮常见两种形式：一种是转化为新型城市娱乐休闲街区，如北京"798"；另一种就是"空壳化"，企业享受完园区优惠政策后就离去（寻找其他园区）。两种形式的共同特点是"载体模式"，俗称"二房东"。园区退潮说明这种模式没有生命力。

"载体模式"的价值链是"土地资源——文创园区——土地增值"，这是传统文化园区的商业模式，我们可以称其为园区"1.0"版。现在我们要把它倒过来，以文创园区作为起点，土地作为中间环节，文创园区价值增加作为这个逻辑环节的终点，这也就是所谓的"主体模式"，可以称其为园区"2.0"版。两种逻辑的根本区别是：园区的主角不同，前者的主角是"房东"（"瓦片经济"），后者是"文创者"。

（二）从提升服务做起

深圳有个"灵狮"公司，自2003年开始做园区经营，2010年以后在国内形成"灵狮模式"的品牌效应，他们的做法可以称作园区"2.0"版，其核心内容就是将"二房东"模式升级为"二房东+经纪人"模式。他们作为园区运营商不仅向入园企业提供物理空间，还通过增值服务平台成为入园企业之间的枢纽，扮演促进合作的角色，向入园企业提供交易平台、金融服务、知识产权转化、人才培训、共性技术研发、以及品牌推广等服务。他们能够做到主要收入来源于增值服务，甚至可以用增值服务收入为入园企业提供房租补贴。

在灵狮公司所开发的一系列园区中，我们看到了文化企业的真正成长和"主体型"模式的成熟。

（三）想象理想城市：以文化为起点和终极使命

欧盟对于创意产业的统计有个"同心圆"的概念基础，即认为一切创意活动的起点是可以商业化的"表现性价值"（expressive value），围绕着这一表现性价值核心层的是其"产品化"的文化产业层，通过设计与其他产品的"功能性价值"（functional value）结合的创意产业层，以及影响到国民经济各个行业的普遍带动层。

任何人类创造的产品都是由"功能性价值"和"表现性价值"构成的，文化产品与其他产品的区别在于，其他产品是以"功能性价值"为基础，而文化产品是以"表现性价值"为基础。同理，新型城镇化是以人为中心的，也要以表现性价值为起点和终点，构建全部的城市生活空间。

美国社会哲学家刘易斯·芒福德在《文化城市》一书中提到："城市是文化的容器，专门用来储存并流传人类文明成果，储存文化、流传文化和创新文化，这大约就是城市的三个基本使命。"

理想城市的终极使命和标准就是"储存、流传、创新文化"，文创园区应为此而存在。

继续探索，积极推进文化体制机制创新
——对深圳市文化发展的几点建议[*]

"党的十八届三中全会《中共中央关于全面深化改革若干重大问题的决定》（以下简称《决定》）提出'使市场在资源配置中起决定性作用'是最大亮点之一，这一重大理论创新对未来我国文化产业发展和文化体制改革有重大意义。"中宣部《文化体制改革总体方案》起草组专家、中国社会科学院文化研究中心常务副主任张晓明在接受本报记者专访时表示，深圳是我国改革开放的"窗口"和"试验田"，市场发育程度相对比较成熟，而且近年来深圳十分重视提升文化软实力，最早提出建设"文化强市"战略，未来希望深圳继续积极探索，在文化领域的市场化方面不断深化改革，积累健全现代文化市场体制的成功经验，为其他城市作出表率。

一、以全面创新带动文化市场体系建设取得突破

"从总体上看，我国文化市场体系仍处于创建阶段，发育水平滞后于全国市场体系发展的一般水平，与建设文化强国和提升国家文化软实力的战略要求不相适应。特别是市场开放度低造成价格信号扭曲，由此导致市场结构不合理，短缺和过剩同时存在。"张晓明说，现代文化市场体系是文化体制机制创新发展、文化产业繁荣发展的基本立足点，希望深圳不断探索扩大市场配置资源的范围和作用，以全面创新带动文化市场体系建设取得突破，为其他地区提供可供借鉴的成功经验。

---

[*] 本文根据2018年深圳特区报采访记录成文。

他举例说，如《决定》提出，对按规定转制的重要国有传媒企业探索实行特殊管理股制度，这是意识形态管理的一大创举，有望激发转制后的国有传媒的活力，实现社会效益和经济效益的"双丰收"。目前这方面的探索仍然较少，深圳传媒业发达，市场经济发育程度高，在这一领域也可率先探索，创造经验。

"今年深圳出台的《深圳市全面深化改革总体方案》对文化体制改革和文化产业发展也作了系统的谋划和统筹部署，着眼于体制机制上创新，也提出了建立健全文化产业竞争机制，完善文化市场机制等具体举措。"结合十八届三中全会《决定》精神，他建议，未来深圳应推动政府部门从"办文化"向"管文化"转型，减少政府对文化市场的直接干预，"把市场还给市场"，完善准入和退出机制，探索创造公平竞争、自主发展，各种文化资源自由流动的统一市场。

"市场对文化资源配置起决定性作用，是激发全民族文化创造活力的条件。深圳可以激发内容原创为突破口。"他具体建议说，从文化繁荣发展的角度看，内容原创的核心是先进思想的生产和提供，而灵活的市场资源配置机制最适合思想观念的创新。历史事实已经反复证明，过分限制观点讨论和思想交流，单纯依靠行政手段，很难激发思想的创造性，只能造成"思想僵化"。只有"百花齐放，百家争鸣"才是文化繁荣的根本条件，只有推动内容生产领域的改革，引入市场机制，打造新型市场主体，才能构建一个有益于激发思想创新观念的"市场环境"。

二、率先探索扶持社会组织参与现代公共文化服务

"《决定》提出要构建现代公共文化服务体系，在这方面，近年来深圳一直在积极探索，自助图书馆、市属公益性文化场馆免费开放、读书月活动……深圳已初步建立起机会均等、服务优质的公共文化服务体系，公共文化服务成为市民和来深建设者一项实实在在的民生福利。"

张晓明说，未来希望深圳不断激发社会组织活力，积极发挥社会组织的作用，扶持社会组织参与现代公共文化服务体系建设。

"此次《决定》明确提出，'引入竞争机制，推动公共文化服务社会化发展。鼓励社会力量、社会资本参与公共文化服务体系建设，培育文化非营利组织'，这是未来改革的方向。"他说，"提供公共文化服务是政府的基本职责，但这并不意味着政府是公共文化服务的直接提供者。政府和事业单位包办公共文化服务，实际上是公共文化服务方式单一、效率低下、活力不足的主因。而且公共文化服务有'大''小'之别，比如说文物保护问题，既有对全民族有意义的文物，还有对族群有意义的文物及对社区有意义的文物，政府包揽仅对某个社区有意义的文物保护，是财力和公共资源的浪费"。

"深圳有条件也有能力在动员和发挥社会力量参与公共文化服务方面先行探索。"他说，一方面深圳是移民城市，经济发展速度快，对公共服务需求多元化，有现实的需要；另一方面，深圳率先实行社会组织登记制度改革，直接登记的社会组织数量和比例为全国最高，极大激发了社会组织活力，在社会组织提供公共服务方面有较多的经验。深圳可以在全国率先探索培育文化非营利组织，引入市场竞争机制，鼓励社会力量和社会资本参与公共文化服务体系建设。

三、力争把深圳打造成为全球最大文化贸易中心

"《决定》提出要提高文化开放水平，作为对外开放的'窗口'和'试验田'，深圳在文化开放方面也应积极探索，并有新的思路，既要'引进来'，也要'走出去'，积极抓住机遇，力争把深圳打造成为全国乃至全球最大的文化贸易中心。"张晓明说。

"深圳作为我国文化体制改革的综合性试点市，正努力通过制度创新，以规模化、集约化、专业化为发展路径，推动文化产业集聚发展。

但深圳同时也要认识到，探索打造全球文化贸易中心或是深圳未来文化事业发展的新路径。"他指出，我国文化发展正呈现新态势，作为人口规模庞大，经济总量和经济发展速度位居世界前列的国家，我国文化单一性和多元化的复合程度较高，有条件成为文化所有领域全球规模最大的国家，或者说成为影响全球的最大文化国家。根据联合国贸发会议今年公布的最新统计报告，我国在创意产品出口方面居世界领先地位，其出口总额在2002年至2011年间增长了3倍，2011年创意产品出口全球第一，占全球市场的五分之一至四分之一。但目前许多由我国生产和出口的创意产品都是由其他国家创造和设计的，未来随着文化事业的发展，我国可能成为原创内容最大的出口国。文化的"主场"概念有望使我国成为全球文化贸易重要场所，这将是未来发展重大历史机遇。

"已成功举办九届的深圳'文博会'已成为深圳的一张响亮名片，今年举办的第九届'文博会'总成交额达1665.02亿元，其中文化产品出口交易额就占到123.82亿元，文博会已发展成为我国唯一一个国家级、国际化、综合性文化产业博览交易会。未来，深圳'文博会'应加强市场化，真正成为文化贸易的国家平台。"他建议说，深圳应有长远的目光，清醒认识到上述我国文化发展新态势，并紧紧抓住这一历史机遇，力争把深圳"文博会"打造成为最具国际性的全球文化贸易平台，把深圳打造成为全球文化贸易的展示中心、体验中心和贸易中心。

认清转型机遇期，率先实现文化产业的"高质量发展"*

"十二五"以来，中国文化产业开始进入"平台期"，出现了全新的特点，本质上是出现了重大转型的态势。这一态势到"十三五"期间基本成形。用 2018 年国务院政府工作报告中的话说就是："我国经济已由高速增长阶段转向高质量发展阶段"。

江西在全国文化产业发展中具有"后发优势"，也有"后发劣势"，关键是如何把握机遇，克服体制机制和思维的障碍，率先实现江西文化产业的一轮全新的"高质量发展"。我提出三点意见供参考。

一、首先要认清发展形势。我国文化市场已经从"战略性短缺"进入"短缺与过剩并存"时代，从投资推动转向消费拉动阶段，这是一个基本政策出发点。

中国文化市场已经在一定意义上"超越短缺"。比如，中国的电影 20 年前只有 10 亿元的年度票房，现在已经超过 700 亿，但是只有不到 30% 能够进入市场。中国的动漫总量已经超越日本，但是在国际上的影响力远远不及日本，等等。在供给过剩的情况下，消费升级已经迹象明显。

中国文化产业已经进入了新的发展阶段，用互联网行业的一句话，也可以说是进入了"下半场"。由"互联网平台公司"主导的文化市场成为产业发展的新环境，这是新的文化生态，新的文化生产、以及新的文化传承形势。

---

* 此文根据 2018 年 10 月 15 日 "江西智库峰会"发言稿成文。

中国文化体制机制改革也进入了新阶段，其主线就是"让产业回归市场"。体制改革和政策转型也具有重大意义。根据十八届三中全会文件，我国文化政策的"第一主题词"从"加快发展文化产业"这一习惯性表述，改变为"建立健全现代文化市场体系"。从发展文化产业到建立健全文化市场，我们必须实现"产业回归市场"，完成这一"政策转型"。文化政策这一转型取向与十八大以来的总体趋势高度吻合：让市场在资源配置中起决定作用。

二、其次要更新发展理念。我国新时期文化产业的发展必须否定"GDP挂帅"，代之以新的发展理念。以下3大理念最为重要。

"融合发展"理念。这里包括文化产业内部行业融合，文化产业与实体经济融合，文化产业和数字技术融合等重大话题。特别是文化科技的融合正在驱动创新，引领发展走向数字文化产业的新时代。数字文化产业的最突出特征就是出现"平台经济"，在数字平台上生产者和消费者身份的融合、市场行为和非市场行为的融合等等，正在改变我们500年以来为纸质媒介所塑造的关于文化的全部想象。江西文化资源深厚，自然生态环境良好，但是在满足最终消费需求这一产业方向上产业化程度不足，应该转向"融合发展"方向以谋求新的突破。

"统筹兼顾"理念。文化产业的统筹兼顾涉及文化产业发展的"伦理层面"考虑。在这个层面上看，没有经济效益和社会效益的共同提高不是健康的发展；没有税收增加或者就业的增长不是高质量的发展；没有对相关产业的带动性的增长不是合理的发展；没有自然人文生态环境改善的发展不是可持续的发展；没有居民满意度的提高不是和谐的发展；等等。江西文化产业发展相对落后，但是没有前一阶段东部地区"跨越式发展"遗留下来的问题（泡沫化），可以新思路轻装上阵，因此具有"后发优势"。

"可持续发展"。文化产业与可持续发展的关系在国内还没有被充分认识到。在2005年联合国教科文组织通过的《文化多样性公约》中，第二条第六段将文化纳入了可持续发展，指出文化多样性是个人和社会的一种财富。保护、促进和维护文化多样性是当代和后代的可持续发展的一项基本要求。2016年元旦，"联合国2030可持续发展议程"正式启动实施。这项议程与去年结束的"千年发展目标"相比，除了继续推动减贫、健康、环境和国际合作以外，第一次在全球层面把"文化"、"创意"和"文化多样性"写进了议程，作为可持续发展的核心推动力量[①]。

根据国际著名文化政策学家索罗斯比的观点，文化可持续发展的最重要原则可归结如下3大要点：

代际公平：必须采取长远视角来看待发展，当代的文化发展和消费不得影响后代享有文化资源、满足其文化需求的能力。这要求特别关注国家的物质和非物质文化资本的保护和加强。

代内公平：发展必须确保所有社会成员公平进行文化生产、参与和享有。尤其必须关注最贫困社会成员，以确保发展符合减贫目标。

多样性的重要性：正如生态可持续发展需要保护生物多样性，经济、

---

① 2015年9月的联合国首脑会议上，通过了这份名为"变革我们的世界——2030年可持续发展议程"（Transforming our world: the 2030 Agenda for Sustainable Development; A/RES/70/1）的文件，联合国193个会员国一致认可的今后15年的全球发展议程。议程注重可持续发展的三个层面：人、环境和经济，承诺要采取大胆和变革的措施，将世界转向可持续和弹性发展的路径上，并且"一个人都不落下"。"2030议程"设置了17个目标，169个分解目标，还确认调动执行手段，包括财政资源、技术开发和转让以及能力建设，以及建立伙伴关系等。议程中多次提到文化多样性、文化与创意，并且在新议程中承诺"培养跨文化的理解和宽容，相互尊重，以及对全球公民的道德和共同责任。我们承认世界自然和文化的多样性，承认各种文化和文明不仅贡献于可持续发展，而且还是其重要推动者"（议程第11页）。

社会和文化发展过程中也应考虑文化和创意多样性的价值。

联合国"2030可持续发展议程"第一次将文化发展作为可持续发展的重要因素，江西省是自然与文化生态资源富集省份，又是中部经济发展相对落后地区，可以树立落实"创新、协调、绿色、开放、共享'四大发展理念'，以文化促可持续发展"的目标，做成全国的示范区。

三、如何才能实现"高质量发展"？根本问题是让市场在资源配置中发挥更大的作用，要在新形势下解决好市场和政府的关系。

首先要认清，"现代文化市场体系"就是一套"分散化的资源配置机制"。分散化的资源配置机制不仅表现在商业资源的配置上，也表现在公共资源的配置机制上。我国改革开放40年已经在商业资源配置上基本上实现了分散化配置，但是在公共资源的配置上还没有建立起分散化配置的制度和机制。江西省可以考虑优化文化企业的营商环境，落实"供给侧改革"方针，有选择地对于文化产业行业地方性税收做大幅减免，将前一阶段"文化产业园区"内部的优惠政策扩展到全省空间，脚踏实地的鼓励文化领域的创业行为，降低文化领域的投资风险，等等。

其次要认清，"现代文化市场体系"是法制体系，政府要从政策管理，"文件管理"，走向"依法管理"。十八大前告一段落的这一轮改革的中心环节是"打造市场主体"，国有文化企业已经完成了"事转企"，现在需要在统一的市场环境中与其他性质的企业平等竞争，这就需要推动文化管理体制深入改革，使企业具有公平竞争的市场环境。（"行政许可法"就是新一轮改革的起步）建议江西省考虑率先制定地方性的"文化产业促进法"，将前一阶段出台的已经证明是行之有效的文化政策用法律形式固定下来。

第三要认清，要在完善的法制基础上推动文化政策转型，包括从"特惠型政策到普惠型政策",从"小文化政策到大文化政策",从产业推动政策到市场构建性政策。总之,要将以政府干预市场为主要特点的"产业政策"转向以公共服务为主要特点的"公共政策"。江西省应该考虑对文化产业政策做全面梳理创新,应该侧重鼓励文化产业与实体经济融合政策（包括鼓励实体经济中设计创意部分的分离）,以及将目前以政府干预市场为主要特色的"产业政策"改为以维护市场秩序、弥补市场失灵为主要目的"公共政策"。

第四要认清文化市场的特殊性,从"管文化"走向"治理文化"。文化市场是精神文化产品和服务的交易场所,必须有思想观念的充分表达和竞争,才能出现真正满足人民群众精神文化需要的好的产品和服务。在这种文化竞争、知识转交的场所,最忌讳的就是政府干预。文化需要根据文化市场的特殊性,建立起政府、社会自律组织、企业和个人三重架构,将政府"管文化"便为"治理文化"。江西省可以考虑按照十八大"提高社会治理能力"的要求,制定扩大社会力量参与文化市场管理的政策,进一步调动市场主体的活力。

余论：重建政府与市场的关系，使产业回归市场。

如何总结前一阶段的经验和教训？这里涉及如何正确看待政府和市场的关系。按照一般理解,产业政策是国家对市场的干预,是后发国家赶超发达国家的一种发展战略。在市场经济体系健全的国家,产业政策尽管代表了国家对市场的干预,但是往往能弥补短板、形成战略增长点,推动国民经济快速发展。但是如果市场经济体系不健全,产业政策也会脱离市场需要,扭曲市场规律,造成资源错误配置。中国面临改革发展双重任务,市场经济不健全,因此产业政策常常与市场机制形成张力,既有可能推动市场开放,反过来为产业发展提供源源不断的动力,也有可能脱离市场规律,成为政府自娱自乐的过程。从客观情况看,尽管我国 2003 年就开始启动了文化体制改革，但文化市场的开放程度一直落后于文化产业政策的干预强度，使得文化产业发展越来越脱离市场需求，依赖于财政的直接支持，成为政府政绩工程。因此，"十三五"时期改革的核心任务就是回归文化产业与文化市场关系合理关系，让市场在资源配置中起关键作用。

突破口（和难点）在于改革文化内容的生产和监管体制。要鼓励每一个人参与文化创造；要合理区分什么是一般文化内容，什么是意识形态内容，分类分级制定管理办法，尽最大可能保护人民群众的创造力；要培育大量的社会中介机构和行业协会，转交政府应该管但管不好的职能，为创造性的行为提供尽可能宽松的市场空间。

文化有没有吸引力，市场说了算
——《创意世界》采访[*]

在当今自由、开放的国际市场中，文化交流越来越频繁，文化产品的输出和消费也变得越来越全球化。虽然近年来我们在文化发展战略上"走出去"的呼声很高，但文化的交流和文化产品的消费并不是"一厢情愿"的事情，如何在国际市场上增加我们文化的吸引力，进而提升我们的文化软实力，需要遵循普遍的市场规律和游戏规则。中国社会科学院文化研究中心副主任、《中国文化产业蓝皮书》主编张晓明，和本刊分享了他的独到观点。

《创意世界》：近些年我国在文化发展战略方面，"文化走出去"频频被提及，您如何看待这一现象？

张晓明："文化走出去"是在中国加入WTO之后两三年提出来的。但在我看来，"文化走出去"是单向性的表达，一种比较虚的说法。文化更多强调的应该是平等交流，与其说你要用自己的文化去占领别人的市场，不如说提高自身的文化软实力，提升自身文化对别人的吸引力。因为文化的交流并不是单向的，任何一个国家，一个民族，一种文化既是其他文化的接受者，也是影响其他文化的输出者。如果仅仅强调文化走出去，实际上是文化贸易领域的"重商主义"政策。

《创意世界》：那么，文化的软实力或者说文化的吸引力主要体现在哪些方面？

张晓明：它可以分几个层次：最低的层次就是你的文化产品在国外有人消费，把别人变成你的消费者；第二个层次就是成为国外文化市场

---

[*] 此采访登载于《创意世界》2018年5月30日。

的投资者，你的文化投资在国外有很好的回报；最高层次当然是你的文化价值观得到别人的认可，大家都仰慕和喜欢你的文化内容。

《创意世界》：近年来我国文化贸易发展的总体情况如何？

张晓明：为了鼓励文化贸易的发展和繁荣，近些年国家也出台了不少相关的鼓励政策措施。中国的文化产品出口这些年增长速度非常快，在全世界非常受瞩目。根据联合国贸发会议发布的《2008创意经济》和《2010创意经济》提供的数字，中国的文化产品在全世界的市场占比非常高，2005年是19%，2008年是21%。

《创意世界》：真的很高啊！

张晓明：是的。我们出口的文化产品主要包括新媒体产品、设计类产品、工艺品、艺术品、以及出版和广电传媒产品等。总的来说，出版、广电等核心的文化产品我们占的比重非常低，但是我们的设计类产品、工艺品和艺术品占的比重非常高，其中工艺品在国际市场占的比例更是达到40%。工艺品占比高的重要原因之一是其贵金属材质价格昂贵，因此不可估计过高。此外，近年来新媒体、游戏等占的比例也相当高。

《创意世界》：也就是说我们强的还是文化产品的制造力？

张晓明：在文化产品的制造方面，中国确实是全世界最大的制造中心。如前所述，按照联合国贸发会议出的《2010创意经济》中的数据，按照传统的有形货物贸易统计数据计算，国际市场上5个制成的文化产品，其中1个就是从中国装船运出去的。我们的生产制造能力是全世界最大的。当然这些产品不都是我们的创造的，外国可以把设计图样通过网络发过来，我们把它们制造成产品后"出口"。因此，虽然从文化贸易统计数据看我们是顺差，但是我们的版权贸易是逆差，而现代化先进国家都是版权出口大国。从文化产品的制造到文化产品的创造，我们还有很长的一段路要走。

《创意世界》：您如何看待国际市场对中国文化产品的需求？

张晓明：国外对中国文化产品的消费需求肯定是有的。要不好莱坞干吗老拍跟中国题材相关的片子呢？关键是我们自己做出来的产品质量太低，人家不要啊，满足不了国外市场的需求。

《创意世界》：那怎样才能满足国外市场的需求？

张晓明：首先你得让别人接触到你的文化产品之后能够产生共鸣。现在是信息开放的时代，大家对时尚和审美的看法，其实基本都是一样的。比如李安拍的《少年派的奇幻漂流》，谁不喜欢看？

《创意世界》：难道文化的差异性不是产品的吸引力所在吗？

张晓明：这就看你如何理解"民族的，就是世界的"了。在文化多样性的时代，好莱坞覆盖的实际上是一个大众消费市场。所谓大众消费产品，是内涵比较稀薄的东西，它里面所蕴含的特性最少。而好莱坞就是要覆盖全世界所有不同文化的消费市场，它的目的性很强。所以，你非要讲"文化走出去"的话，就面临"怎么走"的问题：内容怎么解决？

《创意世界》：非常民族特色的文化产品反倒不走俏？

张晓明：我们可以把国际的文化市场作类别细分，一方面学习好莱坞，把普遍接受的价值观披上中国传统文化的外衣，去面向世界市场，把它做成大众的文化消费品；另一方面，我们也可以做一些非常民族化、非常中国化的东西，满足小众市场的需求。但是所有文化产品都有折扣。文化贸易最大的问题就是文化折扣，因为文化存在差异性，别人可能只能理解五分。所以，我觉得应该有相关的文化战略去管理和协调这些问题。

《创意世界》：在您看来我们在国际市场上比较获得认可的文化产品有哪些？

张晓明：最典型的就是莫言的作品了。早年根据莫言的小说改编的电影《红高粱》就成功走进了国际市场，去年莫言又获得世界文学的最高奖项诺贝尔文学奖的肯定。莫言的作品源于本土，有很好的故事，但是它的表达方式和传播的价值观又让人有共鸣性，表现的形式又跟国际上流行的文学潮流有关。它是小说，也可以是剧本，还可以是电影，可以变成多种消费形态。这才是典型的可以"走出去"的东西。

《创意世界》：但光有一个莫言显然不够啊。我们的文化产品创造力和吸引力不足的根本原因是什么？

张晓明：原因就在于我们的市场不够开放，不存在真正的竞争。很多文化企业被国家保护得太好了，做不出什么真正的好东西。说白了还是我们的文化体制改革不彻底，把它们全推到市场去竞争，是生是死，由市场说了算，谁还会去生产烂东西啊？当然，这其中还有一些市场机制本身的建设问题，另外文化管理也是一个根本性的问题。

《创意世界》：说说解决办法吧。

张晓明：中国拥有最好的文化市场，这是一个全世界罕见的人口规模极大、语言文化高度统一、消费收入不断增长的市场，这样的市场竞争不出好东西，谁都别埋怨。第一，不能埋怨说中国老百姓没需求；第二，不能埋怨我们没有文化资源，我们有五千多年的文化历史。剩下的问题就显而易见了。我觉得发展文化产业和文化市场，对市场的干预要合理，包括对本土文化的支持要合理，凡是干预过度的市场，都出不来好东西。所以，我们想在国际市场一争高下，首先在国内要有很好的市场公平竞争环境，有了这样的环境你才能首先在国内市场胜出，在中国市场胜出的东西，拿去国际市场上也没有问题。

文化产业的"高质量发展"与文化旅游产业的转型趋势

——贵州兴义 2018 年国际山地旅游大会发言

从全国形势看，十八大以来文化产业发展进入"平台期"，但是结构升级趋势明显。与此同时，文化政策也出现转型，"产业回归市场"已经落地实施。各个有关文化部门文件出台目不暇接。"跨越式发展"的惯性模式正在为"高质量发展"所取代。

文化旅游部的整合引人注目，顺应了我国文化旅游井喷式发展的需要。今天我想以贵州省为例，谈谈在"转型升级"的大形势下，对于文化旅游发展的三点看法。

总的看法是，我国文化旅游业面临转型，我归纳为3点：

一、要从硬到软

我的基本判断是，文化旅游业大规模硬件建设的阶段已过，需要转向以软件建设为主的阶段了。

大概10多年前，我受贵州省宣传部之邀，到贵州考察文化产业发展，当时接待我的一位宣传部副部长和我说，贵州省的文化发展智能走旅游道路，但是贵州的旅游最大的瓶颈就是交通。由于贵州的地理环境特点（喀斯特地貌），在贵州修公路的"桥涵比"奇高，超出其他省份许多倍。这种情况下，没有中央政府的支持，无法解决交通问题，也就无法开展文化旅游。但是自那时以来，我几乎每年都到贵州，目睹了交通的巨大改善，以及随之而来的旅游的巨大发展。

路通了，游客进来了，各种"农家乐"之类的服务设施很快遍及各地,"吃住行游购娱"等旅游要素逐渐完善起来。但是在我看来,目前可以服务于大量增加的旅游人口的文化创意产品这种软性资源的开发是不够的。此外,"互联网+旅游"的新业态的出现,乡村民俗的迅速崛起,降低了大建旅游宾馆的必要性,很大程度上促进了旅游产业"重硬件轻软件"阶段的终结。

我建议专门制定与旅游有关的文化发展规划,并围绕文化发展规划重新制定旅游发展规划。

二、要从繁到简

我的基本判断是,以往"观光旅游"阶段那种追求4A、5A景区评级,将旅游地像现代城市那样去建设,对游客照顾"无微不至"的做法也应该反省了。

2016年9月,我也是受到邀请参加了国际山地旅游大会,期间去了一趟茂兰,去"小七孔桥"景区看了一下。说句实话,比较失望。

我的判断是,这种景区式建设,重资产投资,将游客像孩子一样照顾的模式已经过时了。我心目中的新型旅游是更多地回归自然以放松身心,更多地运动身体以体验挑战,以及更多地遇到原汁原味的民俗。我希望"全域式旅游"概念的提出可以解决这个问题。(但是后来了解到,全域式旅游似乎不是这个目的)我希望的旅游是敬畏山水的,去除人工雕饰的,简化服务设施的。

三、要从快到慢

我的判断是,随着"自驾游"成为旅游的主要出行方式,很多旅游经济学的理论也应该变化了。有一个旅游经济学的概念叫做"可进入性",指的是交通便利性。现在看来,"可进入性"可能成为降低旅游质量的

"杀手级"原因。

1996年，我做了第一个景区规划——泰山旅游规划。我发现泰山在我国旅游景区开了一个最恶劣的头，就是做索道。泰山索道架在正面的中天门和南天门之间，不仅破坏了最好的景观，而且还在南天门下破坏了植被留下了一块明显的"疤痕"。结果是，登泰山的游人将在泰山上逗留的平均时间减少到了惊人的半天。他们一般就是后半夜爬山到中天门，坐索道上到山顶，看完日出后直接下山离开。

今明两年我去了两个地方深有感触，即重庆和贵州。重庆是去酉阳，需要沿着乌江走"百里画廊"，但是高速公路基本上由"桥"和"洞"构成，百里画廊穿山跨江而过，完全没有看到。此外，乌江上已有十级电站，一个湖接一个湖，什么拉纤和川江号子，都已经消失了踪影。可以说，旅游资源消失殆尽。贵州省的情况也是一样，目前已经完成了飞机、高铁、高速等构成的现代交通网络，看上去好像强力拉动了旅游。但是这些高速公路的修建者完全没有考虑旅游的需要，他们把贵州举世无双的优美山水基本上看成了为了提高经济发展效率而必须加以克服的消极障碍。

我认为有必要转变思路，好好做一篇"慢游"的文章。将高速公路、景观公路、自行车路、步游路、甚至探险路结合起来设计，人为降低最精美的核心景区的"可进入性"，让山水间少一点现代交通的喧嚣，让游客越来越慢，越来越不容易看到最美的风景。

最后我想归结一下，文化旅游产业的转型从根本上说是适应了新一代消费者的需要——80后。粗略统计，我国80后（含90后和00后）占人口总数5亿左右，他们教育水准、消费能力，以及由此决定的对于旅游的需求和以前几代人相比出现了明显的变化。只有基于对于他们的研究，我们才能真正了解目前文化旅游市场的现状。

实施"新文创战略",全面建设"数字文化中国"*

2018年4月22-23日,腾讯召开了"UP2018腾讯新文创生态大会",会议宣布启动以"新文创"为名的升级战略。腾讯作为一个站立在国际前沿的中国的科技-文化领先企业,实施这一战略升级已经引起了业内的热议,其对于我国文化的发展和文化产业的转型升级将产生什么影响也值得高度关注。

我认为,中国文化产业正在发生规模空前且意义重大的革命性变迁,而腾讯的"新文创"战略的出台具有显著的"象征性"意义。以下我从"新形势""新生态""新体系""新问题""新目标""新战略"这几个角度对其进行解读。

一、新形势——腾讯"新文创"战略的提出是我国文化产业发展进入新阶段的必然

党的十八大以来,我国文化产业从将近10年的高速发展中逐渐回落,进入一个平台期,并且出现了产业结构的剧烈变动。由于数字文化产业部门的超常发展,以及数字创意产业作为国家"战略新兴产业"的浮出水面,我国文化产业已经明显跃入了一个以数字化和网络化为先导的全新发展阶段。我注意到,几乎是在同一个时期,腾讯公司从提出"泛娱乐"战略,到此次升级为"新文创"战略,完成了从一个"科技公司"到"科技-文化公司"的华丽转身,站到了中国文化产业这个世界瞩目

---

* 本文发表于光明网,2018年5月25日(http://topics.gmw.cn/2018-05/25/content_28971311.htm)。

的超级大舞台的中心。我国文化产业正处在一个以新技术为基础、以新业态为引领、需要以新理念和新政策加以推动的新阶段，腾讯从"泛娱乐"战略到"新文创"战略的发展，符合我国文化产业发展的新需要。作为这个发展阶段的主要推动者之一，腾讯的战略升级也是进入这一新阶段的标志。

二、新生态——腾讯"新文创"战略的提出将推动我国文化发展生态环境的变化

腾讯公司将其新战略发布会称为"UP2018腾讯新文创生态大会"，"新文创生态"这个概念说明了腾讯所引发的我国文化产业整体形势变化的本质。2012年以来，腾讯从"泛娱乐"战略走向"新文创"战略的过程，从根本上来说是推动了我国文化发展生态环境的全新变化。腾讯作为一家"社交媒体"性质的公司，其迅速崛起标志着中国"大众文化参与"时代的真正到来，标志着中国文化产业从"创意经济"时代向"创意生态"时代的转型，其重要性是无论怎么估计都不过分的。我认为，近年来我国文化发展环境发生了深刻的变化，正在形成了两大文化服务体系：一个是由政府主导的、以广电等传统媒体为主要载体、以在地硬件设施为主要形式的传统文化服务体系；另一个是以民间力量为主导的、以新兴媒体为主要载体的、以在线内容为主要形式的现代文化服务体系。这两大体系相互配套、相互支撑、日益融合，形成了支撑我国文化大繁荣大发展的全新的生态环境。我想，腾讯已经应该被看做是我国现代文化发展基础设施的提供者，而这也是此次"新文创"战略发布会被称为"新文创生态大会"的意义所在。

三、新体系——"新文创"战略使我们重新认识当代文化生产体系

腾讯副总裁程武在"UP2018 腾讯新文创生态大会"上对于"新文创"战略做了这样一个定义:"一种更加系统的发展思维:通过更广泛的主体连接,推动文化价值和产业价值的互相赋能,从而实现更高效的数字文化生产与 IP 构建。"从某种意义上讲,这也是对当代文化生产体系的重新定义,或者是有助于我们重新认识当代文化产业体系。在最近 10 年中,我国也开始出现基于数字和网络技术的、以前不曾想象的文化生产系统:这个系统颠覆了传统文化产业"线性的"再生产特征,代之以网络化、智能化、云服务等崭新功能。在这个全新的系统中,生产者和消费者相互融合,专业化生产者(PGC)和非专业化生产者(UGC)相互合作,科学和艺术跨界融合,文化产业与实体经济普遍互渗,形成"大众创业、万众创新"之势。在即将出版的联合国教科文组织文化多样性公约履约报告——"2018 全球报告"中,也将"文化价值链出现'深度重组','由管道模式转向网络模式'",以及"数字环境下文化价值链的重组者'平台公司'的出现"作为在全球范围内落实文化多样性政策的最大变数。对于这样一个全新的生产体系,"文化价值和产业价值的互相赋能"可能是一个最好的概括。

四、新问题——"新文创"战略的难点:如何使文化价值对产业价值赋能

自从 2012 年腾讯提出"泛娱乐"战略以来,在"链接"和"内容"这两个基本战略支柱的"内容"方面,获得了长足的进步,迅速形成了文学、动画、游戏、影视和电竞等业务模块,通过院线票务分发业务与微信和 QQ 平台打通,在消费端用户平台上形成了"腾讯互娱"的业务

体系。"新文创战略"的出台将启动腾讯"泛娱乐"战略的升级和迭代，迭代的方向就是腾讯创意生态的"上游化"，从消费端平台走向生产端平台，进而拉动文化资源的数字化全面整合，支撑数字学术和数字人文的全面提升。

从本质上说，数字和互联网技术正在进入一个新阶段（有人说是"下半场"），一种"任何人，在任何时间，任何地点，接入任何人类文化成果，并参与文化表达"的理想在技术上已经成为可能，而这就是互联网"人文主义价值"的真正实现。然而现实的确还不能令人满意：数字技术已经普遍赋权个人，因而使得人类历史上第一次出现了文化内容的创造者从小规模专业作者向大规模业余作者迁移的局面，但是无论是文化资源的管理还是文化内容的创意还是局限在我们迄今为止比较熟悉的，传统的和相对小众的专业化人群。问题的关键是，相比较由于掌握了"数字读写"技能而开始大规模进入内容创造领域的非专业人群而言，传统公共文化机构数字化进程明显滞后，使得新一代内容生产者在创意爆发之际难以获得优秀传统文化资源和公众科学的滋养和"赋能"。这是我们从未了解的新事物，从世界各国来看，有针对性的和有效的文化政策创新也还没有出现。如果说"文化价值和产业价值的互相赋能"是对当代文化生产体系的最好概括的话，文化价值对产业价值的赋能还是弱项。

五、新目标——走向全面构建"数字文化生态圈"

当代文化发展正在趋向于建立数字资源整合—数字人文创意—数字生产与传播—数字消费与展陈多环节一体化的"数字文化生态圈"系统，现在的重点和难点是"数字文化资源整合"与"数字人文创意"两个基本环节，具体说就是如何向在互联网中大规模涌现的非专业"创意者"进行文化资源的滋养和赋能。应该承认，目前文物部门和专业研究与教学机构所置身的知识环境是500年纸媒造就的，尚未真正进入"数字文化生态圈"。从这一背景来看腾讯战略升级的目标就很清晰了：走向全面构建"数字文化生态圈"，为千百万非专业的"创意者"搭建方便接入国家文化遗产宝库的桥梁。迄今为止，腾讯"泛娱乐"战略的成功之处是基本完成了从数字化内容产品的制作、传播、消费的市场化布局，但是尽管已经有与故宫博物院、敦煌研究院等国家文化机构的合作，但是总体上说还是在产品传播和消费创新这样的市场化后端发力，而尚未进入"数字人文"的前端。因此，在文化遗产数字化和数字化人文创意领域还没有形成与腾讯公司体量相称的、与"泛娱乐"板块同样重要的战略板块。腾讯的"创意生态"体系尚未实质性地延伸至"数字人文新生态"这一前沿领域。在这个意义上说，腾讯"新文创"战略提出的意图就是要完善"人文数字化"的前端，以期最终全面构建"数字文化生态圈"。

全面构建"数字文化生态圈"是"新文创"战略的目标，也正是腾讯可以大有作为的"蓝海"。在我看来，这就是"新文创"战略的定义——"通过更广泛的主体连接，推动文化价值和产业价值的互相赋能，从而实现更高效的数字文化生产与IP构建"——的真正含义。

六、新战略："以新文创为内涵，以泛娱乐为外延"

再做一点展开，如果说"数字文化生态圈"是新文创的目标的话，落实到战略层面就可以表述为"以新文创为内涵，以泛娱乐为外延"。这里有两重含义，第一重含义是，"新文创"战略并不是对泛娱乐战略的替代，而是"迭代"和升级，也就是此次会议主题中"UP"一词的含义。泛娱乐战略在推动数字文化消费，提升我国数字文化产业战略地位方面功不可没，新文创战略的提出将令其价值丰盈，元气淋漓，风采更盛；第二重含义是，泛娱乐和新文创构成了新战略的整体，二者不可或缺：

新文创将以数字智能技术全面赋能"文化遗产数字化"和"数字人文"的创意生态前端，推动优秀传统文化的创造性转化和创新性发展；而泛娱乐则侧重于优质产品的创意生态后端，全面提升消费者体验，充分发挥腾讯大型平台公司"范围经济"的巨大优势。

近年来，"数字革命"进入了一个全新的阶段，"数字人文"成为全球性热门话题，在"大数据"和"云服务"技术的驱动下，世界各国的图书馆、博物馆、档案馆正在和大学与研究机构联合起来，推动数字化、素材化和智能化，向"知识服务机构"转型，形成全新的文化创意生态圈，并进而引发一系列重大变化。可以预见，今后几年我们将见证已经占据生活空间和改变了文化消费习惯的全球性媒体巨头与文化资源的传统守护者——公共文化机构和研究型大学的全面融合。这是自500年前谷登堡印刷技术诞生以来最大的人类文明的跃迁。我们有理由期待，腾讯在"新文创"战略的带领下，成为这一轮文明跃迁的弄潮者，为开辟"数字文化中国"的全新局面发挥主导作用。

新文创时代与文化遗产保护 *

各位嘉宾，女士们先生们，我今天发言的题目是"新文创时代与文化遗产保护"，我准备讲三个问题：

一、趋势：中国进入"新文创时代"

2010年以来，中国文化发展发生了一个新的快速"跃迁"，进入了"新文创时代"。也可以说，中国文化产业发展进入"下半场"，或者"2.0时代"。

首先，2010年以来，文化产业部门的整体发展速度持续下降。从统计数字看，2004年到2010年，文化产业年均年增长率达到23.4%，但是2001年以后一路下降：2011年21.96%，2012年16.5%，2013年11.1%，2014年12.1%，2015年11%，2016年13%，2017年10.8%。可以说，中国文化产业发展已经进入了比国民经济增长速度高出5%左右的"平台期"。

其次，文化产业出现了重大的结构变化，统计数字显示，数字技术和互联网相关的文化部门出现爆发式增长，但是内部结构发生重大变化。从上市公司数据看，与数字技术与互联网相关的文化产业上市公司，自2010年以来营收增速一直在20%以上。2016年1–3季度数字文化上市公司营收达657.8亿元，增速更是达到42.5%。

第三，"平台公司"的出现和"新文创"时期的来临。众所周知，中国目前已经有以"BAT"为名的三大平台公司，其中腾讯已经成为最

---

* 文章为2018年10月参加美国纽约亚洲文化投资论坛发言。

大的"科技-文化"公司，腾讯阅文集团已经成为最大的文化内容提供商。这些内容来源于阅文集团基于腾讯用户形成的"创意生态体系"，其中消费者和生产者融为一体，社交生活和商业活动无缝连接。"UGC"创作的"网生内容"自带流量，已经成为中国影视公司最抢手的"IP"来源。阅文集团是中国文化产业进入"新文创时代"的标志。

正如联合国教科文组织文化多样性公约履约报告——"2018全球报告"中所说，全球文化市场出现的"最大变数"是"文化价值链'深度重组'"，"由管道模式转向网络模式"，以及"数字环境下文化价值链的重组者'平台公司'的出现"。我们甚至可以说，这是自500年前谷登堡印刷技术诞生以来又一次新的"文明跃迁"。

二、问题：文化与科技融合出现"专业鸿沟"

文化科技融合推动了"新文创时代"的来临，在平台公司的"创意生态体系"中，"UGC"已经成为主角。但是文化与科技的进步在融合过程中并非同步，我们正在面临"专业鸿沟"和文化传承的风险。

从本质上说，"平台公司"的崛起代表着数字网络进入了一个新阶段，不仅是消费性的，而且是生产性的；不仅是"任何人，在任何时间，任何地点，接入任何人类文化成果"，而且可以随时随地"参与文化表达"，从事艺术创作。腾讯有10亿人使用"微信"，旗下阅文集团成立于2015年，2017年有6亿注册用户，日活跃用户3000万人，为750万名作家（绝大多数非专业）提供了创作平台；移动音频APP"喜马拉雅"2013年上线，2018年已经有近5亿活跃用户，数十万业余音频创作者。很显然，UGC正在成为新一代文化内容的主体。

这也就是说，在短短的不到10年时间里，在中国出现了文化内容的创造者从小规模专业作者向大规模业余作者迁移的局面。这一方面凸显了互联网"人文主义价值"的实现，另一方面也出现了"专业鸿沟"：

新一代"创意者"们能够熟练使用数字网络，但是在传统的"专业"人看来，他们普遍人文素质不高，专业化程度不够，因而生产的数字产品趋同性高。

于是我们看到，相比较掌握了"数字读写"技能而开始大规模进入内容创造领域的非专业人群，传统的专业人文学者大多不能熟练运用数字化工具，公共文化机构的数字化水平低，服务能力明显滞后，使得新一代内容生产者在创意爆发之际难以获得优秀传统文化资源和公众科学的滋养和"赋能"。

据普查统计，我国现有不可移动文物76.7万处、国有可移动文物1.08亿件/套，以及数量众多的民间文物，全国博物馆有5000余家，但是展出率只有2.8%。文物丰富和体量巨大如故宫，展出率甚至低于2.8%。

于是场景是这样的：一方面是数千万非专业的"创意者"亟需得到丰富传统文化的滋养，另一方面是数以亿计的文物被关在博物馆仓库之中不见天日，专业人文学者们依然在"前数字化"的技术环境中工作与生存。从根本上说，这是文化传承的巨大风险。

三、解决：构建"数字文化生态圈"，打造新一代文化基础设施

近年来，"数字革命"进入了一个全新的阶段，"数字人文"成为全球性热门话题，在"大数据"和"云服务"技术的驱动下，世界各国的图书馆、博物馆、档案馆正在和大学与研究机构，以及大型网络公司联合起来，推动文化遗产的数字化、素材化和智能化，向"知识服务机构"转型，形成全新的数字文化资源平台。我们也看到，Google艺术计划、Europeana等大型平台正在出现，构建起公共文化机构和研究型大学与全球性商业媒体的各具特色的合作桥梁。

这就为我们展示出一种全新的可能：建设新一代文化基础设施，

以数字网络技术跨越非专业创作者和专业机构间的"专业鸿沟",通过更广泛的主体连接,推动文化与科技的携手共进,以及文化价值和产业价值的互相赋能,从而实现更高质量的数字文化生产,构建起服务于未来的"数字文化生态圈"。真正做到让"收藏在博物馆里的文物、陈列在广阔大地上的遗产、书写在古籍里的文字"都活起来,用起来,向千百万非专业的"创意者""赋能",从根本上解决非专业"创意者"与优秀传统文化"断档"的问题。

"数字文化生态圈"是包含"数字文化资源整合—数字人文创意—数字生产与传播—数字消费与再生产"等多环节的整体,是从资源采集、标本库搭建、素材化加工、文化标注解读、到智能化应用的全链条系统,必须依托"数字技术方+文化内容解读方+文化资源提供方"的协调创新平台,必须具有"政产学研用"一体化的支持体系。

新一代文化基础设施本质上是"数字文化生态圈"系统,现在的重点和难点是"数字文化资源整合"与"数字人文创意"两个基本环节,换句话说就是如何建立起普遍链接的数字化文化文物资源平台,以及如何为传统专业人文学者打造"数字人文"生产环境。因此,当我们说必须向非专业的"创意者"进行"文化赋能"的时候,实际上正是凸显了向专业的人文学者"技术赋能"的紧迫性。

应该承认,目前文物部门和专业研究与教学机构所置身的知识环境是仍然是500年印刷技术造就的,尚未真正进入数字技术时代。在这个背景下看,目前文化遗产保护事业与"新文创"时期的要求是不适应的。与大型平台公司对市场的敏感反应和越来越迅速的技术迭代相比,文化文物机构显得过于沉寂和保守。

毫无疑问,新文创时代需要全新的文化文物保护战略。中国政府已经在近年来一再出台有关文件,这一战略已经基本上成型。可以预见,一个接入每一个人移动终端的中华文化智能化服务系统不久就会出现。

古乐重生，解读和重构

我是9月7日接到"古乐重生音乐会"的邀请的，能够再访敦煌，心中的惊喜自不待言，但是更多地是难以抑制的好奇。以我的了解，敦煌壁画中的古乐器已经复原制作出来，但是古乐谱也破解了吗？甚至已经以古乐器奏古谱做出大型演奏会了吗？

我与敦煌的缘分开始于5年之前。2013年，为参加敦煌国际旅游文化名城规划的讨论，我第一次到敦煌，尽管"带着朝圣的心情"，但是依然被那些洞窟里的精美壁画和雕塑震惊。记得第一次站在45窟的阿南和胁持菩萨雕塑前，我激动的心情无以复加。我意识到，在中国历史上几次大规模人口迁徙中，不仅有"衣冠南渡"，还有"衣冠西行"。敦煌的壁画和雕塑根本不是什么民间艺人的作品，在文化位势上，敦煌不是个地方性的信仰中心，也不仅仅是简单的"文化通道"和"丝路枢纽"，这里根本上就是中华文脉的主流所在。

敦煌的价值还远不止于此。除了那些美轮美奂的雕塑和宗教题材的壁画外，敦煌还是一个大型的"非物质文化遗产基因库"。2016年，我接受敦煌市文化局的委托，主持制定"敦煌文化生态保护区规划"，有幸进一步深入了解敦煌。那次获得的最重要启示是，由于地广人稀，以及主体人口大多为移民，敦煌保护区内现有的活态民间非遗资源难称丰厚，也缺乏唯一性和独特性。但是，敦煌却有一个国内其他地区难以比拟的大型"文化基因库"——记录于佛教洞窟壁画和经卷中的大量"非遗"资源，如民间传说、民俗、节日、游戏、音乐、舞蹈和手工制作等等。比如说，敦煌壁画绘有古乐器6300余件，70余类，就是非常突出的非遗类型。基于此种认识，我们提出了创新敦煌文化生态保护方法的思路，其中最重要的就是"研承和恢复性保护"，即依靠专业的研究人员，借助现代数字技术对壁画中的民俗非遗事项进行数字化采集、要素提取、文化解读、以及系统梳理，在此基础上通过培训班和研习所等形式回归民间，重开传承谱系，令其可能重新为现代生活添彩。借用"古乐重生"的说法，就是"重生性保护"。

以上就是截至目前我对敦煌的认知，这些建议是否为有关当局采用我不得而知，但是我自己依然心下忐忑：即便说的都没错，但是做起来谈何容易！让那些已经在生活中消失了的民俗民事、节日庆典活起来，让那些看上去美轮美奂的音乐舞蹈穿越千年的迷雾在你的面前复活，如何可能？我们纵有几乎无所不能的技术表现手段，又怎么能知道那些古乐究竟如何奏响？更不要说在现代消费者中引起情感共鸣。的确，上海民族乐器一厂已经在2013年仿制了敦煌古乐器中的60余种，包括胡琴、箜篌、羯鼓、筚篥、方响、花瓣二胡、凤首阮、瑟雷公鼓、古笛、排箫、笙竽、五弦葫芦琴、莲花琴等（其制作技艺载入了《第三批国家级非物质文化遗产名录》），甚至还开过专题音乐会。但是，究竟在多大程度上复现了古谱的演奏？我们知道，自上世纪30年代以来，已经有一干中日学者为此殚精竭虑；自80年代以来，更有陈应时、何昌林、关也维、席臻贯等国内研究者异军突起，学术成果已经积累深厚。但是，似乎远未能覆盖所有乐器和曲目类型，也还没有走出学术探究的小圈子，建立起在盛唐文化与现代大众消费间真正的情感互动和意义链接。

这里还涉及如何认识文化发展的一些根本性问题。回溯文明的源头并寻找到有价值的传承因素，是一件即便在理论方法基础上都尚且争论不休的工作。近年来，"弘扬优秀中华传统文化基因"已经成为共识，但是只要我们脱离政策话语，想一下"传承文化基因"在技术上和文化上如何可能，马上就会遇到当今世界最前沿的难题。原因很简单：生物学意义上的"基因"和文化意义上的"基因"（英国人道金斯已经为此发明了"meme"这个单词，有人翻译为"模因"）的进化模式完全不同，生物学意义上的"基因"是生命进化的基本复制单位，有了数字技术的助力，现在已经基本得到破解。但是文化进化意义上的"模因"不是一个自我复制的"信息单位"，而是一种由系统定义的"知识单位"（哈特利：《文化科学》，P126），研究的理论和方法还在探索之中。文化进化是"意义"的进化，而任何人所能理解的意义都是在一个系统中被确定的，也就是说，在文化上你是什么人，是由你所在的"文化共同体"决定的，这个共同体是由语言、文字、图像、音乐、以及习俗等等构成的。一个人不浸入这个文化的整体，就不能充分理解任何一个局部。

在这个意义上看敦煌古乐，需要有更宽广的视野和更包容的方法。"敦煌古乐"是音乐，但是不是也可以做"词""曲"一体的理解？同时在藏经洞中面世的还有"敦煌曲子词"，其中《菩萨蛮·平林漠漠烟如织》和《忆秦娥·箫声咽》被称为"百代词曲之首"，与古乐是什么关系？无论是先有诗而后吟唱成曲，还是已有曲牌而后填词，都说明不能单线式地做文化研究，文化是一个整体，其传承一定多线式和网状结构的。

回到这场"古乐重生音乐会"，我认为，这可以看作是一个标志性事件，敦煌研究院和腾讯公司的合作代表了古老传统和现代科技的一次前所未有的融合，莫高窟是一个远未充分发掘的宝藏，而腾讯公司则是集聚了10亿人的无限创意的平台公司，她有能力吸引超出想象的人群来关注和参与一件尽管文化意义重大但是却极为小众、专业、封闭（曾经）的事件，这将开启解读和重构敦煌古乐的无限可能。"古乐重生音乐会"当晚据说有超过1000万人在线观看了演出，就是证明。

敦煌是个神奇的地方，敦煌古卷正在焕发青春。此番同行的雾满拦江说得好，"昔日我曾如此苍老，如今才是风华正茂"。

新文创2.0版来了*

年初以来的新冠疫情既是为我国文化产业的转型升级踩了一脚油门，也是对传统文化产业发展的"路径依赖"模式踩了一脚刹车。文化产业转型升级的重大窗口期提前到来，数字文化产业迅速崛起，激发了文化生产力的爆发。

我们需要抓住数字技术变革的机遇，以大力建设新一代文化基础设施为突破口打造数字文化产业新生态，以供给侧技术改革服务于数字文化生产和消费需求。

在这样一个节点上，4月27日，腾讯集团宣布阅文集团管理层调整，现任腾讯集团副总裁、腾讯影业首席执行官程武先生接任了吴文辉阅文集团首席执行官的职务。腾讯是一个在社交平台上成长起来的中国文化产业领域真正具有国际规模和水准的公司，阅文集团是国际上最大的正版中文内容提供商，这次调整也许意味着腾讯"新文创"战略的2.0版的浮出水面。

阅文集团2019年的财报显示：巨头形成，规模式增长基本到顶；结构变化，发展方式面临转换；价值链延伸，走向现代传媒巨头。具体逻辑如下：

第一，从规模总量看，从2015年到2019年，高速发展已经趋缓，内容规模型扩张已显颓势，进入垄断和过剩时代。2019年阅文的数字阅读"日活"人数达到2亿，占全国网络文学读者80%左右；作者规模达到810万，占全国网文作者总数40%以上；累积作品1220万部，

---

* 本文发表于腾讯网，2020年4月28日（https://xw.qq.com/cmsid/20200428A0NHTF00）。

占全国网络作品总数（3100万部）近40%。

第二，从营收模式看，在线阅读付费人数和比例降低，版权运营业务大幅提升，2019年以46.37亿元占到了营收总额的55.55%，同比增长高达340%。这可以看作规模飙升的同时内容价值摊薄，导致收入结构的变化。

第三，从业务成长最快的"版权经营"看，2019年的最大事件无疑是新丽传媒并入阅文（撑起"版权经营"板块）以及现象级网剧《庆余年》的出现。这说明阅文走向IP全产业链开发的必要性和必然性。当然这还只是第一步。

这个逻辑我们一点也不陌生。

上世纪80年代末到90年代，由于所有通讯形式都统一为数字方式，并通过网络连接起来，在欧美发达国家发生了一场规模空前的"传媒汇流"运动，最终产生了垄断国际传媒市场的"九大传媒巨头"。

这些传媒巨头经过规模空前的兼并重组和联盟等等，将业务触角伸进了几乎所有媒体甚至娱乐领域，如电影制片、图书出版、音乐制作、频道经营、网络开发、零售商店、主题公园、杂志报纸等。这些传媒巨头做到了"规模经济""范围经济"的统一，他们介入了多种产业，一项产品的开发往往得到多重的收入，而一项开发成本可以在多类产品中分摊，因此，总的利润比分别开发某个部分的企业大得多。这些传媒巨头每一个都在某些领域达到70%以上垄断规模，又在其他领域与其他巨头合作，共同形成了全球传媒领域"第一板块"。

比较起来，腾讯的发展还仅仅是初期阶段。但是，由于今天已经形成了前所未有的"网络世界"，"新文创2.0"可能不仅仅是指腾讯的发展，可能也是国际传媒领域20多年来"传媒巨头"发展的一个全新阶段。正如程武先生昨天说，他的目标是继续推动阅文从"最大的行业正版数字阅读和文学IP培育平台"向"更强的文学内容生态"这一新阶段升级。基于腾讯高达十亿级的微信用户平台，我相信无论是"全媒体"也好，

"全价值链"也好，都是有条件实现的。

从"内容平台"走向"内容生态"是对的，因为这意味着更为开放和更尊重自主进化的多样性。在中国这个"强监管"环境中，平台公司做"生态"必须具有更为柔软和适应的特性，"躬身入局"是一个很好的说法。做工具，做服务，做配角，"将半条命交给竞争对手"，都是必须的态度。在"新冠疫情"形势下，甚至应该以"准公共服务"的姿态，向各个行业领域伸出援手。毕竟，传统出版和影视产业衰退之势已成，广阔的市场已成困局。

话说回来，应该如何认识现代传媒及其趋势？还是我们的执念。我想到了那个预言家麦克卢汉"媒介即信息"的说法。他告诉我们的是，长远的看，对于社会发展真正有意义"信息"不是媒体所传播的内容，而是传播工具的性质，是它所开创的可能性以及带来的社会变革。更进一步说，对于文化产业来说，最重要的是内容，内容产业就是文化产业的另一个说法，因为没有故事就没有文化产品和服务。但是对腾讯这样的公司来说，最重要的不仅仅是内容，还有传播内容的媒介性质，就是商业模式，如何用故事去变现。

"新文创 2.0"的前景再次揭示了，互联网实际上不是一种特殊的传媒，而是传统传媒各种特征的汇合与扩展，一种超级传媒，本身就是传媒汇流的象征。

自 2008 年金融危机以来，我国的文化产业一直在转型，处于剧烈的结构变化中，与互联网、数字技术高相关度与低相关度的行业之间的发展差别也在迅速加大。此次疫情中凸显出来的数字文化产业发展势能，无疑给相关行业及企业们都注入了信心，无论是生态型平台企业，还是中小企业，都能看到很大的发展空间。

现在就是发展的历史路口，未来有危险，但是充满机遇。